MAX MUTZKE
MIT KIRA BRÜCK

SO VIEL MEHR

Meine Geschichte

FISCHER

MIX
Papier | Fördert gute Waldnutzung
FSC® C014496

Erschienen bei FISCHER

Satz: Fotosatz Amann, Memmingen
Druck und Bindung: GGP Media GmbH, Pößneck
ISBN 978-3-596-71082-9

Inhalt

Gestatten, Max Mutzke

Es war das Jahr 2004, als ich vom Schwarzwald direkt ins Farbfernsehen fiel. Das passierte buchstäblich von heute auf morgen – und schon am Tag nach meinem allerersten Auftritt bei *TV total*, der an einem Mittwoch stattfand, wurde ich in der Kölner Innenstadt auf der vollkommen überfüllten Schildergasse angesprochen. Ein junger Mann, den ich nie zuvor gesehen hatte, sagte in höflichem Ton: »Hey, Max, ich wünsche dir viel Glück und Erfolg. Mach so weiter! Mega Stimme, aber zieh dir was Vernünftiges an.«

Ich war so was von perplex! Da hat sich dieser Typ unter Hunderten von Gesichtern, die man an einem einzigen Fernsehabend zu sehen bekommt, ausgerechnet meins gemerkt; und erkannte mich tatsächlich auch noch zwischen all diesen vorbeiströmenden Menschen wieder …

Als ich mich gedanklich wieder gefangen hatte, antwortete ich: »Danke, das ist wirklich sehr nett von dir.«

Mega Stimme, hatte er gesagt. Yeah!

Zieh dir was Vernünftiges an, hatte er gesagt. What? Wieso das denn?

Beim Verlassen meiner Heimat hatte ich doch für meinen ersten Fernsehauftritt die beste Hose aus dem Dorf bekommen.

Das Frühjahr 2004 brachte mein Leben ordentlich durcheinander. Ich war da nämlich eigentlich noch Schüler und stand kurz vor meinen Abiturprüfungen. Ich musste also Mathe, Englisch und Geschichte lernen – und gleichzeitig den Text von *Can't wait until tonight.* Und auch sonst durfte ich viele verrückte und völlig neue Erfahrungen machen, wie zum Beispiel:

- Zum ersten Mal meine eigene Stimme im Supermarkt zwischen Nudeln und Dosenfisch aus den Boxen hören.
- Bei einer Polizeikontrolle auf der Autobahn gefragt werden, wie Stefan Raab eigentlich privat so ist.
- Dass es hinter den Bergen meines Schwarzwalds mindestens noch eine zweite Welt gibt.
- Dass der US-amerikanische Blues-Gitarrist Billy Gibbons nicht nur auf der Bühne, sondern auch unter vier Augen in seinem Nightliner die coolste Sau der Welt ist.
- Dass es früher lässig war, mit einem Hubschrauber zu einem Konzert geflogen zu werden – und dass man heute aus moralischen Gründen besser gar nicht mehr einsteigt oder zumindest nicht groß darüber redet, wenn es mal gar nicht anders ging.

Und im Grunde geht es seitdem so weiter. Ich mache immer noch ständig verrückte und völlig neue Erfahrungen, wie zu Beispiel:

- Wie es sich anfühlt, vom Sohn zum Papa zu werden.
- Dass mein Image, das ich seit 2004 in der Öffentlichkeit habe, nämlich ein lieber, netter, ruhiger, ausgeglichener,

vernünftiger und intelligenter Mensch zu sein, meinem kompletten Umfeld einen Lachanfall beschert hat, an dem sie fast erstickt wären.

- Dass ich in meinem Leben zu viele unvergessliche Momente erleben durfte, um sie alle in dieses Buch zu packen.
- Dass mein Leben ein Baum ist, dessen Wurzeln der Schwarzwald ist, der Stamm die Familie und die Musikkarriere allenfalls ein dicker Ast.

Aufgewachsen im Schwarzwald
Der Sommer heiß, der Winter arschkalt
Grüne Wellen. Wenig Asphalt
Wo ein Hochhaus steht

Du bist schöner als die Großstadt
Bäume höher als ein Hochmast
Erinnerungen, die ich nie loslass
Mein Heimatmagnet

Denn du hast mich bewegt, mich geprägt
Gemeinsam haben wir schon so viel erlebt
Und ich weiß, das Band zwischen uns reißt niemals ein
Es wird immer stärker als mein Fernweh sein
Zu dir komm ich heim

Du gibst mir deinen Boden
Du gibst mir deine Luft
Und wir haben uns geschworen,
dass es für immer so bleiben muss
Ich tauche in dich ein

Ich rieche dich so gerne
Denn du bist voller Leben, und dein Himmel voller Sterne

Ich suche immer wieder deine Nähe
Du bist mein Herz, ich deine Seele
Du sprichst und ich verstehe
Jede Silbe Magie

Denn du hast mich bemalt
So bunt, wie ich heute bin
Ich bin die Leinwand, du die Farben
Gibst meinem Rahmen einen Sinn

Und der Grund, warum ich sing, bist du
Und dieses Lied reißt niemals ein, nein, nein,
Es wird immer lauter als mein Fernweh sein
Zu dir komm ich heim

Du gibst mir deinen Boden
Du gibst mir deine Luft
Und wir haben uns geschworen,
dass es für immer so bleiben muss
Ich tauche in dich ein
Ich rieche dich so gerne
Denn du bist voller Leben, und dein Himmel voller Sterne

War in dir oben und ganz unten
Bin in dir aufgegangen und versunken
In Minuten und Sekunden
Kannst du mich heilen und verwunden

War in dir oben und ganz unten
Habe mich in dir gefunden
Wir sind ein Leben lang, ein Leben lang verbunden

ZU DIR KOMM ICH HEIM, 2018

So, und jetzt noch mal von vorn: Ich bin Max Mutzke. Soweit ich weiß, der einzige Max Mutzke, den es bisher gab.

Der Nachname »Mutzke« stammt von meiner Familie väterlicherseits. Die lebte laut Stammbaum vom Anfang des 17. Jahrhunderts bis in die 1950er Jahre in Oberschlesien.

Die Moore dort nannte man Mutzen. Und die dort ansässigen Bauern waren die »Mutzkes«. Daher also der Ursprung unseres Namens: Meine Vorfahren waren ein paar hundert Jahre Bauern. Das zumindest hat mir meine Lieblingstante Hannah erzählt, meine Lieblingstante väterlicherseits. Meine Lieblingstante mütterlicherseits heißt Hanne, zu ihr komme ich später noch.

Die liebe Hannah war eine von fünf Schwestern meines Vaters. Sie starb am Ende ihres 92. Lebensjahrs, und bis kurz vor ihrem Tod war sie unglaublich fit und konnte viel erzählen. Vor allem vom Krieg und der Flucht aus Oberschlesien. Besonders in Erinnerung geblieben ist mir dieser eine Moment, der meine sowieso schon sehr gläubige Familie noch in ihrem Glauben bestätigen sollte: Der Zweite Weltkrieg stand kurz vor seinem Ende, die russischen Soldaten rückten immer näher, die ganze Familie war (als Deutsche!) ständig auf der Flucht und hatte schon ein paarmal den Wohnort wechseln müssen.

Der Patenonkel meines Vaters war zu der Zeit Pilot. Er

flog eine Transportmaschine mit vier Propellern und hatte somit genügend Platz, um meine Familie mitnehmen zu können. Er sollte an dem Tag nach Dresden fliegen und wollte bei der Flucht helfen. Also organisierte er einen LKW, um sie und ihren Hausrat zum Flugplatz zu bringen.

Die Flucht war seit langer Zeit geplant, also waren bereits alle Dinge in Kisten und Koffern verpackt. Endlich war es so weit. Der LKW stand mit laufendem Motor vor dem Haus, der Patenonkel kam herein und rief: »Alle sofort einsteigen! Ich bringe euch jetzt nach Dresden, dann seid ihr endlich weg von hier.«

Meine Großeltern und ihre sieben Kinder – mein Vater war mit zwei Jahren der Jüngste – machten sich samt Hab und Gut auf den Weg. Als sie beim Flughafen angekommen waren und begannen, den LKW abzuladen, bekam der Patenonkel plötzlich den Auftrag, seine Reiseroute zu ändern. Das Ziel war nun nicht mehr Dresden, die Flucht war geplatzt.

Die lang gehegte Hoffnung, endlich die Familie in Sicherheit zu bringen und etwas Neues aufbauen zu dürfen, wurde in einer Sekunde zerschlagen. Es galt, alles wieder auf den LKW zu laden und den Rückweg anzutreten in eine leere Wohnung, die schon lange kein Zuhause mehr war. Es muss ein niederschmetternder Moment für die ganze Familie gewesen sein.

Ein paar Stunden nachdem sie wieder in der Wohnung angekommen waren, erfuhren sie aus dem Radio, dass ein Großteil der Stadt Dresden in einem verheerenden Luftangriff der Alliierten zerstört worden war. Unter anderem der Flughafen, auf dem sie hätten landen sollen. Viele Menschen kamen damals ums Leben. Die Frustration, die meine

Familie stundenlang gequält hatte, war auf einen Schlag gewichen. Große Dankbarkeit stärkte sie in ihrem Glauben, dass da jemand war, der sie beschützte.

Die Familie meines Vaters lebte von da an jahrelang auf gepackten Kartons – die wertvollen Möbel in Kisten vernagelt, um jederzeit bereit zu sein, die alte Heimat endlich zu verlassen. Mein Großvater war strikt gegen den Krieg. Er war schon immer ein sehr gläubiger Mensch und lehnte jede Art von Gewalt ab. Er arbeitete in Schweidnitz (heute Świdnica), wo auch seine Familie lebte, als Ingenieur für Dampfmaschinen. Immer wieder sollte mein Opa eingezogen werden, doch der Chef der Fabrik erklärte ihn als unabkömmlich für die deutsche Industrie und bewahrte ihn so vor dem Krieg. Er kannte die Einstellung meines Großvaters und schätzte ihn sehr. Nur am Ende des Krieges, als der Volkssturm aufgestellt wurde, musste mein Opa zur Verteidigung seines Heimatortes eine Waffe in die Hand nehmen. Soviel ich weiß, hat er sie aber nie abgefeuert.

Mein Vater Gottfried Wilhelm August Mutzke wurde 1943 geboren. Er kann sich also nicht an den Krieg erinnern. Er weiß aber sehr gut, wie es ist, ein Leben voller Entbehrungen zu bestreiten. Bis zu seinem vierzehnten Lebensjahr lebte die Familie Mutzke, die ja eigentlich deutsche Wurzeln hat, noch in Oberschlesien, das seit Ende des Zweiten Weltkriegs zu Polen gehört. Den Kindern war es dort verboten, die Schule zu besuchen. Die Mutzkes hatten aber das Glück, eine Frau zu kennen, die bereit war, die Kinder heimlich zu unterrichten. Zur Tarnung packten sie die Schulhefte in Milchkannen, um einigermaßen unauffällig durch die Straßen zu kommen. Von den Menschen, die beispielsweise aus Polen oder der Ukraine nach Schlesien zwangsumgesiedelt worden waren, wurden sie teilweise heftig beschimpft, bespuckt und hin und wieder auch mit Steinen beworfen. Mein Vater und seine Geschwister erlebten somit eine Kindheit in Angst, Armut und Ausgeschlossenheit. Nach dem Krieg gab es kein Verständnis oder Mitgefühl für deutsche Familien, die ja schließlich mitverantwortlich waren für das Leid und das Grauen, das Millionen Menschen angetan worden war.

Im Januar 1957, mein Vater war gerade 14 Jahre alt, durften sie mit einem Zug Schlesien verlassen. Sie fuhren durch die DDR nach Westdeutschland. Nach einer Zeit in einem Auffanglager in Friedland kamen sie für sechs Monate nach Rheine, wo ein Teil meiner Familie noch heute lebt. Mein Vater erzählte mir, dass er sich sehr gut daran erinnern kann, wie er das erste Mal die Grenze nach Westdeutschland überquerte. Die vielen farbenfrohen Werbeschilder mit Dingen, die er noch nie zuvor gesehen hatte, die prachtvollen Häuser und pompösen Autos, von deren Existenz er bis dahin nicht einmal etwas geahnt hatte.

Mein Opa fand bald eine Arbeitsstelle in Lünen bei der Firma Westfalia und entwickelte dort unter anderem einen Messkoffer, der dazu diente, den Hydraulikdruck zu messen. Er wurde speziell für eine Maschine entwickelt, die tief unter der Erde Braunkohle abbaute. Dieser Koffer muss eine echte Innovation gewesen sein, denn er bekam den Namen »Mutzkekoffer« und war viele Jahrzehnte im deutschen Museum in München ausgestellt.

Am 21. Dezember 2023 feierten wir den 80. Geburtstag meines Papas. Mit sämtlichen Freunden, Freundinnen und einer unglaublichen Liveband, in der natürlich jede Menge »Stargäste« ihren großen Moment hatten: Bine, Miriam, Rosa, Mazi, Menzel, Jüre, Sami, Olli … Alles Freunde, Geschwister, Verwandte – also echte Stargäste unserer Herzen. Die Überraschungsfeier fand in Krenkingen statt. Das ist das Dorf, in dem meine Geschwister und ich aufwachsen durften. In Sicherheit und eingebettet in die beste Gesellschaft, die ich mir nur wünschen konnte. Diese Gesellschaft hat mich unter anderem zu dem gemacht, der ich heute bin.

Bei meinem Vater bin ich versucht zu sagen: »80 Jahre jung«. Er fährt noch immer mit seiner Enduro, einer Yamaha Ténéré 750, zur Arbeit. Die hatte er mir abgekauft, nachdem ich ihm mit der ganzen Überzeugungskraft eines 25-Jährigen klargemacht hatte, dass eine Enduro viel cooler sei als eine Honda CX 500, auch bekannt als »Güllepumpe«. Kenner werden mir da sicher widersprechen. Ich selbst ehrlich gesagt mittlerweile auch.

Mein Vater, Gynäkologe von Beruf und Schlagzeuger aus Überzeugung, ist jedenfalls noch unverschämt fit und kerngesund. Diese Gene sind kein Zufall. Seine Mutter Hildegard (geb. Blaschke) wurde 98 und sein Vater Wilhelm August unglaubliche 103 Jahre alt. Ich denke oft: Verrückt, der Typ ist im deutschen Kaiserreich geboren, war erwachsen im Ersten Weltkrieg, hatte schon eine große Familie im Zweiten Weltkrieg, hat die Zerstörung und den Aufschwung Deutschlands mitbekommen, den Kalten Krieg, den Mauerfall, den 11. September und alles, was so dazwischenlag.

Als Musiker formuliert: geboren zwei Jahre nach der Erfindung der Schellackplatte, bereits 49 Jahre alt bei der Entwicklung der Vinyl, 62 bei der Geburt der Musikkassette, 83 zum Erscheinen der CD und 96 Jahre alt, als das Audioformat MP3 auf den Plan trat.

Oder, als Schwarzwälder g'schwätzt: Mit der Kutsche aus dem Kreißsaal, mit dem V6 Mercedes E-Klasse inklusive Navigationssystem zum Grab.

So weit erst mal zur Familie meines Vaters.

Der fliegende Opa mit dem Schwarzpulverantrieb

Mein erklärter Lieblingsmensch war bis zu seinem Tod (und noch lange darüber hinaus) Opa Bernhard, der Vater meiner Mutter. Von ihm habe ich alles Wichtige fürs Leben mitbekommen: den breiten Brustkorb, die Augenbrauen, die unerschütterlich gute Laune, den Optimismus, das Holzmachen und den Unimog (was der Unimog für mich bedeutet, wird später noch weiter ausführlich besprochen).

Opa Bernhard war ein Bär mit langem Vollbart, eine richtige Kante.

Wir haben uns oft erzählt, dass er bis zu seinen letzten Tagen noch Schlägereien hatte. Ganz so war es natürlich nicht, aber sagen wir mal so: Er hat in Konflikten nicht unbedingt gezögert, Tatsachen zu schaffen.

Es muss in den neunziger Jahren gewesen sein, als er mit seinen Freunden und Freundinnen aus dem Bergsteigerverein in Prag war: zehn bis zwölf Rentnerpaare, alle für ihr Alter gut beieinander. In der U-Bahn wurden sie plötzlich von einer Horde junger Männer umschwärmt, schlagartig wurde es im Waggon sehr eng. »Hey, mei Handdasch isch weg!«, rief da plötzlich meine schwäbische Oma in den Tumult. Mein Opa Bernhard und sein bester Freund, ein zwei Meter großer Hüne, genannt Zepfer-Hans und in seinen jungen Jahren Ringer im deutschen Kader, schufen die erwähnten Tatsachen. Ich weiß nicht, ob es Zufall war oder Glück. Jedenfalls: Der erste Mann, der k. o. ging, war keiner aus der Rentnergruppe; und dieser Typ hatte tatsächlich die Handtasche meiner Oma unter seiner Jacke.

Und noch eine Opa-Haudegen-Geschichte: Opa Bernhard und Zepfer-Hans schleppten Fleisch zum Verkauf auf eine Berghütte. Nachdem das Fleisch abgegeben worden war, fand der Wirt den vereinbarten Preis wohl plötzlich nicht mehr angemessen. Er wähnte sich in einer guten Verhandlungsposition, die beiden würden ja sicher das Fleisch nicht einfach wieder mitnehmen wollen. Außerdem war die Hütte gut besucht, und die meisten der Gäste waren bekannt mit dem Hüttenwirt.

Nach kurzer und eindeutiger Diskussion ging es schnell zur Sache: Zepfer-Hans und Opa schufen wieder mal Tatsachen – und alle in der Hütte wollten dabei sein.

»Was, ihr habt euch zu zweit mit allen aus der Hütte geprügelt?«, unterbrach ich meinen Opa stolz und fassungslos zugleich, als er mir die Geschichte erzählte.

»Mäxle, du muesch di eifach mit'm Rucke zur Wand in'd Ecke stelle und näh, was do so kunnt. Denn got's ganz guet«, antwortete Opa.

Und so stellte sich damals jeder der beiden »einfach« mit dem Rücken zur Wand in eine Ecke und nahm, was da so kam. Der Wirt und die Gäste waren wohl bald überzeugt, dass der Preis für das Fleisch nicht bloß angemessen war, sondern sich von Schlag zu Schlag sogar noch spürbar erhöhte.

Ob das alles tatsächlich so geschehen ist oder ob meine beziehungsweise die Phantasie meines Opas noch etwas dazukomponiert hat, kann ich nicht sagen. Es spielt aber auch keine Rolle, denn in meinem Kopf sind die Geschichten wahr. Mit all den »romantischen« Bildern, die ein kleiner Junge, der eine Prügelei nur aus Bud-Spencer-Filmen kennt, sich so ausmalt. Als Kinder liebten wir die Legenden, die sich um meinen Opa rankten – und die abenteuerlichen Geschichten, die er uns selbst erzählte.

Für einen Jungen wie mich war sein ganzes Leben ein einziges Abenteuer. Das begann schon bei seinem Beruf: Opa Bernhard war Lokomotivführer! Anfangs noch in der Zeit der dicken schwarzen Dampfloks. Er liebte das Einheizen der Kessel, die Hitze im Führerstand, das Stampfen der Lokomotive. Als dann die Dieselloks kamen, hat es ihm schon keinen richtigen Spaß mehr gemacht. Und so nahm er seinen ersten Herzinfarkt dankend an und ließ sich mit Mitte, Ende 40 in den Vorruhestand versetzen.

Die Befürchtung, meinem Opa könnte nun die Decke auf den Kopf fallen, war unbegründet. Er wusste sofort, was er mit seinem Leben anstellen sollte. Opa Bernhard war von nun an nur noch Bergsteiger und ständig unterwegs. Sowohl in Europa als auch im Himalaya. Er hat für seinen Bergsteigerverein Kletterwege eingerichtet und Hütten gebaut. Er hatte einen intelligenten, aber auch erfrischend derben Humor und war voller Lebensfreude. Außerdem ein Freund für jede und jeden, immer hilfsbereit und voller Ideen.

So schmuggelte er alle Jahre wieder für seine Kumpels in seinem großen weißen Volvo 240 GL Wein und Honig aus Tirol nach Deutschland. Bis er eines Tages bei einer seiner nächtlichen Marathonfahrten einschlief. Er muss während der Fahrt wohl seinen linken Unterarm aufs Dach gelegt haben. Jedenfalls überschlug sich der Volvo – und blieb auf dem Dach sowie auf dem Arm meines Opas liegen. Sämtliche Honiggläser und Weinflaschen gingen zu Bruch. Alkohol und Bienenkotze verteilten sich in der Volvoschleuder und somit natürlich auch über meinen Lieblingsopa. Bis die Rettungskräfte eintrafen, war die Unfallstelle Nahrungsquelle für Schwärme von Bienen, Wespen und Hornissen, die nicht bereit waren zu teilen. Ich bin mir bis heute nicht sicher, wer während der Bergung mehr Schmerzen hatte: der Unfallverursacher oder die Rettungskräfte.

Mein Opa jedenfalls liebte die Geschichten, die sein Leben schrieb, und erzählte sie bevorzugt beim Vespern. Meist lachte er dabei selbst so polternd und herzhaft, dass ihm die Tränen den Vollbart durchnässten und ich als Kind immer Lust bekam, ihn auszuwringen.

Meine absolute Lieblingsgeschichte war diese hier: Opa arbeitete mit dem Winkelschleifer in seiner Garage im schwäbischen Spaichingen, seinem Heimatort. Ein Funke verirrte sich in die Schublade, in der er die Reste seines Schwarzpulvers bunkerte. Ich weiß nicht, woher er das hatte, aber ich weiß dafür umso genauer, wofür er es benutzte (die Auflösung folgt später). Als nun der kleine, harmlose Funke das lustige schwarze Pulver berührte, knallte es gleich zweimal. Auf den großen dumpfen Knall der Explosion folgte ein etwas hellerer, krachender, als mein Opa das Garagentor mit seinem Körper aus den Angeln schlug, das im Ganzen auf der anderen Straßenseite landete. Oma Anni, seine Frau, ist natürlich sprichwörtlich wie vom Donner gerührt zum Fenster gestürzt. Sie sah und hörte, wie mein Opa, von Ruß überzogen, in der Einfahrt stand und einfach nur laut lachte.

Ich verbrachte als Kind wahnsinnig gerne Zeit mit Opa Bernhard, vor allem im Wald. Dorthin fuhren wir mit dem alten Unimog 421, Baujahr 1964, den wir noch immer in der Familie haben.

Der Unimog ist das Fahrzeug, mit dem ich im Alter von elf Jahren das Fahren erlernt habe und mit dem ich, nach jahrelanger Fahrpraxis, von der Polizei beim Fahren ohne Führerschein erwischt wurde. Ich war damals 14 und hatte zuvor noch nie ein Polizeiauto in unserem Schwarzwalddorf gesehen. Es wurde immer gesagt: »In dieses Dorf fährt keine Polizei, weil sie ohne Allrad nicht mehr rauskommt.«

Tja, Ausnahmen bestätigen die Regel. Ich sollte in meiner Kindheit und Jugend noch ein paar Mal eines Besseren belehrt werden.

Damals habe ich nicht schlecht gestaunt, als mir die Polizei entgegenkam. Geistesgegenwärtig gab ich Vollgas und wollte fliehen, doch ich hätte genauso gut anhalten und freundlich guten Tag sagen können, denn der Unimog hat nur 45 PS und die Straße ging bergauf. Die Polizei überholte mich gemütlich im Rückwärtsgang und stellte sich einfach vor mich. Oh Mann, war das peinlich! Die Konsequenz waren zehn Sozialstunden beim THW.

Schon in der ersten Stunde fragte mich der damalige Stützpunktleiter: »Warum bisch do? Wobi hän'se di verwütscht?« Ich übersetze mal: Warum bist du da? Wobei haben sie dich erwischt?

»Schwarzfahren mit 'nem 421 Unimog«, sagte ich stolz.

»Aha, dann kasch grad mol de Karre in d'Halle fahre«, antwortete er und zeigte auf den LKW auf dem Hof. Was soll ich sagen, ich mochte die Stunden beim THW!

Als ich wieder zu Hause war, fuhr ich selbstverständlich,

inspiriert durch den THW-LKW, direkt mit dem Unimog in den Wald und stellte mir vor, einen gefährlichen Einsatz zu meistern. Ich liebte es so sehr, in diesem Fahrzeug zu sitzen! Schon als Kind saß ich neben meinem Opa auf dem Beifahrersitz. Er pfiff und sang irgendwelche Volkslieder, während wir in den Wald zuckelten. Dort brachte er mir bei, wie man Bäume fällt, sie mit der Seilwinde aus dem Wald zieht, entastet, in Meterstücke sägt, von Hand spaltet und auf den Unimog verlädt. Er zeigte mir, wie man ein richtiges Waldarbeiterfeuer macht und Stöcke schnitzt, um dann die beste Wurst der Welt darüber zu grillen. Den Trick verrate ich euch: Man muss kurz vorher frisches Tannenreisig auf die Glut schmeißen, das ergibt dann den Räuchergeschmack.

Mein Opa war auch der Mensch, der mir zeigte, dass man eine Straße anzünden kann. Ich war sechs Jahre alt, und wir unterhielten uns wie Männer über Benzin: »Wenn man mit Benzin arbeitet, muss man immer mit viel Respekt und Vorsicht an die Sache rangehen. Wenn du zum Beispiel einem offenen Feuer zu nahe kommst, dann explodiert es, und alles, was in der Nähe ist, steht in Flammen!«, warnte mich mein Opa – natürlich sprach er mit mir seinen herrlich schwäbischen Dialekt, den lasse ich euch zu Liebe und für ein besseres Verständnis weg.

»Sicher nicht alles«, antwortete ich.

Opa: »Doch! Alles, was das Benzin berührt, brennt.«

Ich: »Eine Straße kann man nicht anzünden.«

Opa: »Doch, auch die Straße.«

Ich: »Du redest Kack! Eine Straße kann nicht brennen!«

Mein Opa fluchte kurz in seinen Bart und fuhr scharf rechts ran.

»So, aussteigen, du kleiner Klugscheißer!«, befahl er mir.

Ich sprang aus dem Unimog, er holte den roten Benzinkanister zum Befüllen der Motorsägen von der Ladefläche und schüttete eine Pfütze auf die Straße.

Dann zog er sein Feuerzeug und ein altes Taschentuch aus der Hosentasche.

»Jetzt geh ein paar Schritte zurück und schau«, instruierte er mich.

Opa Bernhard zündete das Taschentuch an und warf es aus zwei Metern Entfernung in die Benzinlache. Es gab eine richtige Explosion, und die Straße brannte lichterloh. So etwas hatte ich noch nie gesehen – und hätte es auch nicht für möglich gehalten. Ein kurzer Moment des Staunens, dann hörten wir etwas.

Wir befanden uns auf einer verlassenen kleinen Straße im Schwarzatal, doch just in dem Moment, als die Straße brannte, hörten wir ein Auto, das sich schnell näherte. Das konnte nur der strenge Förster sein!

Mein Opa hüpfte wie Rumpelstilzchen auf dem Feuer herum, um es zu löschen. Dabei fing seine Hose Feuer, und er fluchte – jetzt nicht mehr nur in seinen Bart. Als das Auto mit einem Waldarbeiter um die Kurve schoss, qualmte nur noch Opas Hose.

Die ganze Sache hat mich so sehr beeindruckt, dass ich von da an oft eigene Benzinversuche durchführte.

Als ich abends ins Bett ging, drückte ich Opa Bernhard fest und gab ihm, wie immer, noch einmal förmlich die Hand. Er sagte dann so was wie: »Ab ins Bett. Schlof guet, du alte Schofseckel.« (Haha, da ich das gerade für euch übersetze, fällt mir erst jetzt auf, was er da eigentlich gesagt hat: »Ab ins Bett. Schlaf gut, du alter Schafshoden.«)

Opa ließ meine Hand an diesem, wie an jedem anderen Abend auch, nicht los. Er war ein Bär, ich hatte keine Chance, mich aus seinem Griff zu befreien. Gleichzeitig bestand er mit ernster Miene darauf, dass ich nun endlich abhauen solle, es wäre ja nun mal wirklich Zeit, schlafen zu gehen. »Verschwind jetzt, du Lumpehund. Mach, dass Land g'winsch! Jetzt hau halt ab, I bruech mine Rueh!«

Es waren genau solche Momente, die meinen Opa so liebenswert machten. Er begegnete uns Enkelkindern auf Augenhöhe und hatte großen Spaß dabei, uns auf den Arm zu nehmen, zum Staunen und zum Lachen zu bringen.

Diese liebenswerte und dabei auch ruppige Art, mit Kindern umzugehen, habe ich eins zu eins von meinem Opa übernommen.

Bei Festen, Hochzeiten oder anderen familiären Zusammenkünften gibt es immer eine Person, auf der nach fünf Minuten sämtliche Kinder rumturnen. Dieses anstrengende, aber meist wirklich witzige und kurzweilige Los zieht fast jedes Mal: Max. Wenn Kinder im Raum sind, ob meine eigenen oder die aus meinem Freundeskreis, dann kann ich gar nicht anders, als sie zum Staunen und Lachen zu bringen. Okay, ich geb's zu: manchmal vielleicht auch zum Weinen, wenn ich den Bogen etwas überspanne, aber das ist dann wirklich unabsichtlich.

Unser gemeinsamer Humor, der Unimog, das Holzmachen – das alles liebte ich sehr an meinem Opa. Das Beste von allem ist aber, dass uns Opa Bernhard ermöglicht hat, unsere Kindheit im schönsten Haus der Welt zu verbringen.

Als meine Eltern im Schwarzwalddorf Krenkingen das Pfarrhaus gefunden hatten, in dem sie leben wollten, trommelte mein Opa seine Bergsteigerfreunde zusammen. Sie brachten das Haus auf Vordermann. Bei solchen Gelegenheiten war es keine Frage, dass man einander zur Hand ging.

Und so machten sie sich frisch ans Werk, bauten einen offenen Kamin ein, installierten eine Zentralheizung, verlegten neue Elektrizität und Dielenböden, machten Stuckarbeiten und Durchbrüche durch das dicke Mauerwerk und noch viel, viel mehr. Die Jungs haben teilweise tagelang auf der Baustelle in unserem Haus übernachtet. Schließlich lebten alle im Umkreis einer guten Stunde in und um Spaichingen – da wäre die Fahrt nach Hause ein großer Zeitaufwand gewesen. Sie arbeiteten von früh morgens bis spät in die Nacht und waren nach den harten Stunden und vielen Bieren ungeeignet zum Führen eines Kraftfahrzeuges im öffentlichen Straßenverkehr, um es mal ganz unmissverständlich auszudrücken. Außerdem genossen sie die gemeinsame Zeit abends am Feuer und zogen sie gern in die Länge.

Kurzum: Um dieses riesige katholische Pfarrhaus für die protestantische Familie Mutzke herzurichten, wurde darin ein Vierteljahr lang (auch an Sonntagen!) gearbeitet, gesoffen und geflucht. Ich würde mal behaupten, es war eine ganz besondere Art der Umwidmung beziehungsweise der Nutzungsänderung einer Immobilie.

Nach nur drei Monaten zog der Handwerkertrupp ab und hinterließ uns dieses unglaubliche Zuhause. Opa Bernhard war ein Zusammenbringer, ein Organisator. Er hielt die Menschen um sich herum immer bei bester Laune.

Er starb mit 68 Jahren an seinem dritten Herzinfarkt. Seine Beerdigung war wie die eines Popstars: Die Leute standen über drei Stunden an, bis sie vorne am Grab waren. Einfach nur, weil er so ein guter Typ gewesen war. Alle liebten ihn – und ich eben ganz besonders.

Auch wenn er viel zu früh aus meinem Leben gefallen ist – ich war erst 13 Jahre alt, als er starb –, bin ich für jedes gemeinsame Jahr, für jede gemeinsame Erinnerung unendlich dankbar. Wenn ich einen stressigen oder auch mal unangenehmen Moment habe, dann denke ich: Opa würde daraus jetzt eine phantastische und lustige Geschichte machen, oder einfach: Tatsachen schaffen. Es fällt mir dann viel leichter, den Moment nicht überzubewerten und mich selbst nicht zu wichtig zu nehmen. Es gibt also Situationen, in denen ich Opa Bernhard mit der sonnengegerbten Haut und seinen tiefen Lachfalten bis heute vermisse.

Aber da bin ich nicht der Einzige in der Familie. Wenn wir beisammen sind, erinnern wir uns alle noch sehr gerne an den alten Haudegen mit dem großen Herzen, das sogar noch größer war als seine Augenbrauen und sein Bart.

Steffes, unser brother from another mother

Meine Eltern lernten sich auf einem Wochenmarkt kennen, in einer Kleinstadt zwischen dem Schwarzwald und dem Bodensee. Da stand mein Vater, ein Medizinstudent im Kaftan, von denen er auch welche verkaufte. Er hatte einen coolen Oberlippenbart und rauchte Pfeife. Meine Mutter hielt einen kleinen Jungen an der Hand, als sie über den Markt flanierte. Sie sah meinen Vater und verliebte sich auf Anhieb in ihn – und er sich auch in sie.

Richtig, meine Mutter hatte schon einen kleinen »Sohn«, als meine Eltern sich kennenlernten. Er hieß Steffes und war von anderen Eltern geboren worden, die in Steffes Leben schon lange keinen echten Platz mehr hatten. Die Familie, in die er hineingeboren wurde, hatte es wohl sehr schwer – und auch Steffes hatte es in vielerlei Hinsicht nicht leicht. Er wurde mit dem Noonan-Syndrom geboren. Es bringt in den meisten Fällen Kleinwuchs, schwere Herzfehler und ein auffälliges Äußeres mit sich. Außerdem litt Steffes von Geburt an an Diabetes. Seinen ersten schweren Unterzucker erlitt er im Alter von wenigen Wochen. Seine leiblichen Eltern, er nannte sie immer nur seine »Erzeuger«, waren mit dieser Situation wohl total überfordert und warfen ihn – im Glauben, er sei tot – in den Mülleimer. Dort wurde er gefunden und in ein Heim für an Diabetes erkrankte Kinder gebracht. Das war Anfang der siebziger Jahre. Zu der Zeit war es wohl nicht so einfach, den Blutzucker zu messen und Insulin zu verabreichen, vor allem bei Säuglingen und Kindern.

Zum Glück gab es Hanne, die einzige Schwester meiner Mutter. (Nur mal so nebenbei: Seit meine Geschwister und ich auf der Welt sind, ist sie außerdem unsere unangefochtene Lieblingstante.) Sie ist auch heute noch Sozialarbeiterin und kümmert sich voller Hingabe um Familien mit schweren Schicksalen. Hanne absolvierte damals mit 16 Jahren ein Praktikum in dem Heim, in dem Steffes aufwuchs. Er war zu dieser Zeit schon sechs Jahre alt. An Weihnachten wurden alle Kinder von ihren Familien nach Hause geholt, nur der kleine Steffes war übrig geblieben. Den kleinen Jungen alleine im Frühstückssaal über sein Tellerchen gebeugt zu sehen, brach meiner Tante das Herz. Sie fragte ihren Papa Bernhard, ob sie ihn an Weihnachten mit nach Hause bringen dürfe. Von da an durfte Steffes oft am Wochenende und vor allem in den Ferien bei der Familie meiner Mutter wohnen.

Und jetzt kommt meine Mutter ins Spiel: Sie hatte das größte Herz, das man sich nur vorstellen kann, und sie schenkte dem Jungen sofort einen großen Platz darin. Als der kleine Steffes mit ihrer Familie Weihnachten feiern durfte, war sie 19 Jahre alt. Sie mochte ihn so sehr, dass sie sich liebend gerne und oft um ihn kümmerte. Und so kam es, dass sie mit Steffes an der Hand meinen Vater kennenlernte.

Steffes war also unser ältester Bruder, insgesamt sollten

wir sechs Geschwister werden, meine Eltern heirateten und bekamen zusammen noch fünf weitere Kinder. Erst Miriam, dann Moritz, dann mich, schließlich Menzel und zu guter letzt Mertel. Auch wenn Steffes nicht unser leiblicher Bruder war und auch nie bei uns gewohnt hat, so war er für uns immer und uneingeschränkt unser Bruder. Steffes war ein wichtiger Teil der Familie, er und ich hatten eine ganz besondere Beziehung. Wir machten zusammen Musik, traten mit unserer Band *Rübersksnewelst* (kein Tippfehler! Wie es zu diesem phantastischen Namen kam, erzähle ich später) auf und verbrachten gern Zeit miteinander, wenn er uns am Wochenende besuchte.

Erst viele Jahre später, mit etwa 30 Jahren, wurde Steffes offiziell von meinen Eltern adoptiert, weil er sich das sehr gewünscht hatte. Er wollte unseren Nachnamen tragen. 2015, im Alter von 45 Jahren, starb Steffes an den Folgen einer Operation. Dieses Schicksal war besonders tragisch und zynisch, denn die OP hätte seine Diabetes für immer heilen sollen. Die heftigen Schwankungen seines Blutzuckers hatten über die Jahrzehnte hinweg seinen Organen enormen Schaden zugefügt. Die letzten Jahre musste er sich dreimal wöchentlich einer Blutwäsche unterziehen; seine Nieren konnten diese Aufgabe nicht mehr bewältigen. Nun endlich, nach jahrelanger Wartezeit, kam die langersehnte Nachricht, dass Spenderorgane gefunden waren, es ging um beide Nieren und die Bauchspeicheldrüse. Steffes wusste, dass durch diese Operation sein Leben eine unglaubliche Wendung nehmen konnte. Er freute sich wahnsinnig auf dieses neue Leben, in dem er nie wieder auf seinen Blutzucker würde achten müssen, nie wieder mehrmals die Woche stundenlang an Dialysegeräten hängen würde. Doch es kam unerwartet zu Komplikationen, die Steffes nicht überlebte.

Natürlich war mir da schon lange klar, dass wir als Familie in dieser Konstellation nicht für alle Zeit zusammen sein würden, aber so früh einen Bruder zu verlieren, war schrecklich für mich. Nur zwei Jahre zuvor war meine Mutter gestorben. Wir standen in derselben Runde am selben Grab. Nur eben mit einem Bruder weniger.

Mein Nachbar Dieter hat einmal gesagt: »Es ist nie etwas so schlecht, dass es nicht auch für irgendwas gut ist.« (Na ja, in Wahrheit sagte er: »S'isch niä öpis so schlecht, dass es it au für ürgndwa guet isch.«) Vielleicht hat er recht, denn auch wenn der Verlust nahestehender Menschen in seiner Endgültigkeit und Unumkehrbarkeit gnadenlos ist, führt er uns dennoch etwas Elementares vor Augen: Alles verändert sich mit der Zeit, und nichts bleibt, wie es war.

Der Tod meiner Mutter und meines Bruders, aber auch die Geburten meiner Kinder und der Kinder meiner Geschwister haben uns deutlich gemacht, dass wir in unserer Familie Menschen verlieren und dazugewinnen. Wir sollten also jede Gelegenheit nutzen, um zusammenzukommen und uns zu feiern. Und das schafft unsere Familie wie keine zweite.

Geburtstage, Weihnachten, Ostern, ein neuer Grill oder Terrassenboden, das Aufblühen der Magnolie vor der Haustür, die überfahrene Katze … alles muss gemeinsam gefeiert werden. Manchmal reicht es aber auch, eine simple Nachricht in die Familiengruppe zu schreiben: »Hey ihr Spacken, was macht ihr am Wochenende? Vermisse euch Idioten!«

Alle sind dann tief berührt, verabreden sich und machen

sich auf den Weg. Mittlerweile wohnen Mertel und Moritz wieder im schönen Krenkingen, dem Dorf, in dem wir aufgewachsen sind. Miriam lebt in Bern und Menzel in Köln. Aber auch Hanne und ihr Mann Thomas (der übrigens schon mal mein Telefonjoker bei *Wer wird Millionär?* war), deren Kinder und Kindeskinder kommen aus ihren Löchern. Wir sind dann schnell zwischen 20 und 30 Leute aus drei Generationen, was in unserem Fall bedeutet, dass Menschen zwischen 0 und 80 zusammenkommen.

Es macht nicht nur unglaublich viel Spaß, in so einer Familie seinen Platz zu haben, es gibt mir vor allem Sicherheit und Geborgenheit. Ein Gefühl, das ich sehr gut gebrauchen kann, denn immer und immer wieder wird meine Karriere auf die Probe gestellt. Jedes Lied, das ich veröffentliche, jedes Konzert, das ich gebe, jeder Auftritt, bei dem ich mich im Fernsehen zeige, muss sich erst wieder beweisen. Ich werde von meinem Publikum bewertet, auf die Probe gestellt, natürlich auch mal bejubelt. Aber in einer Welt, in der ständig Neues kommt und die sich rasend schnell verändert, ist meine Karriere alles andere als ein Selbstläufer.

Ein paar Zeilen über Chou Chou

Meine Mutter war eine außergewöhnliche Frau. Sie war in allem unglaublich. Unglaublich frech, unglaublich lustig, unglaublich schön. Sie war allem und jedem gegenüber aufgeschlossen. Sie lebte spontan, war begeisterungsfähig und mitreißend. Sie hatte einen derben und oft obszönen Humor, war überaus generös und liebte es, die Menschen in ihrer Umgebung zu verwöhnen. Auch abseits der Theaterbühne hatte sie viele Fans, die meisten unserer Freundinnen und Freunde fühlten sich in der Gegenwart unserer Mutter sehr wohl. Sie wurde von allen liebevoll bei ihrem Kosenamen Chou Chou gerufen, ausgesprochen »Schuhschuh«. Mein Vater hatte ihn ihr zu Anfang ihrer Beziehung gegeben; so nannte er sie ausnahmslos und liebevoll bis zum Schluss. Nur wir Kinder nannten sie Mama.

Meine Mutter war aber auch unglaublich krank. Sie verfiel dem Alkohol – und wurde die Sucht nie wieder los. Mein Vater, meine Geschwister und ich hatten wunderschöne, aber auch sehr anstrengende und unbeständige Zeiten mit ihr. Es ist nicht leicht, mit einer Mutter aufzuwachsen, die so stark mit sich und ihren Problemen beschäftigt ist, dass man als Familie mehr und mehr ins Abseits rückt.

Unser Glück war, dass unser Papa immer sehr beständig und klar blieb. Ich bin das dritte leibliche Kind meiner Eltern, als mittleres von uns Geschwistern durfte ich unsere Mutter noch richtig gesund erleben. Ich bin sehr dankbar dafür, dass ich weiß, wer sie war. Was für eine Löwin sie sein konnte, welche unermüdliche Energie sie einst hatte. Wir sind stolz, eine so humorvolle, kreative, unvoreingenommene, unkonventionelle und lebensfrohe Frau als Mutter gehabt zu haben. Sie hat viele dieser liebenswerten Eigenschaften von ihrem Vater, meinem Schwarzpulver-Opa Bernhard, geerbt. Auf ihre ganz eigene Art entzündete sie das Schwarzpulver in den Herzen der Menschen um sich herum. Die geselligen Abende waren noch bunter, größer und lauter, der Humor noch derber, und in ihren Aktionen war Mama oft noch etwas verrückter – verrückter als er, und eben darin ganz die Tochter meines Opas. Auch sie konnte Tatsachen schaffen, auch sie war eine Zusammenbringerin. Jeder fühlte sich bei ihr willkommen, und sie liebte es, wenn die Bude voll war. Sie kochte mit den ausgefallensten Gewürzen, von denen die meisten ihrer Besucher noch nie etwas gehört, geschweige denn sie probiert hatten. Es gab Hühnchen in knallpinker Soße oder Ente im türkisen Gewürzmantel. Sie scheute keinen Aufwand, um ihre Gäste zu verzaubern, und legte großen Wert darauf, dass auch wirklich jeder satt wurde. Meine Mama pflegte zu sagen – und dieses Motto trifft sehr gut ihr Verständnis von Gastfreundschaft:

»Fünf sind geladen,
zehn sind gekommen.
Ich mach Wasser in die Suppe,
es sind alle willkommen.«

Außerdem war sie eine hervorragende Geschichtenerzählerin und verstand es wie keine Zweite, die Menschen um sich herum zu unterhalten. Sie hatte die Begabung, in ihren Erzählungen Fallhöhen zu kreieren, Dinge herrlich zu übertreiben oder schmückende Details hinzuzufügen. Sie konnte flunkern oder gar lügen, bis sich die Pfarrhausbalken über unseren Köpfen bogen. Alles für die Geschichte! Die Menschen lachten, tranken, aßen und rauchten, während sie an ihren Lippen hingen.

Es gibt da diese typische Mama-Geschichte, die ich unbedingt loswerden möchte: Sie war im nahen Städtchen Tiengen unterwegs, um auf dem Wochenmarkt einzukaufen. Plötzlich wurde sie unsanft angerempelt. Blitzschnell drehte sie sich mit ihren ein Meter sechzig um. Vor ihr stand ein Mann, der knapp zwei Meter maß. Er war ein guter Freund meiner Mutter.

»Pass mal auf, mein Freundchen«, sagte meine Mutter und hob ihre rechte Faust.

»Was willst du denn mit diesen winzigen Fäustchen, du kleiner Zwuckel?«, erwiderte der Riese lachend. Ohne Vorwarnung schlug ihm meine Mutter mit einem satten rechten Haken in die Rippen. Der Freund stöhnte und sagte: »Okay, okay, okay. Hab's kapiert. Scheiße, tut das weh!«

Meine Mutter lachte sich ins Fäustchen und war hoch erfreut, den Kampf so klar für sich entschieden zu haben.

Eine Woche später begegneten sich die beiden in der Bäckerei. Diesmal war es meine Mutter, die ihn zuerst entdeckte. Sie ging auf ihn zu, hob die Fäuste und sagte: »Na, 'ne Revanche?«

In Panik wich er zwei rasche Schritte zurück und flehte:

»Chou Chou, bitte nicht anfassen. Ich war beim Arzt. Kein Witz, du hast mir auf dem Markt eine Rippe gebrochen!«

So war meine Mutter. Oft etwas drüber – und das fanden wir (fast) immer so toll an ihr.

Im Jahr 2013 starb sie an den Folgen ihrer Suchterkrankung.

Wie das Leben manchmal so spielt, war der letzte Moment, in dem ich mit ihr alleine war, ein wirklich wertvoller Augenblick mit geradezu übernatürlichem Charakter.

Meine Eltern und ich wohnten, als ich schon erwachsen und bereits Vater war, in dem kleinen Städtchen Tiengen, nur 341 Meter Fußweg (141 Meter Luftlinie) voneinander entfernt.

Ich hatte längst meine eigene Familie. Der Alkoholkonsum meiner Mutter und die körperlichen Folgen waren bereits immens. Wenn ich meine Eltern zu dieser Zeit besuchte, war die Wahrscheinlichkeit, bitter enttäuscht zu werden, wesentlich größer als die Möglichkeit, sie in halbwegs guter Verfassung anzutreffen.

Um meine eigene Familie, allem voran mich selbst, vor diesen oft unappetitlichen und erdrückenden Momenten zu schützen, kam es manchmal vor, dass ich sie über Monate hinweg nicht sah.

Dann gab es dieses besondere Abendessen. Sowohl ein paar meiner Geschwister mit Anhang als auch ich mit meiner Familie waren nach langer Zeit mal wieder bei unseren Eltern zusammengekommen. In früheren Tagen war es in solch vertrauter Runde zweifelsfrei immer sehr aufgedreht und lustig zugegangen, aber zu dieser Zeit war eine entspannte Atmosphäre, beziehungsweise eine nüchterne

Mama, schon lange nicht mehr selbstverständlich, sondern eher die absolute Ausnahme.

Dieser Abend war aber, allen Befürchtungen zum Trotz, sehr schön. Der Grund war, dass meine Mutter total da war. Sie hatte nichts oder nur wenig getrunken, sie hatte sich schick gemacht und war bis zum Schluss anwesend, aufgeschlossen, unterhaltsam und sehr lustig.

Es tat so gut, sie endlich mal wieder so zu sehen. Vor allem fand ich es wunderschön, dass meine Kinder ihre Oma so erleben durften.

Oh, da fällt mir eine kleine Geschichte ein, bei der ihr ein Gefühl für den Charakter und den Humor meiner Mutter bekommt: Meine Mutter wollte auf keinen Fall von meinen Kindern »Oma« genannt werden, sie sollten (wie alle anderen auch) Chou Chou zu ihr sagen. Zwar wollte meine Mutter immer Enkel haben – sie liebte meine Kinder aus vollem Herzen und zeigte sich auch überaus gerne und stolz mit ihnen in unserem kleinen Städtchen Tiengen –, aber eine »Oma« wollte sie dann doch nicht sein. Ihrer Meinung nach machte sie das alt und unsexy.

»Nennt mich ja nicht Oma, habt ihr gehört?! Das ist bei Strafe verboten«, sagte sie zu meinen Kleinen. Als Schauspielerin hatte sie die Begabung, solche Sätze in strengem Ton zu sagen und gleichzeitig so, dass ihre Enkelkinder nur ein kleines bisschen Angst bekamen.

Auch wenn sie natürlich wussten, dass ihnen nichts Schlimmes geschehen würde, hatten die Kleinen sich ganz schön im Griff, das Wort Oma kam ihnen eigentlich nie über die Lippen. Einmal passierte es aber doch: »Oma, Oma! Der Junge da hinten hat Arschloch zu mir gesagt.«

Meine Mutter schaute sauer, packte ihr vierjähriges Enkelkindchen am Kragen und fragte in scharfem Ton: »Hast du gerade Oma zu mir gesagt?!« Woraufhin das Kleine sich schnell die Hand vor die Lippen presste, da ihm erst jetzt mit Entsetzen aufging, dass ihm das verbotene O-Wort rausgerutscht war – das ja eigentlich viel schlimmer war als »Arschloch«.

Meine Mutter hatte die unvergleichbare Gabe, in solchen Momenten auf eine Weise ironisch zu sein, die selbst Kinder zum Lachen brachte und sie zur absoluten Lieblings-~~oma~~ … äh … Lieblings-Chou-Chou machte. Ab und zu, wenn wir über meine Mutter sprechen, wird deutlich, dass meine Kinder ihre Chou Chou genauso schmerzhaft vermissen wie ich meinen Opa Bernhard. Sie war in vielen Dingen eben genauso ein Vorbild für sie, wie es mein Opa für mich war.

Zurück zum Abendessen bei meinen Eltern: Nach diesen tollen Stunden, die mich meiner Mutter wieder Kilometer näher brachten, gingen wir alle beseelt nach Hause.

Ich kann mich gut an dieses Gefühl erinnern: Ein einziger Abend hatte ausgereicht, um viele von den Knoten zu lösen, in denen sich meine Zuneigung und Liebe in den Monaten zuvor verheddert hatten.

Am Tag darauf rief mein Vater an.

Er sagte: »Max, kannst du mal bitte nach Chou Chou schauen? Ich kann sie schon den ganzen Nachmittag nicht erreichen, und ich habe ein schlechtes Gefühl.« Seine Stimme klang alarmiert. Er selbst war in der Praxis und musste sich um seine Patientinnen kümmern.

Wäre der Abend zuvor nicht so gelaufen, hätte meine Antwort auch leichtsinnig sein können. Nämlich, dass sie wahrscheinlich »eh nur betrunken« ist und ich keine Lust habe, sie so zu sehen.

Aber die Wärme in mir war noch deutlich spürbar, und so machte ich mich sofort auf den Weg zu ihr.

Vier Minuten später betrat ich das Haus und fand meine Mutter auf dem Sofa. Sie lag auf dem Rücken und wirkte apathisch. Sie hatte die Augen geschlossen und stöhnte schwach. Mit dem Handrücken bedeckte sie ihre Augen, als müsste sie sich vor grellem Licht schützen. Ab und zu hob sie den Arm ein wenig. Sonst bewegte sie sich kaum, aber tief in ihrem Inneren schien sie einer enormen Unruhe ausgesetzt zu sein.

Ich streichelte ihr über die schwarzen, zerzausten Haare und versuchte sie zu beruhigen.

»Hey, Mama, alles okay? Kannst du mich hören? Ich bin's, dein Max.«

Ihre Reaktion blieb gänzlich aus. Ich war mir sicher, dass es nicht der Alkohol war, der sie in diesen Zustand versetzt hatte. Es ist wie ein siebter Sinn, der sich in einem Kind einer alkoholkranken Person über die Jahrzehnte ausbildet, schärft und von Tag zu Tag immer weiter verfeinert. Eine Gabe, auf die ich gut hätte verzichten können.

Ein paar Wochen zuvor hatte sie schon einmal einen Schwächeanfall gehabt, der mit einem schwerwiegenden Eisenmangel begründet worden war. Ich rief meinen Vater an und anschließend den Krankenwagen.

Die Sanitäter waren schnell vor Ort. Die Jungs parkten das blau blinkende Auto direkt vor dem Haus, die Straße war durch den Feierabendverkehr sehr befahren.

In knappen Worten berichtete ich von der Krankheitsgeschichte meiner Mutter. Schnell war klar, dass sie ins Krankenhaus gebracht werden sollte.

Die Sanitäter hoben meine Mutter auf eine Bahre und trugen sie aus dem Haus. Weil es bereits dunkel wurde und der Weg aus dem Haus durch den Garten führte, dessen Boden mit den Wurzeln der großen Rotbuche viele Stolperfallen bereithielt, half ich ihnen. Als die Trage mit meiner Mutter im Krankenwagen arretiert war, bemerkten die Jungs, dass sie ihr Equipment im Haus gelassen hatten. Während sie es holten, blieb ich bei meiner Mutter.

Mittlerweile hatte es zu regnen begonnen. Es war ungemütlich auf der Straße. Also stieg ich in das sterile und hell beleuchtete Innere des Kastenwagens.

Einer der Sanitäter schlug aus Rücksicht die Hecktüren zu. In dem Moment ging das Innenlicht aus, und die Zentralverriegelung rastete hörbar ein. Alles war mit einem Mal ganz still. Von der Welt da draußen bekam ich nichts mehr mit. Meine Mutter und ich waren ganz alleine. Sie war noch immer weit weg und in sich gekehrt, aber sie wirkte plötzlich viel ruhiger. Ich streichelte sie, und die Worte, die ich meiner Mutter schon so lange nicht mehr sagen wollte, nicht mehr sagen konnte, kamen wie von selbst über meine Lippen: »Alles wird gut, Mama. Ich bin für dich da. Ich liebe dich!«, sagte ich und spürte es auch genau so. Eine Ewigkeit waren wir in diesem zeitlosen Raum, es fühlte sich wunderschön an, ihr so nah zu sein.

Irgendwann öffnete sich die Tür, und zwei verdutzt dreinschauende Sanitäter standen vor dem Auto.

»Das war jetzt aber wirklich sehr seltsam. Der Krankenwagen hat sich von alleine abgeschlossen, und der Schlüssel hat nicht mehr funktioniert. Bei euch war ja sogar das Licht aus. Das hatten wir noch nie! Sorry, dass ihr jetzt so lange im Dunkeln sitzen musstet.«

Sie konnten nicht ahnen, dass es genau dieser technische Defekt war, der unseren letzten gemeinsamen Moment in Zweisamkeit verlängert und so wertvoll gemacht hat. Bis heute bin ich dankbar für diese Minuten, die uns geschenkt wurden und die bis jetzt in mir nachhallen.

Ein paar Tage später starb meine Mutter, sie hat die Klinik nicht mehr verlassen.

Wir Geschwister und mein Vater standen um ihr Bett, als sie aufhörte zu atmen.

Wir streichelten sie und weinten gemeinsam. Es war ein sehr stiller und unendlich intimer Moment.

Ein paar Augenblicke später gab eine der Maschinen, an die meine Mutter angeschlossen war, einen penetranten Piepston von sich. »Ah, das war die Bestätigung, dass sie oben angekommen ist«, sagte ich. Ich konnte mir den Spruch einfach nicht verkneifen. Alle mussten lachen, während sie weinten. Den Humor unserer Familie hat meine Mutter stark geprägt. Wir alle, meine Geschwister und meine Tante, mein Onkel und die Cousinen mütterlicherseits, leben diesen Humor heute noch. Es ist ein schwarzer, derber Galgenhumor, der sich stark unter der Gürtellinie am wohlsten fühlt. Oft grenzt er an Unverschämtheit und lässt den ein oder anderen auch mal verstört zurück. Wir können einfach nicht anders, wir sind nie um einen derben Spruch verlegen und finden es geradezu kleinlich, wenn jemand dann eingeschnappt ist. Wer schon mal bei einem unserer Familienfeste war, wird wahrscheinlich bestätigen, wie legendär (andere würden wohl eher sagen »gestört«) unser Verständnis von Witzen ist. Vieles in dieser Runde ist absolut nichts für die Öffentlichkeit.

Deshalb war dieser Spruch an Mamas Totenbett auch erlaubt: Sie hätte ihn geliebt – und wenn es einen Himmel gibt, dann bin ich mir sicher, dass meine Mutter mit schallendem Gelächter die Himmelspforte durchschritten hat, während sie stolz auf ihre Familie blickte. Petrus hat sie wahrscheinlich noch einen kurzen Haken verpasst, um gleich klarzumachen, dass im Himmel ab sofort ein neuer Wind weht.

Es ist schlimm, die eigene Mutter viele Jahre im aussichtslosen und unfairen Kampf gegen den Alkoholismus erleben zu müssen. Es fühlte sich an, als müsse man miterleben, wie der eigene Lieblingsboxer in einer viel zu hohen Gewichtsklasse einem heftigen und langen Kampf ausgeliefert ist, in dem er immer wieder zu Boden geht, sich jedes Mal aufs Neue aufrichtet, nur um gleich darauf wieder einen brutalen Schlag abzubekommen, der ihn erneut auf die Bretter schickt.

Es ist furchtbar, sich immer wieder verzweifelt an die Hoffnung klammern zu müssen, dass alles bald besser wird, wenn sie nur endlich aus der Entzugsklinik entlassen ist – und dann den herben Rückschlag zu erleiden, wenn sie nach kürzester Zeit doch wieder zur Flasche greift, man sie zu Hause findet, hilflos auf dem Boden liegend.

Ich kenne diese beiden Pole: Auf der einen Seite die unendliche Liebe eines Kindes zu seiner Mutter, die grenzenlose Bewunderung. Auf der anderen Seite der Impuls, abhauen zu wollen, das Ausgeliefertsein, wenn nichts beständig ist und die Stimmung im Haus jederzeit kippen kann.

In dieser Zeit ist der Song *Hier bin ich Sohn* entstanden, den ich 2015 auf meinem Album *MAX* veröffentlicht habe. Damals war ich 34 Jahre alt, und dieses Lied war für mich der erste Schritt in die Öffentlichkeit mit diesem sehr intimen und schambehafteten Thema. Ich weiß noch, wie ich mich damals im Studio in Berlin der Songwriterin Jasmin Shakeri, mit der ich gemeinsam diesen Text verfasste, Stück für Stück geöffnet habe. Es war das erste Mal überhaupt, dass ich mit einer Person, die niemanden aus meiner Familie kannte, über die Krankheit meiner Mutter sprach. Das Songwriting war viel mehr eine Therapiestunde, in der ich meine Erfahrungen in Sätze fasste, die sich am Ende des Tages zu einem Song zusammenfügten, der mich noch viele Jahre begleiten sollte.

Endlich öffnest du die Tür, ich merke gleich, du bist da,
doch du bist nicht hier.
Das Glas in deiner Hand, gefüllt bis an den Rand,
versteckst du grad vergeblich vor mir.
Siehst meinen Blicken dann die Enttäuschung gar nicht an,
am liebsten will ich gehen.
Wirkst aufgesetzt und kalt, es tut so weh,
dir dabei zuzusehen.

Es gibt so vieles, was ich kann, ich bin Vater, ich bin Mann,
doch hier bin ich Sohn.
Mit meiner Wut und meiner Angst, die nur du mir nehmen
kannst, will ich dich verschon'.

Ich bleibe da, um dich zurückzuholen, wenn du mich lässt.
Hast du den ersten Schritt getan, lauf ich mit dir den Rest.
Ich will endlich etwas tun für dich. Bitte sag mir nur, was.
Bist du lieber allein, soll ich gehen? Wenn es sein muss
auch das.

Ich erinner mich fast nicht, doch als Kind habe ich zu dir
aufgesehn
– du warst wunderschön.
Von diesem Glanz ist nichts geblieben, manchmal fällt's
schwer, dich zu lieben
– kannst du das verstehn?
Du verpasst so viel, setzt wertvolle Zeit auf's Spiel.
Ist dir das egal?
Du sagst so oft, du hörst auf, und ich glaub's,
doch am Ende wiederholt sich alles noch einmal.

Es gibt so vieles, was ich kann, ich bin Vater, ich bin Mann,
doch hier bin ich Sohn.
Mit meiner Wut und meiner Angst, die du nicht ertragen
kannst, will ich dich verschon'.

HIER BIN ICH SOHN, 2015

Ich konnte nun darüber sprechen, singen und auch live damit auftreten, aber in Interviews hätte ich mich dazu noch lange nicht äußern wollen oder können. Und auch auf der Bühne habe ich nie direkt von meiner Mutter gesprochen, sondern es immer möglichst vage gehalten, von wem ich in diesem Lied singe, auch wenn es doch so offensichtlich war. Schon beim ersten Auftritt mit dem Song habe ich aber eine erstaunliche, wenn auch nicht abwegige Reaktion im Publikum beobachten können: Da saß eine erwachsene Frau, die weinte. In Strömen liefen ihr die Tränen über das Gesicht, während sie aufmerksam zuhörte. Als der letzte Ton verklungen war, klatschte sie heftig. Es war ein Beifall, der mir signalisierte, wie dankbar sie war, dass ich diesem Schicksal meine Aufmerksamkeit schenkte. So zumindest interpretierte ich ihre Reaktion.

Nach der Show erzählte mir die Frau von ihrem Leben und davon, dass auch sie täglich mit der Sucht eines Angehörigen konfrontiert war. Sie war dankbar für dieses Lied, denn nun hatte sie etwas, das sie zu Hause vorspielen konnte, um der betroffenen Person begreiflich zu machen, wie sie im Leben dastand, was die Suchterkrankung mit *ihrem* Leben machte. Meine Zeilen waren ihre Gefühle, die sie bisher nicht in Worten hatte fassen können.

Sie sagte mir, wie viel Trost sie darin fände, mit diesem Schicksal nicht alleine zu sein.

Erst da wurde mir bewusst, dass ich mit der Geschichte meiner Mutter, mit meiner Geschichte, auch etwas Gutes bewirken kann. Dass ich meine ganz persönlichen Erfahrungen unbedingt nutzen sollte, um im besten Fall Menschen in vergleichbaren Situationen eine Hilfe zu sein.

Was sie betrifft, möchte ich aus Rücksicht auf meine Familie in diesem Buch jedoch nicht weiter in die Tiefe gehen. Schließlich haben meine Geschwister ihre ganz eigene Geschichte mit ihr. Je nachdem, in welchem Alter man ein alkoholkrankes Elternteil erlebt, bekommt man mehr oder weniger von alledem mit. Und weil es noch mal etwas ganz anderes ist, die eigene Familiengeschichte schwarz auf weiß in einem Buch nachzulesen, habe ich mich nach Absprache mit meiner Familie dazu entschieden, die Krankheit meiner Mutter hier nicht detaillierter zu beschreiben, als ich es in diesem Kapitel getan habe. Sie aber ganz wegzulassen, wäre absurd – und auf eine Weise auch fahrlässig, denn ich habe ja bereits die Erfahrung gemacht, wie viel Trost es spenden kann, zu hören, dass man mit einer solchen Lebenssituation nicht allein ist. Es ist mir wichtig zu sagen, dass es für solche Fälle professionelle Hilfe gibt, die euch enorm weiterhelfen kann.

Außerdem kann und will ich mein Leben natürlich nicht so erzählen, als hätte ich gar keine Mutter gehabt oder wir hätten nie unter einem Dach gelebt, wenn ich doch meist nur meinen Vater in den Geschichten erwähne.

Das also als Erklärung zum weiteren Verlauf des Buches: Natürlich gab es meine Mama. Sie war mal mehr und mal weniger anwesend. Das Wichtigste ist aber: Ich habe sie wie verrückt geliebt.

Vor allem als sie noch gesund war, habe ich sie als phantastische Mutter erlebt. Aber auch später, als die Krankheit sie schon fest im Schwitzkasten hielt, gab es neben den hoffnungslosen viele großartige Momente mit ihr. Sie konnte eine richtige Beschützerin sein. Ein Moment mit ihr hat sich besonders in mein Gedächtnis eingebrannt. Wahrscheinlich, weil sie mich in dieser Situation sehr ernst genommen hat. Das war eine ihrer großen Stärken.

Ich war sechs Jahre alt und hatte beim Tag der offenen Tür bei der Sparkasse ein Taschenmesser geschenkt bekommen. Es war nicht mehr als ein kleines Werbegeschenk. Es war schwarz, und die Klinge war höchstens vier Zentimeter lang, aber es hatte eine Schere! Ich war unglaublich stolz und wusste: Das ist ab sofort mein wichtigstes Überlebenswerkzeug! Ich hatte jetzt mein EIGENES TASCHENMESSER.

Doch noch am selben Tag habe ich es verloren. In einer dunklen Höhle unter einem Holzstapel, irgendwo im Dreck. Dieser Verlust war schrecklich für mich, ich war am Boden zerstört. Also ging ich zu meiner Mutter und erzählte ihr von meinem Schmerz. Sie nahm meine Verzweiflung ernst und sagte: »Max, ich werde dein Taschenmesser jetzt so lange suchen, bis ich es finde.«

Und dann ist sie tatsächlich in diese Höhle gekrochen. Darin war alles voller Laub, Spinnweben, Staub und Dreck. Ich stand draußen, und mein Herz klopfte zum Zerspringen. Würde sie das für immer verlorene, lebenswichtige Messer wiederfinden?

Und na klar: Als sie verdreckt und zerzaust aus der Höhle kroch, hielt sie das Taschenmesser in ihren Händen. Sie hatte ihr Versprechen gehalten. Dieses Erlebnis mag von außen betrachtet keine große Sache gewesen sein, dennoch wirkt es bis heute in mir nach.

Meine Mutter hatte nicht nur ein ausgeprägtes Gespür für Menschen, ihre Nöte und Bedürfnisse, sie war auch blitzgescheit. Eigentlich hatte sie davon geträumt, Abitur zu machen und zu studieren. Aber sie ist in einer schwäbischen Kleinstadt und zu einer völlig anderen Zeit aufgewachsen. Außerdem mit einem Mann in der Familie, der zwar mein Lieblingsopa war, aber in der Kindheit und Jugend meiner Mutter ganz sicher oft kein guter Vater. Er hatte vollkommen andere Vorstellungen und ein Frauenbild, bei dem mir heute ganz anders wird.

Als meine Mutter noch zur Schule ging, kamen ihre Lehrkräfte zu meinem Opa nach Hause und sagten: »Herr Winker, Ihre Tochter Inge ist äußerst begabt. Sie ist auffällig intelligent und hat ganz besondere Talente. Bitte, bitte geben Sie ihr die Chance! Lassen Sie sie auf der Schule. Sie kann später studieren und eigenständig Geld verdienen.« Mein Opa aber blieb hart, er hat ihr eine höhere Schulbildung einfach verboten. Mehr oder weniger gab er ihr zu verstehen, dass eine Frau lernen muss, wie man kocht, wie man näht, wie man den Haushalt macht. Die Frau hat zu Hause zu sein, wenn der Mann von der Arbeit kommt.

Also musste meine Mutter die Hauswirtschaftsschule besuchen, und damit basta. Ich glaube, sie hat ihrem Vater nie verzeihen können, dass er sie ihrer Chancen beraubt hat.

Meine Mutter wuchs am Fuße des Dreifaltigkeitsbergs in Spaichingen auf. Das kleine Städtchen liegt etwa 13 Kilometer östlich der A81 zwischen Stuttgart und dem Bodensee. Ich habe mal mitbekommen, dass ihr Vater sich eigentlich Söhne gewünscht hatte, stattdessen aber zwei Töchter bekam. Meine Mutter war die Erstgeborene und hat in ihrer Kindheit diese Unzufriedenheit ihres Vaters wohl oft zu spüren bekommen. Auch das war ein Schmerz, der tiefe Furchen in ihre Seele gerissen haben muss. Ich bin aber davon überzeugt, dass genau in diesem Schmerz auch die Ursache für ihre enorme Kraft und ihr Durchhaltevermögen begründet war. Meine Mutter hatte vermutlich schon in ihrer Kindheit das Gefühl, sich immer beweisen zu müssen. Auch später, als erwachsene Frau und als Mutter, wollte sie sich immer wieder selbst übertreffen. Ob es das Kochen war, die Schauspielerei, die extravagante Mode, der Schmuck, die Arbeit in der Praxis meines Vaters … In allem war sie überragend, schnell, kreativ und bewundernswert. Sie liebte es, wenn man sie lobte.

Vielleicht stopfte jedes Lob ein wenig von dem Loch, das durch das Gefühl entstanden war, eben nicht der Sohn zu sein, den ihr Vater sich gewünscht hatte.

Als Lokführer war Opa Bernhard viel unterwegs. Wenn er nach Hause kam, berichtete ihm meine Oma, was die beiden Töchter, vor allem aber die rebellische Inge, während seiner Abwesenheit alles falsch gemacht hatten. Also tat er seine »Pflicht«. Manchmal kam er nach tagelanger Abwesenheit ins Zimmer meiner Mutter; und anstelle einer Begrüßung bekam sie eine Ohrfeige. Unvorstellbar. Schrecklich muss das gewesen sein. Eine völlig andere Zeit als heute.

Zumindest nach außen hin konnte das meine Mutter nicht brechen, sie war schon immer rebellisch – und das blieb sie ihr Leben lang.

Was ich hier unbedingt noch einmal betonen muss: So furchtbar die Eltern meiner Mutter oft mit ihren Töchtern umgingen, als Oma und Opa waren sie die Größten. Wobei ich glaube, dass solche Geschichten in dieser Generation keine Ausnahmen waren. Die damals noch viel weiter verbreiteten stereotypen Rollenbilder werden ähnliche Konstellationen in vielen Familien begünstigt haben.

Es kommt sicher oft vor, dass Enkelkinder zu ihren Omas und Opas eine vollkommen andere Beziehung haben als ihre Mütter und Väter. Bei uns muss diese Ambivalenz besonders krass gewesen sein. Aber als Kind registrierte ich dieses Zerwürfnis nicht. Auf mich wirkte das Verhältnis meiner Mutter zu meinen Großeltern immer harmonisch. Vielleicht auch deshalb, weil die schrecklichen Momente zwischen ihnen schon viele Jahre zurücklagen und meine Mutter nun ein eigenes Leben mit fünf Söhnen und einer Tochter hatte.

Wenn meine Mutter gerade nicht bei Theaterproben war oder auf der Bühne stand, dann kümmerte sie sich um die Abrechnungen in der Praxis meines Vaters. Am Computer war sie superschnell. Aber wie in anderen Lebensbereichen kannte sie auch hier kein Maß. Nächtelang saß sie am Rechner, rauchte und arbeitete von abends bis morgens durch, drei Nächte am Stück. Es war der völlige Exzess. Danach war sie erledigt und brauchte tagelang, um sich zu erholen.

Während mein Vater und wir Kinder immer früh schlafen gingen, war meine Mutter selten vor Mitternacht im Bett. Bis tief in die Nacht hinein verschlang sie ein Buch nach dem anderen. Schon als Kind habe ich gespürt, wie belesen und aufgeschlossen meine Mutter war, wie wortgewandt und humorvoll sie auch die intellektuellsten Freundinnen und Freunde meiner Eltern verzauberte.

Im Nachhinein ist es noch viel trauriger, dass sie den Weg zum Abitur und einem Studium nicht mehr gegangen ist. Ich möchte mir vorstellen, dass sich dann ihre Sucht vielleicht nicht so stark entwickelt hätte. Es ist ein schöner Gedanke, meine Mutter jetzt als stolze und gesunde Frau noch in unserer Mitte haben zu dürfen.

Zum Glück hatte sie mit dem Theaterspielen trotzdem einen Weg gefunden, ihre Kreativität auszuleben. Meine

Mutter hatte den isländisch-schweizerischen Schauspieler und Regisseur Jón Laxdal kennengelernt. Er leitete eine Laien-Theatergruppe, die auf sehr hohem Niveau tolle Stücke spielte. Beispielsweise *Wer hat Angst vor Virginia Woolf?* Er suchte immer wieder neue Mitglieder für sein Ensemble, und so bewarb sie sich ganz spontan. Es war eine tolle und früchtetragende Freundschaft. Oft saß das gesamte Ensemble zur Textprobe bei uns zu Hause am großen runden Küchentisch. Und nicht selten durften wir bei den Proben im Schweizer Theater in dem wunderschönen Grenzörtchen Kaiserstuhl dabei sein. Natürlich waren wir auch regelmäßig bei den Aufführungen tief unten im alten Kellergewölbe.

Es sind Momente, die ich jeder und jedem nur wünschen möchte: Die eigene Mutter dabei zu beobachten, wie sie in ein Kleid schlüpft und dabei eine andere wird, war immer wieder auf schauerlich-schöne Art beeindruckend. Schon als kleiner Junge habe ich genügend Zeit damit verbracht, die Gesichter der Zuschauenden zu beobachten. Es machte mir Spaß, ein Gefühl dafür zu entwickeln, wie sich kollektive Spannung aufbaute, wenn in raffinierten Dialogen versucht wurde, den Mörder zu ermitteln. Wie ein schweres Gefühl der Trauer den Raum in den Schwitzkasten nahm, wenn auf der Bühne mit Schmerz oder Tod gerungen wurde. Wie sich ein Seufzen oder ein befreiendes Lachen anbahnte und endlich aus den vielen Mündern brach, weil doch alles wieder gut war.

Aus dem Backstagebereich die Gesichter der Gäste beobachten zu dürfen, machte mich jedes Mal sehr, sehr stolz.

Jeder Zuschauer bewunderte meine Mutter auf eine eigene Art. Und mir fiel damals schon auf, dass in den Blicken mancher Männer ein Unterschied lag im Vergleich zu den nicht weniger bewundernden Blicken der Frauen. Einmal durfte ich beobachten, wie eine feine Dame ihrem feinen Herrn mit dem Ellbogen in die Rippen stieß, nachdem sie ihn minutenlang fassungslos beim Bewundern meiner Mutter beobachtet hatte.

Meine Mutter hatte selbst bei Autos einen Sinn für Ästhetik und Extravaganz. Als ich klein war, fuhr sie eine weiße Ente mit pinken Sternen, später einen schwarzen Citroen DS mit roten Sitzen aus Samt und danach viele Jahre einen feuerroten Volvo P1800 ES, auch »Schneewittchensarg« genannt. Die Autos unterstrichen die Tatsache, dass sie eine atemberaubend schöne Frau war. Sie war klein und voller Weiblichkeit, hatte Haare wie aus Ebenholz und trug immer diesen Pagenschnitt, der mir bis heute sehr gut an ihr gefällt. Sie sah aus wie eine Französin. Irgendwie cool, mit einem sehr eigenen, mondänen Stil.

Ich weiß nicht genau, weshalb ich das jetzt erwähne, aber während es allen Menschen, die ich kenne, die Schamesröte ins Gesicht treibt, über das Sexleben ihrer Eltern zu sprechen, war das bei mir nie so. Im Gegenteil, ich konnte mir die beiden immer sehr gut dabei vorstellen, beziehungsweise hatte ich damit nicht das geringste Problem.

Ich empfand es nie als etwas Peinliches oder gar abwegig, sondern dachte vielmehr: Klar, seht euch die beiden mal an! Wenn nicht die, wer dann? Bei uns herrschte zu Hause ohnehin eine große Offenheit. Mein Vater war es als Gynäkologe gewohnt, jede Frage rund um Sexualität zu beantworten, meine Mutter nahm sowieso nie ein Blatt vor den Mund. Die beiden waren ein unglaubliches Team. Im Sommer lief sie manchmal den ganzen Tag halbnackt durchs Haus. Mein Vater hat vor uns geduscht, meine Mutter lag nicht selten in der Badewanne, wenn wir mittags ins Bad kamen. Sie liebte es, in der Wanne zu sitzen, und tat das eigentlich täglich. Es gab bei uns keine Scham wie in anderen Familien. So sind wir eben aufgewachsen.

Manchmal sitze ich mit meinem Vater oder meinen Geschwistern zusammen, und wir erzählen uns gegenseitig die besten Geschichten meiner Mutter. Sie hat die Menschen um sich herum auf eine ganz besondere Art und Weise geprägt.

Ich habe großes Glück, dass ich mit der Gabe auf die Welt gekommen bin, in den härtesten Momenten des Lebens resilient zu sein. Natürlich hat mich die Krankheit meiner Mutter hin und wieder wütend gemacht; es ist schrecklich, miterleben zu müssen, wie die eigene Mutter, eine so schöne Frau und ein so besonderer Geist, zerfällt, ohne etwas dagegen tun zu können. Aber ich bin heute nicht verbittert. Ein wichtiger Freund von uns, der die Geschichten, das Glück und das Leid unserer Familie kannte, sagte kurz nach Mamas Tod: »Es war wohl der Weg, den eure Mama gehen musste. Wäre es anders gewesen, hättet ihr die Macht gehabt, ihn zu ändern. Ihr seid sechs liebende Kinder und ein liebender Ehemann. Ihr habt Jahrzehnte wie verrückt gegen diese unerbittliche Krankheit gekämpft. Eure Mutter hatte in euch alles. Und trotzdem wurde sie von der Krankheit besiegt. Kann es eine größere Gewissheit geben, dass es für eure Mama keinen anderen Weg gab? Vielleicht fällt es euch mit diesen Gedanken leichter, das Leid und den Verlust zu akzeptieren.«

Ja, wir haben wirklich so vieles probiert. Haben meine

Mutter mit Liebe und Hoffnung überschüttet, sie mit Kälte bestraft und waren dennoch immer für sie da.

Was immer bleibt – und das ist keine hohle Floskel –, ist die Liebe.

Der Schwarzwälder Vielfraß

Wie ich schon erzählt hatte, lebten wir in diesem wunderschönen Pfarrhaus am letzten Südhang des Schwarzwaldes.

Dieses Haus war unsere Villa Kunterbunt. Miriam und wir Jungs hatten jeder ein eigenes Zimmer. Wir hatten eine große Werkstatt, einen gruseligen Gewölbekeller, einen Proberaum, eine Schmiedeesse im Garten und nebenan eine riesige Garage, in der unter anderem der Unimog und ungefähr dreihundert Raummeter Holz Platz fanden.

Mein Lieblingsplatz waren die Fensterbänke. Die Mauern waren ungefähr einen Meter dick, und so konnte ich mich in eine Decke gehüllt hineinsetzen und auf das schöne Dorf Krenkingen blicken. Ich fühlte mich sicher, geborgen und wohl in diesen Wänden.

Der wichtigste Raum im Haus war unsere Wohnküche. Das Schönste in der Küche war der große runde Tisch, dessen einziger Fuß eine mächtige Baumwurzel war, die mein Opa Anfang der Achtziger mit seinem Schwarzpulver aus dem Waldboden gesprengt hatte. Da wäre ich wirklich gerne dabei gewesen. Ich wäre bestimmt der Meinung gewesen, dass man die Straße vielleicht anzünden, aber doch sicher nicht wegsprengen konnte. Sollte mein Opa mir doch das Gegenteil beweisen! Ich hätte es gefeiert.

Ich hockte wahnsinnig gerne auf dem Mittelplatz der Eckbank. Am liebsten neben meinem Papa, der links auf der Bank saß. Seit ich mich erinnern kann, mag ich es, wenn rechts und links jemand neben mir sitzt, ich also nicht am Rande einer Tischgemeinschaft hocke. Ich wollte schon immer mittendrin sitzen, um auch ja nichts zu verpassen.

An diesem Tisch wurde gegessen, gelacht, gespielt und sich um das größte Schnitzel geprügelt. Es war erstaunlich, wie jeder von uns fünf Brüdern in dem großen Schnitzelhaufen sofort das größte Stück ausfindig machen konnte und seine Gabel wie ein Blitz in das Fleisch stieß. Oft auf die Sekunde genau im gleichen Augenblick. Danach flogen nicht nur die Schnitzelfetzen. Wie meine Eltern und auch meine liebe Schwester das ausgehalten haben, frage ich mich heute noch. Wir Brüder waren wirklich ein unglaublich verfressener Haufen. Meine Eltern karrten täglich große Mengen an Lebensmitteln in unser Haus. Unser Mittagessen, ach Quatsch, alle Mahlzeiten glichen eher Raubtierfütterungen. Ich glaube, wir Brüder rochen auch wie Raubtiere. Das sagte zumindest meine Schwester.

Ich erinnere mich sehr gut an einen Moment, für den sich Miriam heute noch schämt: Meine Eltern hatten die absurde Idee, mit uns Kindern – damals war ich vielleicht vier Jahre alt – ein Sternerestaurant zu besuchen. Für mein Verständnis kamen die Teller entschieden zu selten, und trotz ihrer Größe war viel zu wenig drauf. Also schlich ich immer wieder an den Tischen der anderen Gäste vorbei und fragte, wohl recht höflich, ob ich mal probieren dürfte. Und tatsächlich gelang es mir, auf diesen charmanten Raubzügen hier und da etwas abzubekommen. Meine Geschwister hätten sich vor Scham am liebsten unter dem Tisch versteckt.

Natürlich war ich immer rechtzeitig zurück an meinem Platz, wenn ein neuer Teller serviert wurde. Und dann passierte das, was zumindest bei meiner Schwester ein kleines Trauma auslösen sollte: Einen der frisch gebrachten Gänge muss ich mir in einer solchen Geschwindigkeit reingestopft haben, dass ich mich heftig verschluckte, laut hustete und würgte – und dann spürte, dass alles, was ich mir so mühevoll und geduldig zusammengeräubert hatte, unweigerlich nach oben kam. Autsch!

Schnell presste ich mir die Hände vor den Mund. Man muss aber kein Physiker sein, um die Erfolgschancen dieser Gegenmaßnahme einschätzen zu können. Man muss auch nicht viel Phantasie besitzen, um sich vorzustellen, wie zweierlei Tobleronen-Parfait mit Ananas-Minz-Ragout, zarter Kalbsrücken mit Ratatouille auf Trüffelkrapfen und Ananas-Sorbet an Schinkenschaum sich auf einer reinweißen Tischdecke machen.

Der Abend war gegessen, für uns alle.

Ich war übrigens schon von klein auf jemand, der alles probieren wollte. Egal, wie das Essen aussah oder roch, welche Farben oder Formen es hatte, ob es aus dem Garten, dem Supermarkt, dem Meer oder dem Wald kam, ob es Blätter oder Beine hatte, ob es aus einer Plastikverpackung kam, vor meinen Augen aus dem Boden kroch oder ob mein Opa es »versehentlich« überfahren hatte.

Einmal waren wir im Urlaub, ich weiß nicht mehr, ob es Spanien, Frankreich oder Italien war, jedenfalls gab es einen Strand. Ein Mann stand da mit einem Eimer, aus dem er mit Lederhandschuhen Seeigel holte. Er hielt sie den Vorbeilaufenden unter die Nase – und dann zerhackte er sie mit einem gezielten, tausendfach geübten Machetenhieb in der Mitte. Zack! Das war für mich überaus faszinierend. Zitrone auf das zuckende Innere, Esslöffel her und rein damit, bitte schön! Zugegeben, selbst ich war ein wenig skeptisch. Aber nachdem meine Mutter probiert hatte – von ihr habe ich diese Eigenschaft, der unendlichen kulinarischen Vielfalt offen entgegenzutreten, gab auch ich mir einen Ruck. Es schmeckte gar nicht mal so schlecht. Okay, ein bisschen schleimig und irgendwie lauwarm, aber auch nach Zitrone und gleichzeitig etwas salzig, fischig, nach Meerwasser.

Zunge, Leber und Kutteln gehörten als Schwarzwälder eh zu meinen Leib- und Magenspeisen. Und ich habe natürlich auch schon mal »Schofseckel« gegessen.

Noch heute esse und probiere ich ALLES. Und was mich ganz arg freut: Es ist mir gelungen, diese Neugier an meine Kinder weiterzugeben. Gemeinsam essen macht Spaß; gemeinsam Essengehen mit dem Mutzke-Nachwuchs noch viel mehr. Denn meine »Kleinen«, mittlerweile im Teenageralter, lösten schon immer bei anderen Gästen oft genug erstauntes Lachen oder pikiertes Kopfschütteln aus: Sie diskutieren erst einmal die gesamte Speisekarte rauf und runter. Lautstark und kontrovers tauschen sie sich aus, dann wird ein möglichst diverser Speiseplan erstellt (was die Karte halt so hergibt), die Sitzordnung neu arrangiert und schließlich die Aufteilung der Portionen vorab festgelegt. Allen Geschwistern ist dann klar, wie viel sie von welchem Gericht abbekommen werden. Wenn das Essen auf dem Tisch steht, werden nach dem erreichten Pensum die Teller weitergegeben oder die Sitzordnung angepasst. Welch ein

Aufwand! Alles, damit auch keiner etwas vom Gaumenschmaus verpasst.

Seit vielen Jahren führe ich eine Liste auf meinem Handy. Jedes Mal, wenn wir in einem Gasthaus, auf einer Berghütte oder in einem Restaurant sitzen und auch nur die geringste Chance besteht, dass wir vielleicht ein zweites Mal herkommen, notiere ich, wer was bestellt. Nach dem Essen frage ich: »Leute, wie war euer Essen? Sehr gut, gut oder eher mittel? Würdet ihr das Gleiche nächstes Mal wieder bestellen oder lieber etwas anderes?«

In Stichworten notiere ich mir daraufhin die Bewertungen und Einschätzungen. Wenn wir tatsächlich ein weiteres Mal im gleichen Laden sitzen, checke ich die Liste und lese meiner Familie vor, was beim letzten Besuch in ihren Mägen und Köpfen so los war. Sofort gehen die Verhandlungen zwischen den »Kleinen« wieder los, ich höre Sätze wie: »Okay Leute, ich bestelle eine kleine Portion von dem, du nimmst dafür diese zwei Vorspeisen. Beim letzten Mal schmeckte uns das nicht so richtig – und jenes haben wir gar nicht bestellt, daher ist es logisch, dass wir es jetzt nehmen. Und falls wir noch Nachtisch bestellen dürfen, dann ist eh klar, dass zwei von uns, bla, bla, bla, …«

Ihr könnt euch nicht vorstellen, wie sehr ich es liiiiebe, meine Kinder beim Essen bestellen zu beobachten. Ich freue mich darüber, dass sie unbedingt Neues ausprobieren möchten. Das haben sie mit Sicherheit von mir. Ich brauche Abwechslung – und zwar nicht nur beim Essen. Auch bei der Musik.

Über die Jahre habe ich festgestellt, dass es meine Begeisterung für Abwechslung ist, über die sich meine stilistische

Vielfalt in der Musik entwickelt hat. Darin liegt wohl auch der Grund, warum meine Alben sich sehr deutlich voneinander unterscheiden. Wenn ich mit der Arbeit an einem neuen Album beginne – erst kommt das Songwriting, später gehe ich ins Studio –, habe ich oft keine Ahnung, was passieren wird. Die Produzenten, meine Jungs und Mädels, mit denen ich die Songs schreibe, machen sich mit mir auf die Reise ins Ungewisse: Wir fangen einfach an, um vielleicht festzustellen, dass mich das Erarbeitete schon nach wenigen Tagen überhaupt nicht mehr abholt, nicht mehr berührt. Also suchen wir weiter nach einem Sound, einem roten Faden, einem Stil, in dem ich mich wiederfinde.

Soul? Pop? Jazz? Deutsch oder Englisch? Auch meine Konzerte unterscheiden sich sehr. Es gibt Wochen, in denen ich drei, vier Abende unterschiedliche Songs in völlig verschiedenen Besetzungen spiele. Mit kubanischer Klavierbegleitung, mit vollbesetzter Big Band, mit großem Orchester, mit einem Jazz- oder Soultrio – oder mal nur mit fünf Streichern. Auch die Locations könnten unterschiedlicher nicht sein. Von kleinen Jazzclubs über große Konzerthäuser bis hin zu Festivals.

Bis vor wenigen Jahren wurde ich immer wieder gefragt, ob ich mich nicht endlich für eine Sache entscheiden könnte. Meine Antwort war immer die gleiche: »Ich habe mich entschieden, mich nicht entscheiden zu wollen.« Die Wahrheit ist eben, dass ich für meine Zufriedenheit diese Abwechslung brauche. Und sie lässt sich am besten mit meinem Drang vergleichen, auch kulinarisch möglichst vielfältig zu genießen.

Meine musikalischen Lieblingsspeisen sind Soul und R&B. Aber auch Funk, Disco, Gospel, Blues, Jazz, Country und Rock 'n' Roll gehörten zu den Genres, mit denen ich aufgewachsen bin. Wobei ich persönlich keine Linien sehe, die diese Stile trennscharf voneinander abgrenzen. Es sind eher fließende Übergänge, die meine bevorzugten Musikstile miteinander verbinden. Es gibt unendlich viele Facetten, Einflüsse, Verschmelzungen, die meine Musik ausmachen. Trotzdem antworte ich auf die Frage nach meiner Lieblingsmusik mit: Soul. Darunter können sich die meisten etwas vorstellen, auch wenn ich es eher wie einen Überbegriff sehe, in etwa wie die Bezeichnung »Geländewagen« in der Welt der Automobile.

Ich mache also am liebsten Soulmusik, aber eben nur, solange ich darum herum noch genügend Abwechslung auf der Bühne leben darf. An der Stelle ein dickes Dankeschön an mein überaus flexibles Publikum. Es ist wahnsinnig schön, dass ihr bisher alles mitmacht!

Von den Besten lernen

Wo wir schon beim Thema Dankbarkeit sind: Michael Bublé, kanadischer Sänger und Weltstar, kommt ins Fernsehstudio. Er schaut sich kurz um, dann läuft er schnurstracks auf die Big Band zu, die sich gerade auf ihren Auftritt vorbereitet. Bublé unterbricht sie höflich, er gibt jedem einzelnen (!) Musiker die Hand. »Hi, nice to meet you, I am Michael«, sagt er lächelnd.

Das muss 2006 gewesen sein, ich war an dem Tag auch im *TV-total*-Studio (denn Michael Bublé und ich traten gemeinsam mit der Big Band auf – yeah!). Als ich die Szene beobachtete, dachte ich nur: Wow, was für ein Typ! – Obwohl er die Musiker vielleicht nie in seinem Leben wiedersehen würde, brachte er ihnen vor diesem einen gemeinsamen Auftritt so viel Herzlichkeit entgegen.

Natürlich ist es glasklar: Ohne die Band sind wir Sängerinnen und Sänger meist nichts. Wir brauchen jedes einzelne Bandmitglied, damit aus unserer Stimme und der Musik das große Ganze wird. Genauso, wie wir übrigens alle Crewmitglieder brauchen, die sich um den Aufbau, das Licht und den Sound kümmern, die die Busse und LKWs fahren, in denen das Bühnenequipment, die Instrumente und die dazugehörigen Menschen von Auftritt zu Auftritt gebracht werden.

Wir sind alle aufeinander angewiesen. Und trotzdem kenne ich Geschichten, in denen Sängerinnen oder Sänger die Musikerinnen und Musiker gegen sich hatten. Da haben sich ganze Big Bands oder Orchester von den »Stars«, die sie begleiten sollten, so ignoriert gefühlt, dass sie beschlossen: Auf den Idioten haben wir keinen Bock, den lassen wir einfach abblitzen und machen nur noch Dienst nach Vorschrift.

Klar, die Motivation dafür, sich wertschätzend zu verhalten, sollte nicht die sein, später von der Band nicht abgestraft zu werden. Ein gutes, menschliches und respektvolles Miteinander ist ein Wert an sich. Trotzdem war der Abend mit Michael Bublé für mich eine wichtige Erfahrung. Wie reibungslos und wohlwollend danach alles ablief. Seitdem weiß ich, was für einen Unterschied es macht, gleich zu Beginn aufgeschlossen auf andere zuzugehen – und damit für den entscheidenden Eisbrecher zu sorgen.

Michael Bublé darf also gerne von sich behaupten, dass er mich geprägt hat, denn seit diesem Tag mache ich es genauso wie er. Egal, ob da nur eine Handvoll Musikerinnen, Musiker und Crewmitglieder sind oder ein großes Orchester mit seinem Team: Ich gehe durch die engen Reihen, gebe jeder und jedem die Hand und sage: »Hallo, ich bin Max. Freut mich, dich kennenzulernen. Schön, dass wir heute zusammen spielen.« Zugegeben, dieser Moment ist manchmal nicht ganz einfach, weil die Leute sich zwar einerseits freuen und oft wie erhellt sind durch eine so wertschätzende Geste. Auf der anderen Seite ernte ich bei einem solchen »Rundgang« durch fünf oder sechs Orchester-Reihen und beim Händeschütteln von manchmal bis zu 80 Personen auch mal skeptische Blicke, weil die meisten so etwas wahrscheinlich noch nie (oder nur sehr selten) erlebt haben.

»Ich werde mir wahrscheinlich nicht alle Namen merken können, aber ich freue mich wirklich sehr, dass ich hier sein und mit euch spielen darf«, sage ich so oder ähnlich, bevor wir mit der Probe beginnen. Ich habe schon oft gespürt, dass solche kleinen Gesten viel bewirken können und einen positiven Impuls geben. Überall wird plötzlich gelacht (vielleicht auch nur über den Weirdo Mutzke, aber den Preis zahle ich gern). Die Leute reden miteinander, die Stimmung ist irgendwie gelöst, alle haben mehr Bock auf die gemeinsame Arbeit. Das Schönste: Manchmal höre ich noch Jahre später: »Ey, Max, dass du damals reingekommen bist und dich bei jedem vorgestellt hast, so etwas habe ich noch nie erlebt!« Wenn ich dann einen guten Tag habe, gebe ich sogar zu, dass ich mir das von Michael Bublé abgeschaut habe.

Neben der Wertschätzung ist die Dimension der Dankbarkeit genauso entscheidend für mich. Um mit dieser Einstellung die Bühne zu betreten, nutze ich die 30 Sekunden, bevor ich durch den Vorhang gehe. Ich schließe die Augen, falte die Hände, senke den Kopf und denke mir: Danke für die Menschen, die »für mich« ihre Instrumente spielen. Danke für die Leute, die zu unseren Konzerten kommen, die sich die Zeit nehmen und den Aufwand betreiben, um heute Abend hier sein zu können. Es ist wie ein Mantra, ein Ritual, das ich vor jeder Show praktiziere.

Ich nutze den Moment, um mir klarzumachen, dass die Menschen, die da im Publikum sitzen, einen Parkplatz suchen mussten. Vielleicht sind sie mit Bus oder Bahn angereist, haben ein Hotel gebucht, sind früher von der Arbeit los, haben noch mal geduscht und sich schick gemacht, einen Babysitter organisiert. Und manchmal – ich hoffe nicht zu oft – mussten sie sogar jemanden überreden, sie zu begleiten. Vielleicht wurden sie selbst gezwungen, sich meine Show anzusehen. Letztlich haben alle für den ganzen Aufwand auch noch Geld ausgegeben. Nur um den Abend mit uns zu verbringen, uns zuzusehen, wie wir das tun, was uns am meisten Spaß macht. All das zeigt uns, dass dieser Abend für sie etwas Besonderes ist.

Das alles ist für mich, auch nach 20 Jahren auf der Bühne, alles andere als selbstverständlich. Es ist jeden Abend ein Geschenk, wenn ich von der Bühne aus in die vielen Gesichter blicken darf. (Für alle, die noch die Bilder von 2004 beim ESC in Erinnerung haben: Ja, mittlerweile habe ich beim Singen die Augen geöffnet. Daher fallen mir tatsächlich die vielen Leute auch auf).

Um dem Publikum zu zeigen, dass dieser Moment für mich ebenfalls etwas Besonderes ist, trage ich auf der Bühne (meiner Meinung nach) schöne Klamotten und einen stylischen Hut. Okay, auch weil es besser aussieht. Aber eben nicht nur aus Eitelkeit, sondern weil für mich mein Outfit und besonders der Hut eine Hommage an den Abend sind, an die Musik und an das Publikum. Ich will auf der Bühne gut aussehen, um all dem Respekt zu zollen.

Eines meiner Kinder hat das mal in unserem Dorf ganz gut beobachtet: »Papa, mir ist aufgefallen, dass alle Männer hier, wenn sie auf der Baustelle arbeiten, karierte Hemden tragen. Und wenn sie sich schick machen, dann tragen sie … – karierte Hemden.« Ich habe in dem Moment gehofft, dass meinem Kind klar ist: Papa trägt auf der Bühne Klamotten, mit denen er eher nicht durch den Schwarzwald geht, sondern eben etwas Besonderes.

Das Beste an Dankbarkeit ist, dass sie nicht nur unseren Mitmenschen guttut, sondern auch uns selbst. Wenn ich abends im Bett liege, gehe ich ganz bewusst meinen Tag noch einmal im Zeitraffer durch und bin dankbar für alles, was gut gegangen ist. Wenn mir etwas einfällt, was nicht gut war – zum Beispiel, wenn ich im Auto von anderen Verkehrsteilnehmenden mit dem Mittelfinger gegrüßt wurde –, dann denke ich darüber nach, wo mein Anteil an der Situation liegen könnte und wie es beim nächsten Mal besser läuft.

Abends im Bett denke ich aber vor allem über das Gute nach: dass ich nach einer langen Autofahrt gut zu Hause angekommen bin. Dass ich keinen Unfall hatte, dass ich mit so guten Leuten arbeiten darf, dass bei meinem Auftritt alles prima lief. Dann wird es ein wenig allgemeiner: Ich bin dafür dankbar, dass meine Kinder gesund sind. Dass wir uns lieben und dass ich für sie immer noch echt cool bin (I wish ...).

Und dann klingt meine Dankbarkeit zugegebenermaßen ein wenig wie die Einträge im Freundebuch aus der fünften Klasse: Danke, dass wir nicht verhungern, verdursten oder erfrieren, dass uns hier in Deutschland keine Bombe auf den Kopf fällt und dass wir sagen dürfen, was wir wollen. Ich mache das wirklich genau so – auch wenn es jetzt hier so niedergeschrieben vielleicht ein wenig cheesy klingen mag.

Ich meine das vollkommen ernst: Das Privileg, hier so frei leben zu können, führe ich mir jeden Abend vor Augen. Eigentlich mache ich das schon mein Leben lang. Andere beten abends, ich lasse meinen Tag Revue passieren und finde erstaunlich viele gute Dinge. Und jetzt kommt das Beste: Ich habe erst vor kurzer Zeit erfahren, dass Dankbarkeitsübungen tatsächlich eine anerkannte Methode sind, um glücklicher zu werden. Das wurde wirklich wissenschaftlich bewiesen!

Dass wir trotz der aktuellen Nachrichtenlage und trotz vielfältiger Bedrohungen wie Krieg, Zerstörung, Verfolgung, Missbrauch, Überschwemmungen und Dürren, Hungerkatastrophen und so weiter dazu neigen, unsere Situation in Deutschland als selbstverständlich anzusehen, oder noch schlimmer, sie vielleicht sogar schlechtzumachen, das ist schon ganz schön zynisch. Wenn wir es schaffen, mal von oben und mit ein wenig Abstand auf unser Leben zu blicken, haben wir die Chance zu erkennen, wie phantastisch vieles ist. Dann werden wir vielleicht ein bisschen demütiger und können die kleinen und großen Glücksmomente des Lebens wieder schätzen.

Auf einmal stehen wir hier oben, Panoramablick.
Ein Gefühl, so unglaublich und groß wie das Empire State.
Und dann sich übertrieben so zu lieben,
weil's das Beste der Welt ist
und alles zu schnell ist, um zu merken,
wenn irgendwas zerbricht, ja, was eigentlich?

Oft träumen wir uns Welten zusammen,
damit sie passieren.
Das Spiel, auf's eig'ne Leben zu warten,
kann man auch verlieren.
Um unsere Maschinen zu starten, brauchen wir kein Ziel.

Das Leben ist ein Versprechen,
lass uns die Barrikaden durchbrechen, und hör' nie auf,
so zu lächeln.

Weil wir auf den Schultern von Giganten stehen,
uns in Richtung Zukunft drehen,
einfach immer weiter gehen.
Weil wir auf den Schultern von Giganten stehen,
endlich wieder Hoffnung sehen.
Wir lassen die Vergangenheit einfach stehen.

Manchmal muss man alles vergessen, um sich
wiederzufinden.
Die Mauer aus verschwendeter Zeit lässt sich überwinden,
Ballast abwerfen, all die losen Enden miteinander
verbinden.
Das Leben ist ein Versprechen.
Lass uns die Barrikaden durchbrechen, und hör nie auf,
so zu lächeln.

GIGANTEN, 2021

Andere Menschen glücklich zu sehen, macht selbst glücklich. Deshalb finde ich es wichtig, »danke schön« zu sagen. Ob beim Bäcker oder wenn meine Kinder die Spülmaschine ausgeräumt haben. Wenn man dieses Gefühl kultiviert, dann begegnet man den Leuten mit einer anderen Einstellung. Es macht schlichtweg Sinn, positiv durchs Leben zu gehen und Menschen grundsätzlich auf Augenhöhe zu begegnen.

Ich habe bei meinen Eltern eigentlich immer beobachten

dürfen, wie sie mit einer großen Portion Vertrauensvorschuss auch auf wildfremde Menschen zugegangen sind. Sie gingen immer vom Besten aus und wurden erstaunlich selten vom Gegenteil überrascht. Aus meinem Umfeld kenne ich aber auch Leute, die anders ticken. Sie sagen, dass sie erst mal abwarten und das Gegenüber abchecken wollen, bevor sie sich öffnen. Ich kann das verstehen, aber gleichzeitig denke ich mir: Es muss doch eh jemand den Anfang machen, dann kann ich das doch gleich übernehmen. Denn wenn jetzt beide Parteien erst mal abwarten, dann vergeht doch unnötig viel Zeit, in der man schon längst hätte befreundet sein können.

Ich kann mich da gut an den ersten Abend mit Barbara Schöneberger erinnern. Barbara hatte eine Veranstaltung moderiert, bei der ich aufgetreten bin. Jetzt ist es natürlich so, dass auch Barbara jemand ist, die kein Problem hat, auf Menschen zuzugehen, und zwar mit all ihrem Charme und Witz. Wir haben uns schon hinter der Bühne ab Sekunde eins sehr gut miteinander verstanden. Am Abend nach der Show gingen wir noch in der Altstadt von Erfurt mit unserem gesamten Team von 15 Leuten essen. Barbara und ich saßen nebeneinander. Plötzlich erzählte sie mir einen Witz. Da hatte sie genau den Richtigen gefunden. Ich schlug sofort mit einem passenden Witz zurück. Sie konterte mit dem nächsten, und ich haute ihr direkt einen weiteren um die Ohren.

So saßen wir beide noch stundenlang am Tisch und hauten einen nach dem anderen raus. Vom Team hat die Witzelawine außer uns nur einer überstanden. Der Rest verschwand irgendwann im Hotel. Ob es daran lag, dass unsere

Witze teilweise einfach nicht mehr lustig oder dass sie verboten unkorrekt waren, kann ich nicht sagen. Aber eines kann ich berichten: Barbara und ich wurden Freunde fürs Leben – und das ist gar nicht so üblich in dieser schnellen Welt. Wir wären also um eine wichtige Freundschaft und um 100 Witze ärmer, wenn wir beide an diesem Abend nicht mit so viel Vertrauensvorschuss und Authentizität unterwegs gewesen wären.

Ich verfolge den Weg, den meine Eltern mir vorgelebt haben, und gehe immer erst einmal vom Besten aus. Das versuche ich auch meinen Kindern vorzuleben. Ich möchte ihnen klarmachen: »Geht mit Vertrauensvorschuss auf andere zu. Wenn ihr dann von der anderen Seite nicht angenommen werdet, dann wisst ihr zumindest, dass es nicht an euch lag.« Natürlich muss man nicht mit allen Menschen befreundet sein, darum geht es gar nicht. Aber wenn es sich vermeiden lässt, möchte ich auch keine mögliche Freundschaft links liegenlassen.

Ich finde es außerdem super inspirierend, mich mit fremden Leuten zu unterhalten. Wenn ich bei einer TV-Produktion Menschen kennenlerne, die nicht vor, sondern zum Beispiel hinter der Kamera arbeiten, macht es mir Spaß zu erfahren, wie das funktioniert, was sie da machen. Wie sie auf die Idee gekommen sind, Kamerafrau oder Beleuchter zu werden. Oft haben die Leute spannende Geschichten zu erzählen. Und selbst wenn das in wenigen Ausnahmen nicht der Fall ist, lassen sich mit solchen Gesprächen zumindest die oft langen Wartezeiten verkürzen.

Wenn ich mal auf ein Taxi angewiesen bin, frage ich meist gleich zu Beginn der Fahrt: »Und, wie lange fahren Sie heute schon? Wie lange müssen Sie noch?« – und schon ist man im Gespräch. Wir kommen vom einen zum nächsten – und meist schnell zur Familie. Ich finde diese Begegnungen im Alltag total wichtig. Einen kurzen Moment echter Nähe, in dem sich die Leben zweier Menschen berühren, man miteinander lacht, fühlt und etwas voneinander erfährt. Das macht das Leben doch so spannend.

Der Windelwecker

Gehen wir gedanklich zurück zum Küchentisch in unserem Pfarrhaus: An dieser Baumwurzel begann und endete der Tag, meistens mit der Familie, aber auch oft genug im größeren Kreis. Unter der Woche begann er mit meinen Geschwistern und meinem Vater. Meine Mutter war so früh selten wach. Am Wochenende waren mein Vater und ich meistens als Erste auf den Beinen, ich war schon immer ein ausgewiesener Frühaufsteher.

Als ich noch ein Kleinkind von ein, zwei Jahren war, muss das für meine Eltern am Wochenende wirklich hart anstrengend gewesen sein: Ich kletterte nämlich gegen 5.30 Uhr aus dem Bett und weckte die Familie. Meist, indem ich mich meinem Vater aufs Gesicht setzte. Klar trug ich da eine Windel, die zumindest noch am Abend zuvor frisch gewesen war.

Der Einfallsreichtum, den meine Eltern bewiesen, um mich davon abzuhalten, ihren verdienten Schlaf schon früh am Morgen zu beenden, war durchaus beeindruckend.

Erste Maßnahme / erster Tag: Ein hohes Gitter wurde an meinem Babybett angebracht, damit ich nicht mehr herauskrabbeln konnte. Hat nichts gebracht, das war schlicht und ergreifend kein Hindernis für mich.

Zweite Maßnahme / zweiter Tag: Meine Eltern packten mich in einen Schlafsack. Um mich am Rausklettern zu hindern, blockierten sie den Reißverschluss mit einer Sicherheitsnadel – no chance! Ich brauchte nur wenige Minuten, um mir spezielle, olympiareife Schlafsack-Klettertechniken anzutrainieren.

Dritte Maßnahme / dritter Tag: Das Gitter wurde noch mal erhöht. So kam ich nicht mehr aus dem Bett. Aber ich schaffte es mit ruckartigen Bewegungen, das Bett durch den ganzen Raum zu poltern. Alle wieder wach.

Vierte Maßnahme / vierter Tag: Sie schraubten das Babybett an der Wand fest. Auch kein Thema für mich: Ich ruckte so lange beharrlich weiter, bis ich es (samt Dübel) aus der Wand riss und wieder polternd durchs Zimmer ruckelte. Auf jeden Fall alle wach!

Fünfte und letzte Maßnahme / fünfter Tag: alle bisherigen Maßnahmen plus: Sie banden mich liegend im Schlafsack mit einem Gurt am Bett fest. Das funktionierte tatsächlich so gut, dass ich mich noch heute an diese erste gemütliche Freiheitsberaubung erinnern kann. Aber auch das sollte mich nicht abhalten – ich brüllte einfach die gesamte Familie wach.

Sechster Tag: Ich saß pünktlich um 5.30 Uhr auf Papas Gesicht.

Wie schon erwähnt, waren mein Vater und ich am Wochenende die Ersten, die sich am frühen Morgen in der Küche trafen. Ich schlug die Augen auf – und in der gleichen Sekunde war ich wie angeknipst; ich wollte direkt etwas erleben. Und ich liebte es, mich morgens mit Papa in der Küche zu treffen! Ich konnte ihn alles fragen, ihm alles erzählen. Ich hatte das Gefühl, dass er die Ruhe ebenfalls genoss, da es ja sonst immer hoch herging am Tisch. Wir hatten es schön zusammen.

An einem dieser zweisamen Sonntagmorgen kam es zu einem Schlüsselmoment meines Lebens. So ein Moment kann alles auf den Kopf stellen, kann eine Welt einstürzen und eine neue entstehen lassen – oder einem Werte für ein ganzes Leben mitgeben.

Ich muss zu der Zeit in der ersten Klasse gewesen sein. Das Telefon klingelte. Wir wunderten uns. So früh? Mein Vater nahm ab.

Er sagte: »Mutzke? Ja?! Ja, genau. Hm. Aha, ok. Sicher? Hm. Ja, der sitzt neben mir. Ja, hm, alles klar. Danke.«

Er legte auf.

Für mich hatte sich das Gespräch wie eine halbe Ewigkeit angefühlt. Denn zwischen den Hms, Ahas und Okays gab es lange Pausen, in denen mein Vater zuhörte, immer ernster und ruhiger wurde.

Dann lehnte sich mein Vater zurück. Er sah mich an – und schien traurig zu sein, richtig betroffen. Ich konnte deutlich spüren, dass es tief in ihm arbeitete. Das machte mir Angst, denn so hatte er mich noch nie angesehen.

Er sagte: »Was. Hast. Du. Da. Gemacht?!«

Ich erschrak total, blickte ihn ratlos an, konnte nichts sagen. Ich hatte keine Ahnung, von was er sprach.

Papa: »So etwas hätte ich von dir einfach nicht erwartet! Max, ich finde das richtig schlimm!«

Oh nein, er nannte mich Max, nicht Mäxle!

»Was ist denn, was ist denn?«, fragte ich verzweifelt.

Die Tränen schossen mir in die Augen. Endlich brach es aus ihm heraus: »Das war dein Klassenlehrer. Du hast gestern in der Schule mit anderen zusammen Markus die Treppe heruntergestoßen. Er hat sich einen Zahn ausgeschlagen und sich böse weh getan.«

Mir blieb die Luft weg. Ich versuchte zu sprechen, und irgendwie schaffte ich es zu krächzen: »Das stimmt nicht, das stimmt nicht!«

Aber er glaubte mir nicht. Er war so in Rage, dass er mir gar nicht richtig zuhörte.

Wenn ich heute darüber nachdenke, treibt es mir noch immer die Tränen in die Augen. Mein Vater hatte mich verurteilt – und ich war der Situation total ausgeliefert.

Was am schlimmsten war: Mein Vater, der doch immer ein Fan von mir war, schien bitterlich enttäuscht. Wir Kinder durften uns bei unserem Vater sehr, sehr viel erlauben. Natürlich gab es auch mal Ärger. Aber halt so, wie ein überlegener, liebender Papa seine raufenden Kinder maßregelt. Es gab klare, unverrückbare Grenzen. Jemandem zu schaden oder auch etwas mutwillig kaputt zu machen, war eine deutliche Überschreitung. Ganz zu schweigen davon, gemeinsam mit anderen einen Einzelnen die Treppe runterzustoßen.

Der liebende Blick, mit dem er mich sonst ansah, war gewichen. Ich dachte sofort: Jetzt ist etwas in ihm für mich kaputtgegangen.

»In einer Gruppe von Idioten einen einzelnen Menschen zu jagen, zu drangsalieren und zu verletzen, ist schrecklich, abscheulich und niederträchtig«, sagte er zornig. Er wurde in meinen Augen immer größer. Er kochte vor Wut und Entsetzen.

Ich schaute ihn noch immer fragend an, hatte keine Ahnung, was er da erzählte. Dann sagte ich noch mal hilflos: »Ich habe niemanden von der Treppe geschubst, wirklich!«

»Der Lehrer hat es gesagt, dafür wird es ja wohl Zeugen geben«, schrie mein Vater. In dem Moment fing ich an zu weinen.

»Aber Papa, ich war gestern nicht mal in der Schule. Ich war krank. Ich war hier«, schluchzte ich. Die Tränen liefen mir in Strömen die Wangen herunter. Ich kann mich noch genau daran erinnern, wie sich mein nasses Gesicht anfühlte, wie ich vergeblich versuchte, mit beiden Händen meine Tränen wegzuwischen.

Es dauerte nur einen kurzen Moment. Die Körperspannung, die meinen Vater während der letzten Minuten so groß hatte werden lassen, wich von einer auf die andere Sekunde. Als hätte man ihm den Stecker gezogen, sackte er nach hinten. Er schaute mich lange an. Mein Vater war sprachlos.

»Stimmt. Du warst ja gar nicht in der Schule! Da haben dich tatsächlich andere zu unrecht angeschwärzt – für nichts«, sagte er nun nachdenklich und gleichzeitig mitfühlend.

Wir waren beide unendlich erleichtert. Im Nachhinein bin ich weder sauer oder verletzt, mich rührt diese Situation aber noch zutiefst. Vor allem, weil sie gut ausgegangen ist.

Denn mein Vater sagte: »Max, es tut mir furchtbar leid, dass ich dich nicht erst angehört hab. Ich bin sehr froh, dass du der bist, der du bist, und sich die Geschichte als falsch herausgestellt hat. Ich konnte mir das eigentlich auch nicht vorstellen. Aber trotzdem, hör gut zu! Ich erwarte von dir, dass du dich in deinem Leben auf die Seite der Schwächeren stellst. Du bist stark genug, du brauchst nicht auch noch die Starken an deiner Seite – du musst für die Schwachen da sein! Es ist einfach und langweilig, sich mit denen zu vereinen, die eine Horde brauchen, um sich an Schwächeren zu vergehen. Das wahre Spannende und Schöne liegt oft bei den Menschen, die schüchtern und zurückhaltend sind. Die Leisen erzählen die echten Geschichten. Menschen, die nicht auf den ersten Blick cool, schön oder stark sind, haben meist Qualitäten, von denen man nur lernen kann. Wenn du die zu deinen Freunden zählen darfst, dann bist du wirklich auf der Gewinnerseite.«

Auch wenn das für die meisten von euch (hoffentlich!) keine bahnbrechende Erkenntnis ist, war es das für einen Siebenjährigen sehr wohl. Ich würde sogar sagen, dass es für mich etwas Weltbewegendes hatte. Von da an habe ich ausprobiert, was mein Vater mir mit auf den Weg gegeben hatte. Ich habe den Stilleren zugehört und mich auf die Seite der Schwächeren gestellt. Und mein Vater hatte recht!

Durch meinen aufgedrehten Charakter und den frechen und durchaus derben Humor (musste ja nur nachplappern, was ich bei den Erwachsenenabenden in unserem Pfarrhaus mitbekam, zu denen aber später) war ich in der Klasse so etwas wie ein Rudelführer. Zum Beispiel war es häufig meine Aufgabe, im Sportunterricht eine Mannschaft aufzustellen. Nach der Unterhaltung mit meinem Vater entschied ich mich ganz gezielt für die Kinder, die üblicherweise bis zum Schluss auf der Bank saßen.

Während also der langsame Paul sonst als Letzter und unter unverhohlenem Protest in eine Mannschaft aufgenommen werden »musste«, habe ich ihn als Ersten ausgewählt. Ein paar Kinder aus der Klasse lachten ungläubig. Dann wählte ich der Reihe nach die Mädchen und Jungs, die gewöhnlich zum Schluss unter den Mannschaften aufgeteilt werden mussten. Als ich Paul aufrief, passierte etwas, das wir alle bei ihm noch nie gesehen hatten: Er reckte die Faust in die Höhe, rief »Yeah!« und grinste stolz. Ähnlich reagierten die anderen, die ich in mein Team holte. Ein spürbarer Ruck ging durch die Kinder, die sonst am längsten warten mussten.

Als wir komplett waren, fielen noch ein paar flapsige Bemerkungen der gegnerischen Mannschaft, aber so richtig lachen wollte niemand mehr. Unsere Mannschaft gab ein so ungewöhnliches Bild ab, dass die anderen ganz offensichtlich nicht wussten, wie sie damit umgehen sollten.

Als das Brennspiel begann – übrigens bis heute mein absolutes Lieblingsspiel, auch wenn ich es das letzte Mal in der vierten Klasse gespielt habe –, waren wir in kürzester Zeit so unglaublich im Rückstand, dass es eine Freude für die anderen war. Das Erstaunliche: Wir waren spürbar besser, als die gesamte Klasse – inklusive Lehrer – das für möglich gehalten hätte. Und so war unser Elan bis zum Schluss ansteckend. Es fühlte sich an, als würden wir mit diesem Spiel Geschichte schreiben – am Ende hatten wir punktemäßig ordentlich auf den Sack bekommen, aber wie sagt man so schön: Wir waren die Sieger der Herzen, wenn auch nur der eigenen.

Auch außerhalb des Sportunterrichts und der Schule traf ich mich vermehrt mit Kindern, die davor nicht so in meinem Fokus gewesen waren. Ich war schnell der Meinung, dass die, die (aus welchem Grund auch immer) von der Klassengemeinschaft nicht gesehen wurden, oft viel feinere Antennen entwickelt hatten. Die Beziehungen unter uns waren emphatischer und zugewandter, die Gespräche tiefer und die Interessen dieser Freundinnen und Freunde spannend und inspirierend. Langjährige und intensive Freundschaften waren das Geschenk, das ich bekam.

Dieser Sonntagmorgen mit meinem Vater hat mir noch etwas gezeigt: Wie beschissen es sich anfühlt, wenn man zu Unrecht verdächtigt oder verurteilt wird. Vor allem dann, wenn man sich nicht wehren kann.

Ich könnte mir vorstellen, dass es unter anderem dieser emotionale Morgen war, der meinen Gerechtigkeitssinn neu kalibriert hat und der vielleicht auch mein heutiges soziales und politisches Engagement maßgeblich mitbestimmt.

So viel mehr

Mein Enthusiasmus für frühes Aufstehen ist mir über die Jahre nicht abhandengekommen. Auch heute noch kann ich mit den drei Stunden vor neun Uhr morgens wesentlich mehr anfangen als mit den drei Stunden nach neun Uhr abends. Obwohl man natürlich darauf schließen könnte, dass ich als Musiker der absolute Nachtmensch bin. Dem ist aber nicht so. Nach einem Konzert bin ich meistens der Erste, der sich zurückzieht. Von den Aftershowpartys bekomme ich oft erst am nächsten Morgen etwas mit. In der Welt der Musiker und Musikerinnen lebe ich eigentlich immer wie mit einem großen Jetlag. Aber ich habe mich längst daran gewöhnt, dass ich vor elf Uhr morgens nur wenige meiner Leute erreichen kann.

Es klingt komisch, aber je früher ich gezwungen bin, den Wecker zu stellen, desto mehr freut es mich. Wenn ich zum Beispiel meine Kinder zur Schule fahre, dann klingelt mein Wecker um – ihr könnt es euch denken: 5.30 Uhr! Ich stehe auf, dusche, mache Frühstück für die Kinder und bereite die Schulbrote vor. Wir leben mittlerweile in einem kleinen Schwarzwalddörfchen auf 1000 Meter Höhe. Am frühen Morgen ist die Schule von unserem Wohnort mit öffentlichen Verkehrsmitteln nicht zu erreichen, daher fahre ich meine Kinder. Ich genieße es sehr, mit meinen »Kleinen« am Morgen so viel Zeit zu verbringen. Gerade die Autofahrt, auf der wir uns über einspurige Sträßchen, mitten durch Bannwälder, vorbei an Hochmooren und idyllischen Felswänden ins Tal schrauben, ist unbezahlbar.

Die Bäume sind im Winter bedeckt mit Schnee, als hätte jemand Millionen Tonnen Puderzucker darübergekippt. Auf den Weiden stehen im Frühling und Sommer die Kühe und Pferde, ihre Köpfe mampfend in die saftigen Blumenwiesen getaucht. Im Herbst driftet unsere Phantasie mit den Nebelschwaden durch die düsteren Wälder.

In den kalten Monaten, von denen wir viele haben, drücke ich vor der Abfahrt allen Passagieren noch eine Tasse mit warmem Tee in die Hand. Ich bin davon überzeugt, dass nur wenige Kinder lieber zur Schule gebracht werden als meine. Wenn ich sie aus dem Auto geworfen habe, nutze ich die Gelegenheit, in der Zivilisation zu sein: Ich gehe einkaufen und besuche Freundinnen oder Freunde auf einen Kaffee. Wenn ich dann gegen 8.30 Uhr zurück in meinem Dorf bin, habe ich schon einiges von dem erledigt, was auf meinem Zettel stand. Ich mag diese produktiven Morgenstunden sehr!

Wo ich gerade von den Autofahrten zur Schule erzählt habe: Die Tasse Tee, mit der ich meine Kinder ins Auto setze, ist ein Ritual, das sowohl für meine Kinder als auch für mich wunderschön ist. Denn auch wenn wir zu spät aus dem Haus kommen und die letzten Minuten vor der Abfahrt plötzlich in Stress geraten (wie eigentlich immer), bringt die warme, duftende Tasse Tee wieder Ruhe rein.

Falls ihr das nachmachen möchtet, hier ein kleiner Tipp

eines erfahrenen Schulweg-Chauffeurs: Nehmt keinen heißen, sondern nur warmen Tee! Und auf keinen Fall Früchtetee, sondern etwas Durchsichtiges! Und keinen Zucker! Nicht wegen der Kalorien oder den (fast) geputzten Zähnen, sondern weil es bei jeder Fahrt ein Kind zuverlässig schafft, die Hälfte der Flüssigkeit im Auto und auf den Klamotten zu verteilen.

Der morgendliche Tee im Auto ist nur ein Beispiel von vielen. Es zeigt, wie wichtig mir Rituale sind. Ich bin auch ein begeisterter Rituale-Erfinder! In unserem Alltag gibt es unzählige Aufgaben, die wir im Grunde genommen sowieso regelmäßig erledigen müssen. Warum diese dann nicht einfach zelebrieren?

Bevor ich meine Kinder wecke, habe ich geduscht, eine Kerze auf dem Tisch angezündet und mich vom Radio mit den aktuellsten Nachrichten versorgen lassen. Währenddessen koche ich Kaffee und bereite das Frühstück für alle zu. In der kalten Jahreszeit, die bei uns im Schwarzwald länger ist als die warme, mache ich hin und wieder ein Feuer im Kamin. Ich bin in einem Haus mit stetig prasselndem Feuer aufgewachsen; die Wärme, der Geruch, die Geräusche und die besondere Stimmung, die so ein Feuer im Kamin erzeugen kann, ist durch nichts zu ersetzen.

Für alle kritischen Stimmen, die jetzt sagen: »Was, der Typ verbrennt Holz, einfach nur, damit die Kinder ein gemütliches Frühstück haben?« Ja, das mache ich genau aus diesem Grund. Der Tag ist für alle schon laut und hektisch genug, da möchte ich, dass zumindest der Start ein Gegengewicht bietet. (Außerdem: Der Kamin ist an die Zentralheizung angeschlossen, und so heize ich natürlich auch die Pufferspeicher. Das Holz, beziehungsweise das Kohlendioxid, wird also nicht nur zum Spaß rausgeblasen – bin ja nicht bescheuert und verbrenne das gute Holz, nur damit meine Kinder es gemütlicher haben. Das wäre ja absurd. Die Hälfte meines Bluts ist schwäbischer Abstammung, das setzt sich dann doch oft genug durch.)

Dann wecke ich meine Kinder mit Musik. Keine Angst, ich stürme nicht mit Trommel, Trompete oder Gitarre in die Schlafzimmer. Aus den Boxen, aus denen eben noch die Nachrichten zu hören waren, erklingt pünktlich etwas Entspanntes.

Wir haben ein Musiksystem zu Hause, das es mir über eine App ermöglicht, in den einzelnen Zimmern Musik abzuspielen. Irgendwann höre ich, wie sich die Zimmertüren öffnen, ein paar müde Münder murmeln, verschlafene Schritte tapsen und die ersten Diskussionen im und vor allem vor dem Badezimmer losgehen. Dann, nachdem ich sie mindestens fünf Mal freundlich aufgefordert habe, endlich an den Tisch zu kommen, rufe ich noch weitere Male unfreundlich. So lange, bis dann auch wirklich alle am Tisch sitzen.

Vor ein paar Jahren habe ich herausgefunden, dass es für die Kinder (und für mich) am einfachsten ist, wenn das Frühstück fertig auf den Tellern liegt und der Tee oder Saft bereits in den Tassen ist. Denn wo sonst Sätze fielen wie: »Haben wir auch Erdbeermarmelade?«, oder: »Ich mach mir Müsli. Hab keinen Bock, mir ein Brot zu schmieren ...«, fangen sie einfach an zu essen, wenn das Honigbrot schon geschmiert ist oder eine Schüssel Porridge am Platz steht.

Während sie essen, mache ich die Schulbrote fertig und erfreue mich an meinem Kaffee. Auch wenn dieser Moment nach einer Viertelstunde schon wieder vorbei ist, sorgt er dafür, dass wir uns gleich zu Beginn des Tages schon näher sind. Ob sprechend oder schweigend, wir sind zusammen und genießen.

Dann folgt die 40-minütige Autofahrt zur Schule, die fast jedes Mal eine Überraschung bereithält. Mal ungeräumte Straßen, weil es noch heftig schneit. Mal ein umgestürzter Baum, der uns zwingt, Umwege zu nehmen (ich liebe Umwege über Wiesen und Waldwege!). Ein tiefroter Sonnenaufgang, der meine Kinder vor Freude jauchzen lässt. Oder eine riesige Holz-Erntemaschine (zum Beispiel ein Welte W230 oder ein John Deere Harvester 1070G – falls ihr mal googeln wollt) mit ihren Arbeits-Flutlichtern im Wald, die *mich* dann jauchzen lässt. Wir sind glücklich, eine Rotte Wildschweine zu sehen, die noch kurz vor unserem Auto über die Straße schießt, oder beeindruckt von den verwunschenen Bächen, die in der Schneeschmelze, von bedrohlich tosenden Sturzfluten überrollt, zu reißenden Flüssen werden.

Es gibt da diesen einen Berg, den wir auf dem Schulweg überwinden müssen, und wenn das Wetter passt, dann können wir gestochen scharf die Alpen sehen. Oft fahre ich das Auto neben einer Pferdeweide rechts ran und steige aus. Die Kinder folgen meist von allein. So stehen wir nebeneinander, vielleicht bloß eine Minute, und genießen diesen besonderen Blick auf die Berge.

Auch wenn man in dieser Region aufwächst, ist der Blick auf die Alpenkette von Ost nach West, den angrenzenden Jura und das Elsass immer wieder aufs Neue ein Spektakel. Bei uns im Dorf gibt es nicht wenige Menschen, die seit ihrer Geburt hier leben. Einige von ihnen sind weit über 70, manche sogar bald 90 Jahre und älter und als Bauern mindestens 364 Tage im Jahr an den Hof gebunden. Sie haben in all den Jahrzehnten wahrscheinlich keinen Tag verpasst, an dem die Alpen vom Schwarzwald aus zu sehen waren. Seit ich denken kann (und noch immer) höre ich sie sagen: »Max, du musch mol uf de Berg fahre! Die Alpesicht hüt isch eifach unglaublich schö. Mir lebet scho am schönschde Platz uf de Welt.«

Ich liebe es, wenn Menschen den Sinn für die schönen Dinge nicht verlieren. Diese Art von Begeisterungsfähigkeit möchte ich mir bewahren – und sie auch weitergeben. Und so versuche ich schon von Anfang an, den Blick meiner Kinder für das Schöne zu schärfen. Sie dafür zu sensibilisieren, dass es sich lohnt, aus dem Fenster zu schauen, die Augen offen zu halten, tief in den Wald und hoch zum Himmel zu blicken, um die spannenden versteckten Details zu erkennen.

Wenn das Thermometer mal deutlich unter null Grad zeigt, dann lasse ich ohne Vorwarnung alle Scheiben runter. Eiskalte Sturmböen fahren durch das Auto und die Haare. Nach ein paar Sekunden lasse ich die Scheiben wieder hoch, und uns wird einmal mehr bewusst, welchen Luxus das warme Auto bietet.

Nicht, dass ich meine Kinder mit solchen Aktionen überraschen könnte, dafür kennen sie mich zu gut, trotzdem bringen sie immer wieder eine neue Dynamik in die Runde. Ihr könnt es euch denken: An solchen Überraschungsmomenten habe ich großen Spaß. Und auch meine Kinder lieben es, wenn Unvorhergesehenes den Moment auffrischt. Also baue ich so oft es geht Überraschungen in den Alltag ein:

- Ich erschrecke meine Kinder, wenn sie ins Wohnzimmer kommen.
- Ich fahre mit dem Auto immer noch ein, zwei Meter nach vorn, während sie vergeblich versuchen einzusteigen.
- Ich singe im Auto laut und schief mit, während sie eigentlich ihre Lieblingslieder hören wollen.
- Ich erzähle ihnen »Witze«, die ich groß ankündige, die ich aber erst erfinde, während ich sie erzähle. Ich achte darauf, dass sie möglichst spannend klingen, aber dann endlos und ohne jeglichen Höhepunkt immer weitergehen. Ich liebe es, ihre Gesichter dabei zu beobachten. Anfangs erwartungsvoll und voller Vorfreude, irgendwann mit großem Fragezeichen und einer Spur an Ungeduld, zum Ende hin dann einfach nur noch genervt. Kurz bevor sie mich hauen, bringe ich den Witz witzlos zu Ende.
- Ich benutze vor den Freundinnen und Freunden meiner Kinder Worte wie »cringe«, »crush« oder »goofy«, und zwar mit großer Selbstverständlichkeit, aber in vollkommen falschen Zusammenhängen, so dass es allen die Schamesröte ins Gesicht treibt. Kurzum, ich liebe es, meinen Kindern auf die Nerven zu gehen.

Auf der Rückfahrt von der Schule halte ich manchmal zwei, drei Kilometer vor unserem Dorf an. Wenn ich den Blinker also an der »falschen« Stelle setze, um auf einen Wanderparkplatz einzubiegen, wissen meine Kinder sofort, was unerbittlich ansteht. Meistens höre ich dann Sätze wie: »Papa, nein!«, »Heute nicht!«, »Wir müssen direkt nach Hause!«, »Wir haben Hunger«, »Wir müssen lernen!« (wer's glaubt!), »Ich bin müde«. An manchen Tagen werden die Proteste auch gerne energisch durchs Auto gebrüllt. Es ist die Verzweiflung, die aus den Kindern spricht, denn sie wissen, dass ich mich von dem, was jetzt folgen wird, noch nie habe abbringen lassen.

Ich halte an, steige aus und starte gemütlich in den Wald in Richtung unseres Dorfes. Da meine Kinder (zum Glück) wissen, dass ich nicht umkehre, um sie zu überreden, mich zu begleiten, sondern zielstrebig weitergehe, verlassen sie alle zügig das Auto. Natürlich nicht, ohne ihrer Empörung über den Zwangsspaziergang noch einmal nachdrücklich Luft zu machen.

Glaubt es mir oder nicht, aber nach weniger als 30 Metern haben sie mich eingeholt, hängen sich an meine Arme, hüpfen und lachen und beginnen zu erzählen, was sie heute erlebt haben, was noch zu tun ist, was sie gerade beschäftigt. Meistens sagt genau das Kind, das mich gerade noch »Diktator« nannte: »Ach Papa, irgendwie ist es doch immer die beste Idee, spazieren zu gehen. Weißt du, was heute übrigens in der Schule passiert ist …?«

So haben wir 30 bis 40 Minuten Zeit nur für uns, in der wir uns Dinge erzählen, die uns bewegen, in der wir die Nähe zueinander genießen. Nachdem wir alle einen langen Vormittag in erster Linie damit verbracht haben, unseren Kopf anzustrengen, ist so ein Spaziergang durch den Wald genau das Richtige. Auch das ist ein Ritual, für das ich brenne.

Die Wahrheit ist, dass es für mich eigentlich keine sinnvollere Beschäftigung gibt, als mit meiner Familie wandern oder zumindest spazieren zu gehen. Und damit meine Kinder das auch so empfinden, habe ich mir von Anfang an etwas einfallen lassen. Denn mir war es wichtig, dass sie ebenfalls Spaß an der Bewegung haben und nicht nur stur hinter den Erwachsenen herlaufen müssen.

Seit sie laufen können, gebe ich ihnen »Aufgaben«, wenn wir draußen unterwegs sind. Ich sage zum Beispiel:

- »Seht ihr den großen Baum bei dem Felsen dort? Ihr müsst dorthin gelangen, ohne den Weg zu berühren. Ihr könnt dazu durch den Wald schleichen, aber wir dürfen euch nicht sehen! Und wenn ihr angekommen seid, müsst ihr uns erschrecken.«
- »Wir zählen alle Nadelbäume am Wegrand, bis wir an der Kreuzung sind.«
- »Wie viele Schritte werden wir brauchen, bis wir an dem gelben Busch angekommen sind, was schätzt ihr? Okay, fasst euch alle an den Händen, prägt euch den Weg ein, schließt die Augen und geht vorsichtig los. Erst wenn ihr bei eurer geschätzten Schrittzahl angekommen seid, dürft ihr die Augen öffnen. Mal sehen, wer am nächsten dran ist.«
- »Was glaubt ihr, welche Tiere wir auf dem Spaziergang sehen werden? Wie viele Hunde, Katzen, Regenwürmer, Eichhörnchen könnten es werden?«

Ich könnte endlos weitere Beispiele aufzählen. Mit ein bisschen Phantasie ist es keine Kunst, den »laaaaangweiligen« Spaziergang zu einer Entdeckungstour werden zu lassen. Also, dass sich Papa immer etwas einfallen lässt, ist definitiv zu einem Ritual in meiner Familie geworden.

Rituale hatten schon immer einen bedeutenden Platz in unserem Alltag. Als die Kinder noch kleiner waren, haben wir pünktlich um 15.00 Uhr frisches Obst aufgeschnitten und auf den Tisch gestellt. Dazu eine Schüssel mit Nüssen und eine Kanne Tee – und für jeden noch ein Blatt Papier und ein paar Buntstifte. Es dauerte zwar oft nur wenige Minuten, bis die Leckereien gierig verschlungen waren, aber das Zusammenkommen am Tisch hatte immer eine besondere Kraft.

Meine Kinder sind jünger als meine Karriere. Sie sind es also von Beginn an gewohnt, dass ihr Papa oft nicht zu Hause ist. Ich hatte das unglaubliche Glück, mit Nazu eine Partnerin zu haben, die mir zu jeder Zeit klargemacht hat, dass sie auch alleine mit den Kleinen fertigwird, ich also ohne schlechtes Gewissen auf Tour oder ins Studio gehen kann. Nazu hat vom ersten Tag meiner Karriere alles angenommen, was ein Leben mit einem Musiker mit sich bringt. Die Unsicherheit, was das Familieneinkommen betrifft. Die Ungewissheit, was die Zukunft im Generellen angeht. Dann die vielen Tage meiner Abwesenheit, in denen sie mit den Kindern vollkommen auf sich alleine gestellt war. Wäre Nazu nicht eine so starke Frau, hätte ich mich und meine Karriere nicht so unbeschwert entfalten können. Ich glaube nicht, dass ich das damals mit 25 Jahren schon so erkannt habe – aber heute bin ich mir vollkommen darüber im Klaren, welch großes Geschenk sie mir gemacht hat.

Wir haben uns ausgesucht und anvisiert,
angesehen und ausprobiert.
Nichts überlegt, nichts unterdrückt,
unser Leben verrückt.

Wir haben uns abgetrennt und aufgeteilt,
uns festgebunden, ausgeweint.
Angezogen, abgeliebt,
aneinander besiegt.

Wir sind so viel, viel mehr als wir haben.
Wir sind so gut, wie wir uns tragen.
Wir sind so viel, so viele Farben.
Wir sind so viel mehr.
So viel mehr.

Wir haben uns hingegeben, wegbewegt,
losgelöst und festgelebt.
Haben nichts ausgelassen, nur übersehen,
wir sind zwei Wunderwaffen, wunderschön.

Wir haben nichts unterstellt, nichts überdacht,
nichts angepeilt, nichts abgemacht.
Nichts angezündet, nur funktioniert,
und nun stehen wir hier, nun stehen wir hier.

Doch wir sind so viel, viel mehr als wir haben.
Wir sind so gut, wie wir uns tragen.
Wir sind so viel, so viele Farben.
Wir sind so viel mehr.
So viel mehr.

SO VIEL MEHR, 2016

Es hat eine Zeitlang gedauert, bis meine Kinder begriffen haben, was der Papa eigentlich beruflich macht.

Sie waren oft dabei, wenn Nazu mich zum Flughafen fuhr oder wieder abholte. Sie haben mit ihren eigenen Augen gesehen, wie ihr Papa in den Flughafen geht und ein paar Tage später wieder rauskommt. Und so behaupteten sie anfangs felsenfest und voller Überzeugung: »Der Papa arbeitet im Flughafen!«

Auch wenn ich es schon immer geliebt habe, auf Tour zu sein, neue Leute und Städte kennenzulernen und Konzerte zu spielen, zerreißt es mir dennoch jedes Mal das Herz, mich dafür von meiner Familie trennen zu müssen. Besonders schlimm wurde es, als meine Kinder in ein Alter kamen, in dem sie das realisierten. Sie begriffen plötzlich, was es bedeutet, wenn der Papa in den Flughafen geht. Nämlich, dass er die kommenden Tage nicht da sein wird, um mit ihnen zu spielen und zu schmusen. Die großen, dicken Tränen, die beim Abschied mein T-Shirt durchnässten, waren nicht ausschließlich von meinen Kindern.

Wenn ich nach ein paar Tagen wieder nach Hause kam, war es oft schon spät. Mir blieb dann im besten Fall noch die Zeit, meine Kinder ins Bett zu bringen. Das war für die Kleinen natürlich richtig blöd, sie hatten mich ja so lange nicht gesehen. Für mich war es aber mindestens noch blöder, ich hätte gerne noch stundenlang mit ihnen auf dem Sofa geschmust und gerauft.

Wir haben uns
Viel zu wenig, oft zu selten
Manchmal gar nicht
Und wenn, dann viel zu kurz geseh'n

Mein größter Wunsch
Ich brauch eh nichts außer dir
Wo hin und wieder, jetzt und hier
Lass uns geh'n

Komm, wir träum'n uns zusamm'n
An unsern ganz geheimen Ort
Wir schließen einfach unsre Augen
Und schon sind wir dort
Hier könn'n wir alles von uns haben
Jeder träumt so viel er kann
Du kannst mich alles fragen
Ich träum dich, du träumst mich
Komm, wir träum'n uns zusamm'n

Es gibt ein'n Grund
Dass Gedanken, grad die Guten
Dich erst finden
Wenn es dunkel ist und still

Erzähl sie mir, aus deinem Mund
Kling'n Worte bunt wie Lieder
Zu den'n ich immer, immer wieder tanzen will

Komm, wir träum'n uns zusamm'n
Wenn du magst, dein Leben lang
Komm, wir träum'n uns zusamm'n
In den Sekunden ein ganzes Leben
Es gibt kein'n Grund, uns uns zu nehm'n
Nur ein paar Stunden uns zu geben
In Sekunden ein ganzes Leben

Komm, wir träum'n uns zusamm'n
In Sekunden ein ganzes Leben zusamm'n

KOMM, WIR TRÄUMEN UNS ZUSAMMEN, 2023

Weil ich es liebe, aus allem ein Ritual zu machen, habe ich den Ohrenbus erfunden. Mit dem durfte jedes Kind einzeln ins Bett fahren. Dazu stiegen sie von der Holztruhe, in der die Hausschuhe gelagert sind, auf meine Schultern und lenkten mich an den Ohren durch das Haus zu ihrem Bett. Mit diesem Gefährt war es ein Leichtes, die Kleinen dafür zu begeistern, schlafen zu gehen. Und ich bekam von jedem einzelnen Kind noch mal eine extra Portion Nähe. Im Bett angekommen, wurden sie dann von mir mit ihren Decken zu einem Paket verpackt, um sie in den Schlaf zu schicken.

Und so kam mir die Idee, meinen Kindern vom »Paradies der Träumer« zu erzählen. Denn wenn der Tag zu kurz ist, bleibt ja noch die Nacht, um sich zu verabreden. Wir machten dann einen Treffpunkt aus, wie zum Beispiel am Wunschsprungfelsen, am Marzipanhügel oder am Schokoladenbaum. Am nächsten Morgen habe ich meinen Kindern erzählt, was wir in der Nacht Verrücktes erlebt hatten. Es hat uns viel Spaß gemacht, den Tag mit Phantasie zu beenden – und den nächsten zu beginnen.

Viele Jahre später ist aus diesem Ritual mein erstes Kinderbuch entstanden. *Komm mit ins Paradies der Träumer* heißt es. Mittlerweile hat sich der Ohrenbus wohl in vielen Familien erfolgreich etabliert. Juhu!

Da ich viel vom Schwarzwald und der Natur erzähle, ist es wahrscheinlich nicht verwunderlich, dass mir mein Leben oft wie ein Baum erscheint. Einen Baum mit Wurzeln, einem Stamm, dicken und dünnen Ästen, Zweigen und Blättern.

Als Wurzeln begreife ich mein Geflecht an sozialen Verbindungen, die bis zurück in meine Kindheit reichen. Da spielen natürlich meine Eltern eine wichtige Rolle, meine Geschwister, die tolle Familie und engen Freundinnen und Freunde. Aber auch die Sicherheit meiner Heimat, in der ich mich entfalten durfte und die in mir ein unerschütterliches Urvertrauen heranreifen ließ, ist Teil des starken Wurzelwerks, das als Fundament mein ganzes Leben trägt.

Der Stamm ist meine eigene Familie, in der meine Kinder ihr Zuhause haben. Ich kann stolz behaupten, es ist ein mächtiger Stamm, den so schnell nichts erschüttern kann. Er war mit Sicherheit schon ein paar Stürmen ausgesetzt, aber er hat sich über die Jahre als gesund und widerstandsfähig erwiesen. Darüber bin ich sehr glücklich.

Ein großer und nicht unwichtiger Hauptast ist meine Karriere. An ihm hängen Dutzende von kleinen und großen Zweigen und Hunderte von Blättern. Manche sind zart und fein, andere hingegen fett und saftig. Ein paar von ihnen habe ich über die Jahre verloren, ein paar zeichnen sich erst als feine Knospen ab. All die Blätter an diesem Ast sind natürlich wichtig, um den Baum mit Energie zu versorgen. Und ich hoffe, nein, ich bin mir sicher, dass noch viele solcher Blätter unter der Rinde verborgen sind, die nur auf den richtigen Sonnenstrahl warten, um an die Oberfläche durchzubrechen.

Das ist ein gutes Bild für meine Zuversicht und den fast schon naiven Optimismus, der mich erstaunlich unbekümmert durchs Leben schiebt. Unter anderem habe ich es dieser Eigenschaft zu verdanken, dass ich die letzten zwanzig

Jahre ohne Wenn und Aber an der Musik festgehalten habe. Von außen betrachtet könnte man vielleicht glauben, ich wäre widerstandslos und entspannt von einem Musikerjahr ins nächste gehüpft, aber hinter den Kulissen ist es dann – wie so oft im Leben – eine andere Geschichte. Trotzdem habe ich das Gefühl, dass im Großen und Ganzen mein Lebensbaum gesund dasteht. Natürlich braucht jeder Bereich seine Pflege, aber die letzten Jahrzehnte haben mir gezeigt, dass mein Baum so stabil ist, dass er Erschütterungen in Form von Schicksalsschlägen und Misserfolgen gut wegstecken kann.

Mein Leben wie einen Baum zu betrachten, macht es mir auch einfacher, Prioritäten zu setzen. Während einzelne Blätter und Äste abfallen dürfen, muss der Stamm geschützt werden. Wenn also mein Karriere-Ast wackelt, dann mag es den Baum erschüttern, aber selbst wenn in einem großen Sturm dieser Ast ganz wegbräche, würde der Stamm überleben. Ich bin mir sicher, er hätte sogar die Kraft und Ausdauer, einen neuen Ast, eine neue Karriere sprießen zu lassen.

Ganz anders aber verhält es sich, wenn der Stamm ins Wanken gerät.

2016 haben Nazu und ich uns getrennt. Es waren ein paar schreckliche Jahre, in denen der Stamm mehr als einmal gezittert, sich gebogen und oft genug bedrohlich geknackt hat. Mein gesamtes Leben geriet in Unruhe. Mein Körper, sowohl innerlich als auch nach außen, und auch meine Karriere wurden von diesen Beben erfasst und teilweise heftig durchgeschüttelt. Ich war mir zwar dessen schon vorher bewusst, aber diese Zeit hat mir deutlich gezeigt, wie fundamental wichtig meine Familie für mich ist. Welche Sicherheit und Kraft in den Routinen eines Familienalltags stecken. Man läuft manchmal Gefahr, das eigene Familienleben als etwas Selbstverständliches hinzunehmen. Als einen Rahmen, der sich vielleicht mal wie ein Gefängnis anfühlt und ganz sicher auch anstrengend und nervtötend sein kann. Aber als mir dieser Rahmen wegbrach, verfiel ich in totale Panik.

Einer der schönsten Momente im Familienleben war für mich immer das Getrappel von Kinderfüßchen, die barfuß mitten in der Nacht den Weg zu unserem Schlafzimmer gefunden haben. Die Türe flog auf, als gäbe es kein Morgen, dann warf sich ein kleines Menschlein auf mich und schlief auf meiner Brust weiter, als wäre nichts geschehen. Es gibt nichts Schöneres und keine anderen Momente in meinem Leben, in denen ich mich mehr geliebt und gebraucht gefühlt habe.

Na klar bin ich da für dich
Natürlich bin in stark für dich
Auf jeden Fall warte ich und schlafe nicht

Lass' die Türe auf für dich
Essen noch auf dem Tisch
Halt' das Bett warm für dich
Ich sing' für dich

Wenn du lachst, dann freue ich mich
Und wenn du kämpfst, dann hoffe ich
Wenn du weinst, dann tröst' ich dich, bis du ruhiger bist

Wenn du fliegst, applaudiere ich
Wenn du fällst, dann fang ich dich
Wenn du schwimmst, dann schaue ich dir nach

Bis du angekommen bist
Bis du angekommen bist

Und wenn du Zweifel hast, halt' ich dich
Wenn du's brauchst, verschwinde ich
Wenn es so weit ist, dann lasse ich dich geh'n

Und du sollst wissen, ich bin immer
Für immer und immer, für immer
Ganz nah für dich, ganz da für dich und zwar für dich
Ich liebe dich
Bedingungslos

BEDINGUNGSLOS, 2024

Und das sollte plötzlich nicht mehr zu meinem Alltag gehören?! Dieser Gedanke war nicht zu ertragen. Schreckliche Albträume und stundenlanges Wachliegen in der Nacht waren eine lange Zeit erbarmungslose Realität für mich.

Mittlerweile sind wir eine unglaublich enge Patchworkfamilie. Nicht nur Geburtstage, Weihnachten, Ostern und den Urlaub verbringen wir gemeinsam, auch im Alltag, wenn ich im Schwarzwald bin, sehen wir uns fast täglich. So kann es passieren, dass ich nach ein paar Tagen Tour nach Hause komme und Nazu und die Kinder bereits bei mir am Tisch sitzen und mich mit einem Essen überraschen. Wir verbringen sehr gerne Zeit miteinander, wann immer das geht. Manchmal, wenn es sich mit der Schule vereinbaren lässt, begleiten sie mich auch auf Konzerte. Auch jetzt noch steht für Nazu, mich und die Bonus-Familienmitglieder, die mittlerweile unsere Familie bereichern und ergänzen, die gemeinsame Familienzeit mit Abstand ganz, ganz oben auf der Prioritätenliste. (Die alte Vorsilbe »Stief-« (Stiefmutter, Stiefvater) kann man gar nicht mögen, wenn man so viel Grimms Märchen gelesen hat wie wir, daher haben wir sie mit dem Wort »Bonus« ersetzt. In unserer Familie gibt es jetzt Bonuskinder, Bonusmamas und Bonuspapas. Das Gleiche gilt für Tanten, Onkel, Omas, Opas und Geschwister …

»Papa, mir ist aufgefallen, dass ich mittlerweile vier Omen und vier Open habe.« In diesem Satz steckt alles, was ich mit dem Wort Bonus-Familienmitglieder sagen will.

Ich möchte keine der spannenden Phasen verpassen, die jedes meiner Kinder auf dem Weg zum Erwachsenwerden durchlebt. Da alle paar Wochen irgendjemandem aus unserer Großfamilie etwas einfällt, das dringend ausgelassen gefeiert werden muss, kommt es hin und wieder vor, dass ich nicht dabei sein kann. Aber sobald ich frei habe, mache ich mich sofort auf den Weg zu meinen Kindern.

Für mich ist es zur Routine geworden, dass ich am Samstagabend nach einer Show noch viele hundert Kilometer zurück in den Schwarzwald fahre, um am Sonntag mit ihnen gemeinsam zu frühstücken. Auch wenn ich am Montag, nachdem ich meine Kinder zur Schule gefahren habe, wieder ein paar hundert Kilometer in die gleiche Richtung zurück muss, das ist es mir wert. Denn gerade weil wir nur diesen einen Tag haben, lassen wir uns ein Programm einfallen, das noch lange in uns nachhallt.

Dass ich diesen Aufwand betreibe, ist mit Sicherheit wichtig für meine Kinder. Ich fände es schrecklich, wenn sie später das Gefühl hätten, dass der Papa nie da war. Auf der anderen Seite aber sind diese intensiven Stunden im Kreise meiner Familie für mich wie eine Druckbetankung. Ohne sie würde meine Leistung als Musiker und Entertainer schnell deutlich nachlassen. Es ist wenige Male vorgekommen, dass ich länger als zwei Wochen von meinen Kindern getrennt war. Wirklich, dafür bin ich nicht gemacht! Es fühlt sich so dermaßen falsch an, dass ich mich in solchen Momenten fragen muss, für wen ich das alles jetzt eigentlich noch mal genau mache. Ich werde auf solchen Reisen immer mehr zu einem Schatten meiner selbst.

Um auf die Rituale zurückzukommen: Es gibt ja nicht nur die, die mit meinen Kindern zu tun haben. Ich versuche auch, mir in meinem niemals gleichen Arbeitsalltag Rituale zu schaffen.

Ich sitze viel im Auto, wie sollte es auch anders gehen? Es liegt in der Natur des Tour-Lebens, ständig unterwegs zu sein. Ich richte es mir dann im Auto möglichst gemütlich ein. Etwas zu trinken und zu snacken auf dem Beifahrersitz, Hörbuch an und immer mindestens eine Stunde früher los, als das Navi angibt. Manchmal fahre ich ein paar Autobahnausfahrten früher ab, um noch die Gegend zu erkunden oder spontan an einem Trödelmarkt anzuhalten, in einem kleinen Dorfcafé den Gesprächen der Einheimischen zu lauschen, auf einen Berg zu steigen oder auf was ich sonst gerade Lust habe.

Ich nutze die vielen Stunden im Auto, um meine Familie anzurufen oder mich bei Menschen aus meinem Freundeskreis zu melden, für die ich vielleicht schon länger keine Zeit mehr hatte. Das ist übrigens auch einer der Gründe, warum ich immer selbst und meist alleine fahre. Ich möchte unabhängig und ungestört sein; und mit meinen Telefonaten niemandem auf die Nerven gehen.

Wenn es sich anbietet, nehme ich auch mal Leute aus meiner Crew mit, aber da ich fast täglich in unterschiedlichen Besetzungen auftrete, ergibt sich das eher selten. Außerdem bin ich der Einzige, der aus dem Schwarzwald kommt und dahin auch wieder zurückfährt.

Schon als Kind in unserem Pfarrhaus Kunterbunt habe ich mir Pipi Langstrumpfs Motto »Ich mache mir die Welt, wie sie mir gefällt« zu eigen gemacht. Ihre Einstellung hat sich tief in meine Wesenszüge eingegraben. Es ist mir zu wenig, die schönen Dinge im Leben nur fürs Wochenende oder die Urlaube zu planen. Konkret bedeutet das, dass ich mir den Moment, das Jetzt, Hier und Heute, schön mache. Das gibt mir das Gefühl, ein gutes Leben zu haben.

Ein Beispiel: Gerate ich auf der Autobahn in eine Vollsperrung, dann bin ich im ersten Moment maximal genervt. Aber dann nehme ich mir ein Buch, hänge die Füße aus dem Auto und gönne mir eine Pause. Ich mache mir klar: »Du kannst jetzt eh nichts machen, also genieße den Augenblick und mach das Beste draus.« Es fällt mir in diesen Momenten tatsächlich leichter, die Vorteile zu sehen, als jedes Haar in der Suppe zu suchen. Diese Denkweise – modern würde man Mindset dazu sagen – trage ich in mir, seit ich denken kann. Für diesen Umstand bin ich sehr dankbar, denn mit einer anderen Einstellung wäre es deutlich anstrengender, mich mit den vielen unvorhergesehenen Dingen zu arrangieren, die mein Job so mit sich bringt.

Das, was die Leute von meiner Arbeit wahrnehmen, also

die 120 Minuten Konzert am Abend oder die Auftritte im Fernsehen, sind der kleinste Teil eines oft sehr langen Tages. Meist beginnt er für mich frühmorgens mit der Anreise. Nach der Ankunft dann Interviews, Soundcheck, Auftritt – und schließlich die Rückreise. Im Bett bin ich nicht selten nach Mitternacht, manchmal auch erst frühmorgens, wenn ich die lange Autofahrt in den Schwarzwald antrete.

Die meiste Zeit aber verbringen die Musikerinnen, Musiker und ich hinter der Bühne mit Warten. Am Anfang meiner Karriere war das mit Abstand das Anstrengendste für mich. Als freiheitsliebender und freilebender Schwarzwälder fiel es mir alles andere als leicht, eingepfercht in beengten Backstageräumen, von Angesicht zu Angesicht mit Schüsseln voller Süßigkeiten, zu warten, warten, warten. Damals dachte ich oft: Verdammt nochmal, wie soll man das auf Dauer aushalten? Mittlerweile habe ich längst akzeptiert, dass das Warten eben zu unserer Arbeit dazugehört, und schaffe es endlich, auch diese Stunden sinnvoll zu nutzen, sie mit Routinen und Ritualen zu füllen und für menschliche Begegnungen zu nutzen.

Es fängt damit an, sich den Backstagebereich gemütlich zu gestalten, meine Klamotten aufzuhängen und in Ruhe alles vorzubereiten, was am Abend gebraucht wird. Meine Leute und ich hocken in vertrauter Runde zusammen und quatschen über dies und das oder suchen uns in der Stadt ein kleines Café, setzen uns bei gutem Wetter an ein Flussufer oder in einen Biergarten. Es geht darum, mit dem Team auch abseits der Bühne die Freundschaft zu pflegen, sich über die Familien auszutauschen, die schönen Dinge, aber auch die Sorgen miteinander zu teilen.

Wenn ich gefragt werde, was ich in den letzten zwanzig

Jahren für mich mitgenommen habe und vielleicht als Tipp weitergeben würde, dann antworte ich unter anderem mit einem Satz, der zwar uncharmant, aber dafür einprägsam ist: »Du musst nicht mit Arschlöchern zusammenarbeiten!«

Ich lasse den Satz kurz wirken, bevor ich ergänze: »Ganz egal, wie vielversprechend die Zusammenarbeit ist, wenn du es dir leisten kannst, dann halte dir die Leute vom Leib, die dir nicht guttun. Ein Einzelner kann dich viel mehr kosten, als du glaubst.«

Ich selbst hatte in den Jahren nicht immer ein Händchen dafür, mich ausschließlich mit netten und aufrichtigen Menschen zusammenzutun. Das hat mich Energie, Zeit, Kreativität, Geld und Selbstvertrauen gekostet. Durch genau diese lehrreichen Begegnungen hat sich eine ziemlich konsequente Haltung in mir entwickelt, und heute ziehe ich mich sofort zurück, wenn ich merke, dass mein Gegenüber in diese Kategorie fällt.

Auf der anderen Seite kann ich mich aber den Menschen voll und ganz öffnen, die meine Kreativität, mein Leben, meine Musik oder auch nur meinen Tag bereichern. Zum Glück gibt es in meinem Leben sehr viele solcher Begegnungen. Die Konsequenz: Ich habe unverschämt viele und vielschichtige Freundschaften und somit zu jedem Thema, das mich beschäftigt, jemanden, den ich anrufen kann. Immer wieder wird mir bewusst, in was für einem engen Netz an Freundschaften ich mich bewegen darf, auf was für einem festen Boden mein Leben steht. Ich genieße in diesem Punkt sozusagen ein Leben mit Sicherheitsnetz und doppeltem Boden.

Seit ein paar Jahren habe ich das Gefühl, dass Veränderungen in meinem Leben in immer kürzeren Intervallen stattfinden. Klar sind wir alle einem ständigen Wandel ausgesetzt, aber seit 2020 empfinde ich die Entwicklung vieler Aspekte meines Lebens und meiner Umwelt als rasanter. Ups, kann das unter Umständen einfach nur bedeuten, dass auch ich älter werde? Vielleicht ist es ja auch nur das. Aber egal, welcher Ursache mein Gefühl entspringt: Rituale (ob mit Familie oder Freunden, alleine oder bei der Arbeit mit Kollegen) helfen mir, meinem Leben einen festen Rahmen zu geben, innerhalb dessen ich mich sicher fühle.

California Spider und Krenkinger Maus

Ich kann buchstäblich keiner Fliege etwas zuleide tun. Das war nicht immer so, dazu brauchte es – einmal wieder – die ernsthafte Ansprache meines Vaters. Ich war noch ein richtig kleiner Stöpsel, als es mir das erste Mal gelang, eine Fliege mit der Hand zu fangen, ohne sie dabei zu verletzen. Auf dem Hof neben uns lebten fünf Kühe, und so gab es bei uns zu Hause Fliegen wie Moskitos im Urwald. Wieder und wieder versuchte ich, eine davon zu erwischen. Weil ich mal gehört hatte, dass ich aus den Facettenaugen einer Fliege betrachtet wie ein großer Berg wirkte, der sich in Zeitlupe bewegt, wusste ich schon, dass meine Versuche wohl eher zum Scheitern verurteilt waren. Trotzdem wurde ich nicht müde, es zu versuchen. Ich bin fast verzweifelt, während ich ein ums andere Mal meine Hand über einer Fliege schloss, um sie in meiner hohlen Faust zu fangen. Irgendwann begriff ich, dass ich mir genau überlegen musste, welchen Fluchtweg sie wählen würde – so konnte ich sie im Flug erwischen. Und siehe da, mit der neuen Strategie funktionierte es. Plötzlich hatte ich eines von diesen kleinen, schwarzen, schnellen Geschöpfen in meiner Hand.

Unglaublich stolz über den Erfolg nahm ich die Fliege zwischen meine Finger und betrachtete sie fasziniert. Wie zart und niedlich sie doch war. Dann riss ich ihr erst die Flügel und anschließend die Beine heraus. Ich weiß nicht, weshalb ich das damals dem armen Tier angetan habe. Ob ich fasziniert war, wie leicht es ging, dieses stumme Wesen zu verletzen; oder berauscht von der Macht, die ich über ein Lebewesen hatte; oder ob ich einfach nur ein kleines Kind war und Kinder eben manchmal grausame Sachen tun, ohne darüber nachzudenken. Ich denke, es war eine Mischung aus allem.

Irgendwo tief in mir muss ich jedoch gespürt haben, dass ich etwas Schlimmes getan hatte. Ich musste darüber sprechen, also erzählte ich während einer Autofahrt meinem Vater davon. Erst sagte ich nur: »Papa, ich habe alleine mit meiner Hand eine Fliege gefangen.« Ich beobachtete sein Gesicht. Ich hätte es bei diesem Satz belassen und die Lorbeeren dafür ernten können, ein so talentierter Jäger zu sein. Stattdessen fügte ich nach einer kurzen Pause noch schnell und ein wenig vernuschelt hinzu: »Dann hab ich ihr die Flügel und die Beine ausgerissen.« Ich beobachtete die nervösen Bewegungen meiner Finger. Als mein Vater ein paar Sekunden nicht reagierte, sah ich meine Befürchtungen, etwas Schlimmes getan zu haben, bestätigt.

Dann sagte mein Vater in ruhigem und ernstem Ton: »Ich finde das überhaupt nicht gut. Du hast einem kleinen, hilflosen Tier auf grausame Weise das Leben beendet. Dieses Tier, das Mama und Papa, Geschwister und vielleicht auch Kinder hatte, gibt es jetzt nicht mehr. Stell dir doch einfach mal vor, ein Riese käme in unser Dorf und würde das Gleiche mit dir oder einem von uns tun. Wäre das nicht furchtbar schlimm?«

Die Worte meines Vaters trafen mich mitten ins Herz –

und ich schämte mich jetzt noch mehr über das, was ich der Fliege angetan hatte.

Seit dieser Ansprache habe ich mir bei allen Insekten, die ich zerquetscht oder vertrocknet gefunden habe, immer die Trauer ihrer Angehörigen vorgestellt. Mein Vater hat wohl meine Empathiefähigkeit deutlich gesteigert, denn von da an konnte ich wirklich keiner Fliege mehr etwas zuleide tun. Es gab zugegebenermaßen ein paar Ausnahmen, in denen die Faszination stärker war als das Mitgefühl. Ich deute nur mal Lupe plus Sonne plus Ameise an. Oder Spritze mit Nadel plus Wasser plus Nacktschnecke. Oder lebende Fliege plus Spinnennetz plus hungrige Spinne. Beim letzten Beispiel hatte ich wenigstens die Ausrede, der Spinne und ihrer Familie etwas zu essen zu schenken, und das war ja nichts Schlechtes.

Abgesehen von diesen Ausrutschern im Sinne der Wissenschaft ist es bis heute so, dass ich Insekten aller Art – von Mücken und Zecken mal abgesehen – nichts antun kann. Das hat dazu geführt, dass ich letztes Jahr, als ich mit meiner Familie in Kalifornien Urlaub gemacht habe, in den Bergen von Los Angeles eine Vollbremsung hinlegen musste, weil vor uns eine große Tarantel den Highway überquerte. Um die Spinne vor den herannahenden Autos zu retten, sprang ich aus dem Wagen und stellte mich auf die Straße. Mit dieser Aktion wollte ich die Autos zum Langsamfahren animieren. Meine Familie, wachgerüttelt durch das Bremsmanöver und den Anblick der riesigen Spinne, registrierte schnell, dass offensichtlich das einzig Langsame auf dieser Straße mein Verstand sein musste.

»Papa, komm sofort runter von der Straße! Bist du komplett bescheuert?!«, riefen die Kinder aus den geöffneten

Fenstern unseres Mietautos. Als auch bei mir der Groschen fiel, dass es vielleicht keine gute Idee ist, sich einfach auf einen Highway zu stellen, sprang ich schnell zurück auf den Seitenstreifen. Wir alle beobachteten gespannt die riesige Spinne, die unbekümmert ihren Weg fortsetzte.

»Iiiih, Papa, die Spinne ist so ekelhaft, riesig und haarig!« Jetzt, als ich in Sicherheit war, konnten meine Kinder sich auf das Tier konzentrieren.

Dann rollte eine Kolonne von sechs, sieben Autos heran. Wie gebannt starrten wir auf das majestätische Tier. Das erste Auto rollte darüber hinweg, ohne der Spinne ein Bein zu krümmen. Ein kollektives Aufatmen ging durch unsere Familie. Wo gerade noch reine Arachnophobie die Emotionen der Kinder fest im Griff gehabt hatte, übernahm plötzlich die Empathie. Alle hofften von Herzen, dass das haarige Tier unbeschadet den Highway überqueren würde.

Doch die Hoffnung starb unter dem linken Vorderreifen des zweiten Fahrzeugs. Wo eben noch Spiderman stolz ein Bein vor das andere gesetzt hatte, blieb nur ein großer Matschfleck. Es hat meine Familie und mich regelrecht verstört, beobachten zu müssen, wie ein so großes Tier, in seiner Welt mit Sicherheit eine Königin, so gnadenlos ihr Ende fand. Ich habe dazu tatsächlich am nächsten Tag in L.A.-Venice, in einem kleinen Studio in der Boccaccio Avenue, einen Song geschrieben, den ich *California Spider* genannt habe.

So, und jetzt muss ich euch der Fairness halber darüber informieren, dass der Rest dieses Kapitels reichlich unappetitlich werden könnte, fast schon brutal. Überlegt euch also gut, ob ihr ihn nicht einfach überspringen wollt. Es geht noch einmal um mich und ein Tier, nicht unbedingt um eine Sternstunde meines Verstands und um den Umgang mit anderen Lebewesen.

In unserem alten Pfarrhaus gab es – wie überall auf dem Land – Mäuse und Ratten.

Und diese Tiere können ernsthaft großen Schaden anrichten, wie meine Nase und mein Geldbeutel gerade letztes Jahr mal wieder schmerzlich erfahren mussten.

Wir hatten eine Mäusefamilie im Keller. Mehrere Dinge passierten: Erst einmal funktionierte der Trockner nicht mehr richtig. Bei jedem neuen Versuch, die Wäsche zu trocknen, stank es im Keller nur immer bestialischer. Seit längerer Zeit verschwanden einzelne Socken auf Nimmerwiedersehen – und in den Klamotten fanden sich Löcher und gelbe Flecken. Irgendwann kam ich auf die Idee, den Trockner aufzuschrauben. Der Anblick war aufschlussreich, traurig und eklig zugleich.

Die Mäusefamilie hatte sich mit all den vermissten Socken ein Nestchen auf den Kupferspulen des Elektromotors gebaut. Da ich viel unterwegs bin und der Trockner immer mal wieder mehrere Tage am Stück unbenutzt bleibt, hatten sie genügend Zeit gehabt, das ungestört zu tun. Was den Mäuseeltern beim Nestbau natürlich nicht in den Sinn gekommen ist, war der Strom, der bei der nächsten Benutzung die ganze Familie killte. Das tat mir, trotz der Schäden und des Aufwands, den wir damit hatten, natürlich sehr leid. Nachdem wir den Trockner ausgetauscht und die Klamotten entsorgt hatten, waren wir sicher, die Ursache und sämtliche Schäden beseitigt zu haben. Kurz darauf verschwanden wir für drei Wochen in den »California-Spider-Sommerurlaub«. Als wir bei der Rückkehr die Haustüre öffneten, dachten wir ernsthaft, jemand hätte uns eine Leiche im Keller versteckt, die in den letzten Sommerwochen dort verwest war. Der Gestank war so beißend, die Luft so dick, dass ich hoffte, ich könnte sie mit meiner Schneefräse aus dem Haus schaufeln. Unbeschreiblich. Außerdem dachte ich: Scheiße, wir müssen das Haus abreißen. Diesen Geruch bekommen wir hier nie wieder raus!

Wir suchten den Kadaver im Keller und wurden fündig.

Es stellte sich heraus, dass die Mäuse vor ihrer Grillparty im Trockner (okay, das war jetzt gemein, aber ich war wirklich sehr, sehr aufgebracht) auch die Kabel unserer großen Gefriertruhe angeknabbert hatten. Diese war während unseres Urlaubs abgetaut. In der Gefriertruhe hatten wir fast 80 Kilogramm Lise gelagert. Lise war eine von den drei Kühen unseres Nachbarn, die nach einem tragischen Unfall notgeschlachtet werden musste. Der Unfall hatte sich ein Jahr zuvor ereignet, ebenfalls in der Sommerhitze. Da es schnell gehen musste und der Bauer keine Abnehmer fand, hatten wir ihm angeboten, alles zu übernehmen. Es war eine Win-win-Situation. Zugegebenermaßen nicht für Lise, aber der Unfall war nun mal passiert. Wie das bei Weidehaltung am Steilhang eben vorkommen kann.

Dieses Fleisch hatte nun Zeit gehabt, sich drei Wochen lang lustige Farben zu überlegen, sich in Matsch und Blutschlabber zu verwandeln und eine olfaktorische Horrorwelt entstehen zu lassen.

Nachdem wir uns vom ersten Schock erholt hatten, machte ich mich direkt an die Arbeit. Ich zog meine Klamotten bis auf die Unterhose aus und schlüpfte in kniehohe

Gummistiefel. Dann betrat ich den Raum, in dem es aussah, als hätte ein Gemetzel stattgefunden.

Die geronnene Suppe quetschte sich durch die Dichtungen, und in dem Moment, als ich die Gefrierschranktüre öffnete, kam ich mir vor, als stünde ich höchstpersönlich in meinem Lieblingsfilm *Shining* (aus dem Jahr 1980 mit Jack Nicholson) vor DEM Aufzug.

Entschuldigt bitte, dass ich mich hier so in den Beschreibungen verliere, aber ich möchte wenigstens halbwegs rüberbringen, was in unserem Keller Sache war. Außerdem spüre ich gerade, dass es guttut, darüber zu reden. Geteiltes Leid ist halbes Leid, leider trifft die Regel bei Gestank ganz und gar nicht zu.

Noch einmal zusammengefasst: Wir hatten Klamotten, einen Trockner, einen Gefrierschrank und sehr viele teure Lebensmittel inklusive einer ganzen Lise verloren.

Trotz dieser Verluste nutze ich nach wie vor nur Lebendfallen, wenn es darum geht, die kleinen Nager aus dem Haus zu bekommen. Wenn uns eine Maus in die Falle geht, dann nehmen meine Kinder und ich die Maus in der Falle mit und lassen sie auf dem Schulweg frei, sobald wir ein paar Kilometer zwischen uns und unser Zuhause gebracht haben.

Natürlich außerorts! – Diese Bemerkung ist wichtig, falls das Buch jemand aus unserer Nachbarschaft lesen sollte.

In meiner Kindheit benutzte im Schwarzwald natürlich noch kein Mensch Lebendfallen. Mäuse und Ratten wurden einfach umgebracht. Übrigens nicht nur die. Das Lied *Der Fuchs geht um, es geht ein wildes Tier herum* hat seinen Ursprung in einer Zeit, in der die Tollwut noch ein großes Problem war. Auch wenn die Krankheit in fortgeschrittenem Stadium noch immer nicht heilbar ist, hat man mittlerweile diese Virusinfektion, die auch für den Menschen tödlich enden kann, gut im Griff. Aber als ich ein kleiner Junge war, haben wir manchmal erleben müssen, wie vor Wut schäumende Füchse oder Katzen von großen Männern mit Mistgabeln und Knüppeln erschlagen wurden.

Einmal kam sogar ein Reh am helllichten Tag in unser Dorf und stellte sich einfach neben uns an die Bushaltestelle. Als wäre es das Normalste der Welt und als würde es auf den Bus warten. Uns Dorfkindern war gleich klar, dass da etwas nicht stimmen konnte. Wir riefen den Jäger. Der kam, quatschte ein, zwei Sätze mit dem aufgeschlossenen Tier, das den grün gekleideten Mann nur stumm anblickte. Dann zog er einen Revolver und schoss Bambi unvermittelt in den Kopf. Und das vor unseren Augen. Es war eine andere Zeit in einer anderen Welt, kann ich dazu nur sagen.

Bevor ich aber nun zur Hauptgeschichte komme, noch eine kleine Anekdote vorab.

Als Kind fand ich bei uns zu Hause eine Maus in einer Falle. Wie gesagt, zu der Zeit waren es ausschließlich Fallen, die das Opfer töten sollten. Zu oft habe ich aber leider in meiner Kindheit gesehen, dass diese Fallen nicht immer zuverlässig ihren Dienst taten. Manchmal lebten die armen Geschöpfe noch stundenlang weiter. Es kam nicht selten vor, dass sie mit schwersten Verletzungen unter größten Schmerzen, eingeklemmt unter diesem erbarmungslosen Stahlbügel, qualvoll und über Stunden verendeten. Schrecklich.

Also ging ich mit der Falle und der darin leidenden Maus zu Opa Alfred. Opa Alfred war nicht mein richtiger Opa, aber er und seine Lebensgefährtin Oma Höf lebten schon viele Jahrzehnte in einer kleinen Wohnung unseres Pfarrhauses. Als meine Eltern das Haus irgendwann kauften, war es nur selbstverständlich, dass sie dort wohnen bleiben durften, solange sie wollten. Beide blieben bis zu ihrem Tod, und so hatten wir noch fast 20 Jahre lang Bonus-Großeltern im Haus.

Ich fand Alfred bei der Gartenarbeit.

»Opa Alfred, schau mal! Die Maus lebt noch. Was machen wir denn jetzt? Wir müssen ihr irgendwie helfen!« Ich weiß nicht genau, was ich erwartet hatte, aber die Maus tat mir so schrecklich leid, dass ich hoffte, Opa Alfred und ich würden sie aus der Falle befreien, sie pflegen und heilen und mit einem großen Stück Käse in ein neu geschenktes Leben entlassen. Sie hatte ja schon so viel mitgemacht!

Opa Alfred grunzte nur etwas vor sich hin und nahm mir die Falle aus der Hand. Ließ sie auf den Pflasterboden vor dem Brunnen plumpsen und hob sein linkes Bein. Er trug hohe grüne Gartenstiefel. Ich war barfuß, wie eigentlich immer, und steckte nur in einer kurzen Hose.

Dann ließ er mit Schwung sein Bein nach unten sausen und zerquetschte, ohne Vorwarnung!, vor meinen Augen das kleine hilflose Ding. Ich war geschockt und sprachlos. Der Anblick, das Geräusch und die Mäuseinnereien an meinen Schienbeinen. Es sah aus, als hätte Opa Alfred eine Tube Tomatenmark zertreten, die mit der Öffnung zu mir gezeigt hatte. Für einen kleinen Tierliebhaber war das eine echte Herausforderung. Ich versuchte, Ruhe zu bewahren und mit Zeitungspapier und Wasser meine Beine wieder sauber zu bekommen. Ich kann mich gut erinnern: Anfangs verschmierte ich die Eingeweide mehr, als dass ich sie entfernt bekam. Dieses Bild hat sich eingebrannt, und es ist nicht das Einzige aus dieser Geschichte, wie ihr zweifelsfrei bemerken werdet.

Diese Anekdote vorab zu erzählen war wichtig, damit ihr das, was jetzt kommt, besser verstehen und meine Motivation zu den Ereignissen ein bisschen besser einordnen könnt.

Puh, okay. Los geht's:

Die Geschichte ereignete sich kurz nach der Stiefel-Splattergeschichte mit Opa Alfred. Ich fand wieder eine Todesfalle mit einer leidenden Maus in unserem Haus. Gott, Scheiße, was mache ich jetzt? Ich war alleine zu Hause. Außerdem war ich wieder barfuß, und nun selbst Stiefel anzuziehen war absolut unvorstellbar.

Ich hielt die Falle in der Hand und betrachtete die kleine Maus. Der Bügel hatte sie kurz vor den Hinterbeinen erwischt. Sie war schwer verletzt und vollkommen apathisch. Aber sie war eindeutig am Leben. Die Haut war am Hinterleib aufgerissen. Ich war mir sicher, dass der Rücken der Maus gebrochen sein musste. Selbst ich habe gesehen, dass man die Maus nicht mehr pflegen und gesund machen konnte. Es war also meine Aufgabe, sie zu erlösen.

Puh. Okay, okay, okay. Was kann ich tun, damit das furchtbare Leiden schnell beendet wird? Was WILL ich tun?! Mir war klar, dass es schnell gehen musste. Aber war dazu wirklich rohe Gewalt á la Stiefel-Opa nötig?

Leute, im Nachhinein ist mir natürlich klar, dass sein schnelles und zielstrebiges Durchgreifen alles andere als unbarmherzig war. Im Gegenteil, die Maus war schnellstmöglich unter dem Absatz von Opa Alfred erlöst worden, aber als Zuschauer in der ersten Reihe habe ich das emotional völlig anders gesehen.

Für mich musste also eine andere, eine sanftere Lösung her. Ich wollte es eigentlich nicht selbst tun, aber ich MUSSTE die Sache regeln, denn es war ja niemand da, und ich wollte die Maus nicht länger leiden lassen.

Die Maus und ich befanden uns im Keller unseres Pfarrhauses. Das Haus wurde ausschließlich mit Holz beheizt, und um das große Gemäuer warm zu bekommen, hatte die Stückholzheizung ordentliche Dimensionen.

Der Ofen brannte Tag und Nacht. Man muss ihn sich wie einen Höllenschlund vorstellen, bestimmt 1,20 Meter tief, mit einer riesigen, verrußten Klappe – wie bei *Der Herr der Ringe*, total absurd, dieses Ding. Ich hatte als Kind wirklich Alpträume von dem Teil. Bei einem dieser Träume wurde ich erst wach, als mich eine zum Leben erweckte Schaufensterpuppe meiner Mutter (wir hatten tatsächlich so ein gruseliges, menschengroßes Ding, das mich als Kind immer schaudern ließ) nach langer Hetzjagd durch den Keller erwischte, an meinem linken Arm zur Ofentür schleifte und mich in den Höllenschlund stopfte. Als die große Tür von außen zugeschlagen wurde und ich inmitten der Flammen alleine war, wachte ich schreiend auf.

Das Feuer war die beste Lösung. Ja, genau. Das war ein super Plan! Wieso war Opa Alfred da bloß nicht drauf gekommen? Ich musste selbst keine Gewalt anwenden, es wäre nicht laut, die Maus wäre sofort tot bei diesem Inferno, es gäbe keine Sauerei, sondern eine waschechte Feuerbestattung. Eine absolute Win-win-win-win-win-Situation!

Wow, wie grundlegend man die Dinge doch falsch einschätzen kann.

Überzeugt von meiner Idee begann ich, die Umsetzung zu planen. Ofen auf, Maus samt Falle rein?

Hm, aber die Falle sollte ich besser nicht verbrennen, die brauchten meine Eltern ja noch. Ich musste die Maus also aus der Falle befreien. Aber eine Maus alleine brennt ja nicht.

Es musste eine zündende Idee her: Ich erinnerte mich an die Benzingeschichte mit meinem Lieblingsopa Bernhard. Wenn selbst eine Straße brennen kann, wenn man sie mit Benzin übergießt, dann doch erst recht eine Maus. Genial! Ich würde die Maus mit Benzin übergießen und dann ins Feuer werfen. Ich hatte zwar kein Benzin, aber mit Terpentin musste es auch gehen. In einer alten Weißblechdose auf dem Regal bewahrte mein Vater Pinsel auf. Die tauchte er zum Reinigen und Lagern in Terpentin, damit die Lackreste den Pinsel nicht unbrauchbar machten. Ich nahm die Pinsel aus der Dose. Sie war trocken, aber daneben stand ein Marmeladenglas, in dem die scharf riechende durchsichtige Flüssigkeit aufbewahrt wurde.

Ich nahm die Falle mit der fast regungslosen Maus, öffnete sie über der Dose und rüttelte sie, bis das arme Ding in die Dose fiel. Selbst aus der Falle befreit bewegte die Maus sich kaum. Sie tat mir sooooo schrecklich leid. Sie hatte die Augen weit geöffnet und schnaufte, ihr Herzchen schlug ganz schnell unter dem grauen Fell.

Ich öffnete das Marmeladenglas und schüttete einen kräftigen Schluck in die Dose.

Dann änderte sich alles!

Ich erweckte die Maus so was von zum Leben! Shit!

Die Erkenntnis, begleitet vom schlechtesten Gewissen der Welt, durchströmte mein Kinderhirn, das ich wohl zuvor nicht richtig benutzt hatte. Der gebrochene Rücken war wahrscheinlich nichts gegen das Terpentin, das in Augen, Mund, Nase und Ohren lief – und natürlich in die Wunde. Die Schmerzen müssen höllisch gewesen sein, sie ist quietschend in dieser Dose hin und her geschossen.

Ich total in Panik! Aber geistesgegenwärtig stellte ich das Terpentinglas auf der Werkbank ab und stürzte zum Ofen. Ich riss die Türe auf und wusste: Wenn ich die strampelnde und quietschende Maus und das Terpentin in den Ofen schütte, darf nichts danebengehen, sonst brennt hier nicht nur die Maus. Und seit *Die gar traurige Geschichte mit dem Feuerzeug* aus *Der Struwwelpeter* zu meinen Lieblingsgruselgeschichten gehörte, konnte ich mir bildlich vorstellen, was mir und dem Haus dann blühte.

Ich ging zur Sicherheit noch ein wenig näher an den Ofen und zielte konzentriert. Mit einem kurzen, heftigen Ruck schüttete ich den gesamten Inhalt der Dose in den Ofen.

Mehrere Dinge passierten gleichzeitig: Es gab eine große Stichflamme, die mich und die Dose für einen kurzen Augenblick erfasste. Meine Augenbrauen wurden angesengt, ich hatte damals schon mehr als genug davon, das war also zu verkraften.

Die Dose in meiner Hand fing Feuer. Also schmiss ich sie kurzerhand hinterher. Das würde wiederum mein Vater verkraften müssen.

Womit ich aber gar nicht gerechnet hatte und was meinen Adrenalinspiegel in den kaum mehr aushaltbaren Grenzbereich jagte, war der Überlebenskampf der Maus. Das Quietschen, das die Maus noch in der Dose von sich gab, wechselte beim Kontakt mit dem Feuer in ein entsetzliches Pfeifen. Sie sprang in diesem Inferno hin und her und schaffte es tatsächlich brennend aus dem Ofen heraus. Sie schrie nun förmlich und rannte lodernd zwischen meinen Beinen durch. Es war klar: Jetzt geht alles schief, das endet in einer Katastrophe! Denn in dem Raum, in den die Maus rannte, waren ungefähr zehn Kubikmeter Holz aufgestapelt. Und sie steuerte offensichtlich die Holzstapel an, um darunter Schutz zu finden.

Ich sah alles schon vor meinem inneren Auge ablaufen. »Minz und Maunz die Katzen, erhoben ihren Tatzen« – sie würde sich tief unter dem Stapel verstecken und alles in Brand setzen. Wir würden das Haus verlieren, und ich würde von meiner Familie gesteinigt werden. Und das Schlimmste war, ich hätte es absolut verdient.

Ich schrie: »Nein, nein, nein, nein, nein!!!«

Und dann passierte – für mich als Kind – ein Wunder. Kurz bevor die Maus die Holzbiege erreichte, blieb sie einfach liegen. Sie war verendet und brannte aus. Ich stand da wie angewurzelt. Hinter mir loderte friedlich das Feuer im Ofen, als hätte es von all dem nichts mitbekommen, und wärmte mir sanft den Rücken. Es roch noch nach verbrannten Augenbrauen, und ein Hauch von Terpentin und Grillfleisch lag in der Luft. Es war wieder ganz still und friedlich in diesem Keller. Fassungslos und völlig apathisch starrte ich auf die Maus, der ich so etwas Grauenhaftes angetan hatte. Wie ein ausgebranntes Autowrack lag sie da und qualmte.

Ich fühlte mich leer, schrecklich und erleichtert zugleich.

Zu sagen, ich hätte ein »schlechtes Gewissen« gehabt, wäre eine maßlose Untertreibung. Ich war geschockt von meinem Handeln, das zwar gut gemeint, aber alles andere als gut durchdacht gewesen war. Ich hatte die Maus ja nicht aus Sadismus gequält. Ich wollte sie so schnell wie möglich von ihrem Leid erlösen und hatte das genaue Gegenteil erreicht.

Ihr erinnert euch an den Spruch meines Nachbarn Dieter: »Es ist nie etwas so schlecht, dass es nicht auch für irgendwas gut ist.« Heute weiß ich, dass diese missglückte Rettungsaktion eine bedeutende Lektion für mich war. Bis heute versuche ich, bei bestimmten Entscheidungen erst einmal einen Schritt zurückzutreten, alle möglichen Konsequenzen zu durchdenken, um dann etwas überlegter zu handeln. Manchmal gelingt mir das wirklich, und dann schicke ich ein kurzes »Danke« und »Sorry noch mal« gen Mäusehimmel.

Das Mäxle kann singen

Der runde Familientisch mit der großen, mit Schnitzereien versehenen Eckbank und dem riesigen Kronleuchter darüber war wirklich ein Magnet, der unsere Familie und die vielen, vielen Freundinnen und Freunde förmlich anzog. An diesem Tisch hat so vieles stattgefunden.

Wir haben dort lange Abende verbracht, haben den Erwachsenen gelauscht und beobachtet, wie sie mit guter Laune, einem Glas Rotwein in der Hand und manchmal auch einer Pfeife, einer Zigarette oder ähnlichem im Mund sich gegenseitig aufgedreht Geschichten erzählten. Diversität war in unserem Haus Normalität. Mein Vater und meine Mutter hatten Freundinnen und Freunde aus den unterschiedlichsten Kreisen. Da waren Bergsteigerkumpels meines Opas, der Handwerker Siggi, ein Drechsler aus den Niederlanden, oder Wischi, ein Kunstschmied, der uns aus Frankreich besuchte. Mal war Jón Laxdal, der Theaterregisseur meiner Mutter mit seinem Mann Watzlaw, einem Balletttänzer, zu Besuch. Dann wieder der Schauspieler Axel Neumann und der Moderator Dietmar Schönherr; mal die Musiker der Band meines Vaters, *Spätzünder*, oder ein paar seiner Arztkolleginnen und -kollegen. Egal, welche Runde da zusammensaß, es wurde nie ein Blatt vor den Mund genommen. Und so haben wir als Kinder schon von Dingen gehört, die wir zwar nicht verstanden, die uns aber begreifen ließen, dass Erwachsensein mindestens genauso viel Spaß machen muss wie die Kindheit. Das war ein schönes Gefühl, denn so schien mir mein Leben mit allem, was noch auf mich zukommen sollte, irgendwie unendlich.

Zum Glück kann ich mir dieses Gefühl bis heute zu großen Teilen bewahren. Mir ist bewusst, dass vieles möglich ist und ich mit Sicherheit noch unzähligen Menschen begegnen werde, die mein Leben, meine Inspirationen und Träume verändern können, so dass ich im Augenblick nicht mal den Hauch einer Ahnung habe, welche Auswirkungen all diese Begegnungen, die noch in der Zukunft liegen, auf mein Leben haben werden.

Mir ist klar, dass es noch viele tausend Momente geben wird, in denen ich mich neu entscheiden und entdecken darf. Und so kann ich mir und meinem Leben eigentlich täglich eine neue Richtung geben. Unvorhergesehene Wendungen wie in dem Film *From Dusk Till Dawn* – im Guten wie im Schlechten – werden mit Sicherheit auch dabei sein. Dieser Quentin Tarantino ist übrigens einer meiner Lieblingsfilme. Also, her mit dem Leben!

Wenn mal niemand zu Besuch war, dann saßen nur meine Eltern und wir Geschwister am Tisch, ganz unter uns sozusagen.

An einem dieser ruhigen Abende begann meine Mutter zu singen. Da wir ihre Lieder schon oft gehört hatten, konnten wir sofort mit einstimmen. Wir saßen also da, bastelten und sangen, ich muss damals vielleicht fünf Jahre alt gewesen sein. Ich war so im Moment versunken, dass ich nicht bemerkte, wie meine Mutter die anderen zum Schweigen brachte. Und so trällerte ich ein paar Sekunden alleine vor mich hin.

»Das kleine Mäxle kann richtig gut singen. Hast du das gehört, Gottfried?«, sagte meine Mutter zu meinem Vater. Ihre Begeisterung war unüberhörbar, auch für mich als kleinen Jungen. – Das war der Augenblick, in dem das erste Mal jemand auf meine Stimme aufmerksam wurde.

Es war schön, dass ich da etwas in mir hatte, das eine ganz eigene und unverwechselbare Qualität zu sein schien. Etwas, das mich von den anderen unterschied und womit ich mich bis heute identifizieren kann. Ich war mir in diesem Moment natürlich nicht bewusst, welche Auswirkungen diese Begabung auf mein gesamtes Leben haben würde. Aber ich weiß, dass die Worte meiner Mutter sich damals sehr gut angefühlt haben. Und so ließ ich mich bei unseren Familienfesten und den aufgedrehten Erwachsenabenden nicht lange bitten, stellte mich auf den Tisch und sang.

Dass ich von nun an begeistert davon war, Musik zu hören und auch selbst zu machen, gab meinem Vater Ansporn, mich mit guter Musik zu versorgen.

Ich habe ja bereits seine Band erwähnt, die *Spätzünder*. Die Gruppe gründete sich Anfang der achtziger Jahre – und heute, im Jahr 2024, gibt es sie noch immer. Drei der fünf Gründungsmitglieder sind noch aktiv, mein Vater ist einer davon. Bei den *Spätzündern* haben schon ein Gynäkologe (mein Papa), ein Gefängnisdirektor, ein Lehrer, ein Graf , ein Anwalt, ein Unternehmer und ein Psychologe mitgespielt. Auf jeden Fall eine bunte Mischung. Sie machen hauptsächlich Rock und Blues; und es macht definitiv eine Menge

Spaß, ihre Auftritte zu besuchen. Im Jahr spielen sie manchmal nicht mehr als vier, fünf Konzerte, das sind ungefähr so viele wie ich in einer dicken Woche. Aber wenn die Jungs auftreten, ist die Hütte immer voll. Sie spielen auch keine läppischen 90 bis 120 Minuten, wie ich das tue. Nein, die *Spätzünder*-Konzerte beginnen um 19.00 Uhr und enden frühestens zur Geisterstunde. Auf der Tanzfläche geht von Anfang bis zum Ende ausnahmslos die Post ab. Sie sind Hochrhein-Rockstars im besten Alter. Die Jungs räumen richtig ab.

Unser Pfarrhaus hatte genügend Platz, um im obersten Stockwerk einen großen Proberaum zu beherbergen. Dieser Raum, mit einem Dachstuhl im Fachwerkstil und einer Galerie, wirkte eher wie eine etablierte Kulturscheune. Daher liebe ich es auch heute noch, in kleinen Locations zu spielen, die manchmal so wirken, als wären sie aus der Zeit gefallen. Das gibt mir ein Stück meiner Kindheit zurück.

Ich habe das große Bedürfnis, euch an dieser Stelle dringend zu empfehlen, Konzerte in kleinen Clubs zu besuchen. Es ist wirklich eine vollkommen andere Erfahrung als eine Show mit Leinwandübertragung, Pyrotechnik, wechselndem Bühnenbild und Kostümen, bei denen man eine von fünf-, zehn- oder fünfzigtausend Personen im Publikum ist.

Hier ein Vorschlag: Jedes Mal, wenn ihr bereit seid, 80 bis 250 Euro für ein Konzert zu bezahlen, dann geht ihr ein paar Tage zuvor oder danach in einen kleinen Liveclub und schaut euch einen Act für 10 bis 20 Euro an. Ich wäre gespannt, wie ihr hinterher über die beiden Konzerte denkt. Ich prophezeie euch: Ihr könnt und wollt sie nicht vergleichen. Denn aus nur zwei, drei Metern Entfernung den

Musikerinnen und Sängern dabei zusehen zu dürfen, wie sie ihre Leidenschaft vor euren Augen ausleben, aus nächster Nähe und ungefiltert diesen nackten, intimen Moment mit Respekt und Achtsamkeit erleben zu dürfen, ist ein Geschenk, das einen auf ganz pure Weise abholt, inspiriert und alles um sich herum vergessen lassen kann.

Deshalb meine Bitte, zu eurem eigenen Wohl: Unterstützt die Künstlerinnen und Künstler ohne große Reichweite. Ihr erhaltet die kulturelle Vielfalt und bereichert euer Leben damit. Versprochen.

Den folgenden Satz habe ich schon ein paar Mal in der ein oder anderen Talkshow gesagt. Weil ich ihn so mag, schreibe ich ihn nun endlich auf: Unser Haus stand am letzten Südhang des Schwarzwaldes und hatte einen Proberaum mit Alpensicht. Yes, genau so war's!

Wo andere in Kellern und Garagen mit ihren Instrumenten Krach machen konnten, hatten wir eine Aussicht, für die man in Restaurants Wochen zuvor eine Reservierung machen muss. Es war ein Traum. Alles stimmte in diesem Raum. Die Farben der alten Holzbalken und -bretter, der Geruch und vor allem der Sound. Auch wenn gerade keiner Musik machte und man sich ganz alleine und vollkommen regungslos in diesem Raum befand, gab es Geräusche. Es knackte hier und da im Dachstuhl, unregelmäßig und laut. Als Kinder fanden wir das sehr gruselig. Um noch eins drauf zu setzen, erzählten wir unseren Freundinnen und Freunden: »Ohne Scheiß, hier oben, an genau diesem Balken, hat sich der Pfarrer erhängt. Das hatte mit einem Exorzismus-Ritual zu tun, das er hier durchgeführt hat und das schiefgegangen ist! Und das Knacken sind eben Geistergeräusche von dem Strick, an dem der Alte baumelte.« Oh ja, wir liebten diese Geschichte, vor allem wegen der Gesichter der Leute, denen wir sie erzählten.

Einmal in der Woche trafen sich bei uns die *Spätzünder* zum Proben. Es lief immer gleich ab: Nacheinander hörten wir die PKW der Musiker die Straße hochkommen. Wir wussten, dass sie es waren, denn unser Haus stand an einer Straße, die zu einem Feldweg wurde. Es war also keine Durchfahrtsstraße, und um diese Uhrzeit fuhr für gewöhnlich kein Auto mehr zu uns hoch. Kurz darauf ging die Türe auf, und die »alten Männer« stapften mit ihren Gitarrenkoffern die knarzenden Stufen hinauf. Sie müssen ungefähr so alt gewesen sein, wie ich jetzt bin. Mit welch unverschämtem Blick man doch als Kind die Menschen im besten Alter betrachtet.

Es dauerte immer eine Weile, bis sie sich eingerichtet hatten, aber dann ging es spür- und hörbar los. Bei manchen Bassfrequenzen zitterten die Fenster, und es klirrten die Gläser im Schrank. Ganz egal, wo im Haus ich mich aufhielt, den Probenstart bekam ich immer mit. Und selbst wenn ich im Dorf unterwegs war, hörte ich deutlich den Sound der *Spätzünder*. Das war nicht besonders schwer, denn Livemusik ist unverkennbar, die *Spätzünder* waren laut – und sie waren nun einmal die einzige Band, die in diesem 200-Seelen-Dörfchen probte.

Ich machte mich dann sofort auf den Weg zu den coolen *alten* Jungs. Mein Lieblingsplatz war *in* der Bassdrum meines Vaters, er ist ja der Schlagzeuger (beziehungsweise der schlagzeugspielende Gynäkologe) seiner Band. Die Basstrommel ist die, die mit dem Fußpedal geknüppelt wird. Vor allem bei Rock-Schlagzeugern und Mitte der Achtziger waren die Dinger richtig groß. Sie haben nach hinten ein geschlossenes Schlagfell und nach vorn ein Resonanzfell, auf dem oft der Bandname steht. Ihr habt jetzt sicher genau vor Augen, von was ich spreche.

In diesem Resonanzfell ist meistens ein Loch, das im Falle meines Vaters so groß war, dass ich hindurchkriechen konnte. Da heute wie damals Kissen oder Decken zum Dämmen des Sounds in die Basstrommel gelegt werden, war es für mich wie eine gemütliche, wenn auch etwas laute Höhle. Ich schlief oft darin ein. Als ich größer wurde und nicht mehr ganz hineinkriechen konnte, legte ich mich einfach mit dem Kopf bis zu den Schultern hinein. Ich liebte die Atmosphäre in dieser Trommel. Außerdem mochte ich es, aus dieser Perspektive meinen Vater durch das durchsichtige Schlagfell zu beobachten.

Nachdem die Band zwei, drei Stunden Musik gemacht hatte, saßen die Jungs immer noch lange zusammen. Meine Mutter bereitete viele Jahre zu jeder einzelnen Probe zwei riesige Platten mit geschmierten Broten zu. Und das waren nicht irgendwelche Brote! Meine Mutter war, wie bereits erwähnt, in vielerlei Hinsicht eine überaus extravagante Frau, die es liebte, wenn man sie lobte. Sie übertraf sich also Woche für Woche selbst, kreierte die ausgefallensten und köstlichsten Leckereien. Wir Kinder mussten, nein, wir durften dann die zwei großen Berge mit bunten Sandwiches in den dritten Stock tragen. Dazu ein paar Flaschen Bier, einen Krug Most oder Wein. In dieser Runde waren wir Kinder überaus willkommen. Wir saßen und aßen mit den Großen und redeten mit, als hätten wir Ahnung.

Meine Eltern veranstalteten alle paar Jahre ein großes Sommerfest, zu dem das ganze Dorf eingeladen war – und zu dem außerdem alle Freundinnen und Freunde meiner Eltern von überall her anreisten. Ich kann euch sagen, diese Feste wollte keiner verpassen. Und auch wenn wir auf dem Dorf mit Parkplätzen reich gesegnet sind, waren die Straßen und Felder rings um das Haus voll von PKW, Bussen und Transportern mit fremden Kennzeichen aus Deutschland, der Schweiz und Frankreich. Halb Krenkingen glich dann einem Festivalgelände. Die Party fand im Garten und im ganzen Haus statt – und unser Proberaum wurde tatsächlich zur Kulturbühne. Nicht nur die *Spätzünder* spielten an diesen Abenden, es gab stundenlang Livemusik. Für Essen und Trinken war reichlich gesorgt. Zum großen Teil von meinen Eltern, aber auch die Besucher brachten alle etwas mit. Meterlange Buffets mit Käse, Wurst und Speck, Schüsseln voller Butter und Kräuterquark, große Weckgläser mit eingelegtem Gemüse, Eiern und Marmelade, Wannen voller Nudel-, Wurst-, Blatt- und Käsesalaten, Berge von Kuchen, Stollen und Brot faszinierten mich und machten die Partygesellschaft satt und glücklich.

Da fällt mir eine kurze Anekdote zu einer kulinarischen Kindheitserinnerung à la Pipi Langstrumpf ein: Am Morgen nach einem der Sommerfeste war ich als Erster wach. War ja klar. Schnurstracks ging ich nach unten, um die Reste des Buffets zu begutachten. Ich fühlte mich wie ein verhungernder Kojote, der auf der Suche nach Essbarem auf die Überreste eines fast komplett abgenagten Elefanten stieß. Da lag noch ein halbes Brot mit Bissspuren, dort ein zerdrückter Käseklumpen, ein paar angetrocknete Wurstscheiben, die ihre verblassten Flügel gen Himmel reckten, Schüsseln mit bröckeligen Quarkresten an Rotweinpfützen und matschige Salate. Okay, zugegeben, das sah jetzt alles anders aus als am Vortag, aber damit hatte ich gerechnet, und ich hätte mich auch mit dieser Beute zufriedengegeben, als ich SIE entdeckte: Einsam, rund und in voller Pracht – als hätte man sie gerade erst aus dem Kühlschrank geholt, stand da vollkommen unangetastet am hintersten Ende der langen Tafel (und scheinbar allein für mich) meine absolute Lieblings-Mandarinen-Joghurt-Quark-Torte. Und so löffelte ich mit je einem Esslöffel in der linken und in der rechten Hand von innen heraus ein großes Loch in dieses Geschenk des Himmels. Der frühe Vogel frisst die Torte! Und zwar, wie er es will!

Was an solchen Tagen und vor allem in solchen Nächten in unserem Haus abging, kann man sich kaum vorstellen. Für mich, meine Geschwister und die meisten unserer Dorffreundinnen und -freunde war es eine Art gesellschaftlicher Ausnahmezustand. Irgendwie waren alle Eltern beteiligt, das war noch aufregender als die Fassnacht. (Falls der Begriff »Dorffreunde« für euch despektierlich klingen sollte: Damit ist genau das Gegenteil gemeint. Das war die Extraklasse an Freundschaften, denn so nannten wir nur die Kinder aus Krenkingen, mit denen wir täglich spielten, mit denen wir also am vertrautesten waren.)

Das Zusammenführen der Menschen aus ganz unterschiedlichen Lebensrealitäten brachte den ganzen Abend zum Knistern. Menschen befreundeten sich fürs Leben, verliebten sich für die Nacht (selten darüber hinaus), lagen sich in den Armen, lachten und schwelgten. Die Künstler- und

Stadtbekannten meiner Eltern verloren sich in romantischen Phantasien, die nur Krenkingerinnen und Krenkinger mit ihrem liebenswerten Charme und Humor auslösen können – und die Frauen und Männer aus dem Dorf waren fasziniert von den bunten Klamotten, den glitzernden Brillen, den hohen Schuhen sowie den Menschen, die darin steckten. Jeder wollte für einen Moment der andere sein.

Für alle stand das Haus offen, ob wir da waren oder nicht, die Haustüre war nie verschlossen. Viele unserer Freunde liebten das Angebot der Open-House-Kultur und nutzten den Proberaum auch, wenn wir zum Beispiel in den Urlaub gefahren waren.

So ergab sich Folgendes: Eine Frau, die erst wenige Jahre zuvor aus Brasilien nach Deutschland gekommen war, wurde Patientin meines Vaters. Als musikinteressierter Gynäkologe hatte er während einer Sprechstunde mit besagter Brasilianerin das Gespräch auf Musik gelenkt und erfahren, dass diese Frau nicht nur Musik liebte, sie war auch Sängerin einer Band. Sie klagte aber darüber, dass sie keinen bezahlbaren Proberaum mit ihrer Truppe fand, und so war es nur logisch (und so herrlich typisch!) für meinen Vater, die gesamte Band zum Proben im Pfarrhaus willkommen zu heißen. Viele Jahre genossen wir die lateinamerikanischen Rhythmen dieser immer gut gelaunten und temperamentvollen Truppe. Was für ein Geschenk für uns und das Dorf, und das meine ich mit keiner Silbe ironisch.

Aber nicht nur der Proberaum, sondern auch die vielen Gästebetten standen für jedermann und jedefrau bereit. Dadurch kam es manchmal zu außergewöhnlichen Situationen: Wir saßen am Wochenende gemütlich am runden Tisch beim Frühstück, plötzlich betraten zwei uns völlig fremde Gestalten in Unterwäsche das Wohnzimmer, fragten nach einem Kaffee und verschwanden wieder hinauf zum Matratzenlager, das sich auf der Galerie über dem Proberaum befand. Sie hatten sich auf einer Party kennengelernt und wussten nicht, wo sie in erotischer ungestörter Zweisamkeit die Nacht verbringen sollten. Ein Freund von uns hatte sie herzlich eingeladen, eine Nacht im »Pfarrhotel Mutzke« zu verbringen. Die beiden nahmen das Angebot dankend an, stiefelten spät nach Mitternacht in unser Haus und suchten sich ein gemütliches Plätzchen. So oder so ähnlich geschah es des Öfteren, aber das wirklich Absurde in diesen Situationen war eigentlich die entspannte Reaktion unserer Eltern beziehungsweise von uns Geschwistern: »Klar, nehmt euch 'ne Tasse aus dem Schrank. Wollt ihr auch was essen?«

Genau dieses Ideal des zwischenmenschlichen Umgangs, das meine Eltern mir beigebracht haben, wollte ich immer leben. Irgendwann wurde mir klar, dass ich fast schon süchtig danach bin, Menschen zusammenzubringen.

Schon lange war mir bewusst, dass ich derjenige bin, der in dem kleinen Dörfchen, in dem ich heute lebe, die Ideale meiner Eltern fortführen muss. Ich muss das offene Haus im Dorf werden! Und so gründete ich einen Stammtisch und bekam den Titel »Stammtischvater«.

Ich versuche, alle paar Wochen meine vielen Freunde aus der Region zusammenzutrommeln. Weniger als 20 Leute kommen nur selten. Über sechs, sieben, acht, neun Stunden sitzen wir um einen großen Tisch, essen, trinken und reden, wie uns der Schnabel gewachsen ist. Mittlerweile findet der

Stammtisch auch mal bei anderen Leuten im Garten statt, in der Werkstatt oder im Bauwagen. Für uns sind diese Abende zu einem wichtigen und unglaublich unterhaltsamen Ritual geworden, von dem wir noch Tage danach zehren und erzählen. Zum Beispiel davon, dass die Polizisten – nachdem sie ihre Gefährderansprache gehalten hatten, sich doch bitte nicht alkoholisiert ans Steuer zu setzen – sich überreden ließen, wenn schon kein Bier zu trinken, dann doch bitte eine Bratwurst mit uns zu essen. Eine gute Stunde wurde unsere Runde von zwei netten und aufgeschlossenen Jungs bereichert.

Aber zurück in den Proberaum nach Krenkingen: Man kann natürlich sagen, dass mich diese Abende, die Band meines Vaters und die Livemusik im Haus inspiriert haben, selbst mit Musik anzufangen. Ich würde aber noch weiter gehen. Als Kind zu erleben, dass sich erwachsene Menschen so viel Zeit für Musik nahmen, dass sie dabei auch die volle Unterstützung ihrer Familien hatten, dass sie sich über Musik so ernsthaft und ausdauernd austauschen konnten wie unsere Nachbarinnen und Nachbarn über die Ernte, das schuf in mir einen ganz natürlichen Zugang zur dieser Welt. Es waren ja ausgewachsene Menschen, die vor meinen Augen so ernsthaft verspielt, voller Leidenschaft und Engagement gemeinsam Musik machten und andere so sehr damit begeistern konnten.

So eine Bandprobe hat manchmal etwas von einem Fußballtraining. Immer wieder versucht man verschiedene Kombinationen in Rhythmus, Klang, Akkorden und Dynamiken, um den Song am besten »nach Hause« zu fahren. Jeder Einzelne muss seinen Teil beherrschen und erfolgreich beitragen, damit der Song am Ende klingt, wie ein Song eben klingen muss. Nämlich gut und schön. Nicht krumm und schief. Wie oft habe ich die Lehrer, Grafen, Notare oder wer eben sonst gerade in der Besetzung der *Spätzünder* spielte, in unserem Pfarrhaus fluchen hören.

Wenn ein bestimmtes Gitarrenlick oder ein Drumfill auch beim fünften Mal nicht klappte, der Keyboarder ständig den Übergang zur Bridge verkackte, den Sängern der Text nicht mehr einfallen wollte ... Es war manchmal wie ein Krimi. Und schon als Sechsjähriger wollte ich mir auf meinem Platz an der Seitenlinie oft genug die Hände vors Gesicht schlagen und brüllen: Mann, Alter, jetzt mach doch mal! Was für ein Honk bist du eigentlich, bekommst nicht mal das einfachste Gitarrenlick gesch...ssen! – hätte ich nicht den Mund und die Hände voller Sandwiches gehabt.

Wenn dann aber der neue Song das erste Mal klappte, war das nicht nur in *meinem* Herzen und *meinen* Ohren eine totale Erlösung. Wo sich die Jungs zuvor noch gegenseitig die Krätze an den Hals oder die Gicht in die Finger gewünscht hatten, waren sie nach dem Ausklingen des Schlussakkords wieder allerbeste Freunde. Dann wurde gelacht, gelobt und der Song noch mal von vorne gespielt. Beim Übergang zur Bridge flog dann die erste von zwei Gitarren Richtung Keyboard.

Die Songs der *Spätzünder* verfolgten mich bis in den nächsten Tag, ein paar von ihnen waren meine ersten penetranten Ohrwürmer. Ich konnte dann gar nicht anders, ich musste diese Grooves und Melodien selbst verwirklichen. Anfangs wusste ich nicht, wie man eine Gitarre hält, ein Keyboard oder einen Verstärker einschaltet – also setzte ich mich ans

Schlagzeug. Aber auch wenn ich mich mit den anderen Instrumenten besser ausgekannt hätte: das Schlagzeug wäre immer meine erste Wahl gewesen! Nicht, weil mein Vater Schlagzeug spielte, sondern weil ich den Rhythmus liebte, die Sounds, die man nur am Schlagzeug erzeugen kann, die physische Energie, die man offensichtlich an das Schlagzeug abgeben muss, damit ordentlich was rauskommt. Ich fand es großartig, dass etwas erfunden wurde, dessen einziger Sinn darin zu bestehen schien, darauf rumzuhauen. Das Instrument schien nur für mich erfunden worden zu sein. Natürlich mochte ich auch die Melodien der Lieder, die ich im Kopf hatte, aber die konnte ich ja einfach singen, während ich den Rhythmus spielte: Und so setzte ich mich an das Schlagzeug, spielte und sang dazu, weil ich es genau so spürte.

Das war der echte Anfang von allem, was ich heute auf der Bühne mache.

Mein Vater liebte es, dass eines seiner Kinder aus sich heraus die gleiche Leidenschaft für Musik entwickelte, wie er sie in sich trug. Also unterstützte er mich, wo es nur ging. Der erste logische Schritt war es, mich in der Musikschule zum Schlagzeugunterricht anzumelden. Ich muss damals ungefähr sieben oder acht Jahre alt gewesen sein. Es gab sie damals schon, die kleine Musikschule in Tiengen, in diesem schönen alten Schulhaus in der Breitestraße.

Ich freute mich darauf, das Schlagzeugspielen von der Pieke auf zu erlernen. Doch meine Eltern und ich – und allen voran der Musiklehrer – machten schnell die Erfahrung, dass ich für den traditionellen Gruppenunterricht einfach nicht gemacht war.

Ich kannte zwar das Wort »sexy« noch nicht, aber im Bezug auf Musikmachen begriff ich längst seine Bedeutung. Mein Schlagzeuglehrer hatte in meinen Augen nichts von der Leidenschaft und Hingabe zu diesem Instrument, die ich von zu Hause kannte. Er war streng und übellaunig, dazu trug er eine Cordhose. Er saß steif auf dem Hocker, die Drumsticks hielt er in den Händen wie der uniformierte Dirigent einer Militärkapelle den Taktstock beim Aufmarsch zur letzten Schlacht. Er verlangte, dass wir uns alle in einen Stuhlkreis setzten, um stur (und definitiv unsexy) auf der Snare, im Volksmund auch die »kleine Trommel« genannt, unsere Übungen zu machen.

Ich konnte diese seltsame und äußerst langweilige Idee überhaupt nicht verstehen. Bisher war ich es gewohnt, ein großes schwarzes Schlagzeug um mich herum zu haben. Ich liebte es, wie ein Ritter hinter hohen Burgmauern mit den Toms und den Becken zu kämpfen. Ich wollte laute und sehr viele Schläge in möglichst kurzer Zeit auf dem Schlagzeug verteilen, und dazu musste ich Hände UND Füße gleichzeitig benutzen!

Eine unsichtbare Kraft zog mich aus dem Spießer-Stuhlkreis an das vergilbte und verkratzte Plexiglas-Schlagzeug in der Ecke des Raums. Ich konnte nicht anders. Ich haute einfach drauf rum. Der Musiklehrer hatte für diese Aktion wohl genauso wenig Verständnis wie ich für seinen Stuhlkreis. Beim ersten Mal bemühte er sich noch, seiner tiefen Abneigung gegenüber diesem respektlosen blonden Bengel Einhalt zu gebieten. Mit scharfem Ton bat er mich, sofort in den Stuhlkreis zurückzukehren. Ich tat wie mir befohlen. Es dauerte keine fünf Minuten, bis der Cordhosenlehrer fassungslos, aber wenigstens voller Leidenschaft, gegen mein erneutes Schlagzeugsolo anbrüllte.

»Hör sofort auf damit, du Rotzlöffel! Du störst die wohlerzogenen Kinder, die hier etwas lernen wollen«, rief er mir zu. Ich schaffte es noch ein, zwei Mal, unbemerkt das Schlagzeug zu erreichen, um jeweils vier bis sieben Sekunden lang zu zeigen, was ich draufhatte. Da reichte es dem Mann mit der braunen Hose und dem roten Gesicht, er entließ mich aus dem Stuhlkreis – und setzte mich vor die Tür.

Abends klingelte das Telefon. Mein Vater wurde von Cordhose darauf hingewiesen, dass sein Sohn für den Unterricht und die anderen Kinder eine absolute Zumutung wäre und nicht mehr willkommen sei. »Lassen Sie den Jungen erst einmal Blockflöte lernen, damit er Respekt vor der Musik bekommt«, riet er meinem Vater.

»Idiot!«, sagte mein Vater, als er auflegte und schüttelte den Kopf. Dann holte er sein kleines Telefonbüchlein hervor und sagte grinsend: »Ich habe eine bessere Idee als Blockflöte.«

Eine blödere Idee gibt es ja auch nicht, dachte ich.

Papa fand die Nummer, die er gesucht hatte. Er wählte, und schon am nächsten Tag kam Wolfgang zu uns, der beste Schlagzeuglehrer, den sich ein kleiner blonder Bengel nur wünschen konnte. Er fuhr damals einen weißen Zweisitzer – ich meine mich daran zu erinnern, dass es ein Honda CRX war. Mit dem düste er von nun an wöchentlich nach Krenkingen, um mich zu unterrichten. Und zwar an unserem großen schwarzen Schlagzeug, in unserem eigenen Proberaum mit Alpensicht.

Von Woche zu Woche lernte ich, dem Schlagzeug immer mehr Schläge und Tritte pro Sekunde zu verpassen. Vor allem aber lernte ich, dass es noch cooler ist, weniger Noten zu spielen – die dafür aber gezielter. Schon früh faszinierten mich die fetten, satten Grooves. Ich fand meine Vorbilder bei Steve Gadd und vielen weiteren, die mit einer Hand schneller spielen können als die meisten Schlagzeuger mit zwei. Ich liebte Bands, in denen das Schlagzeug die Hauptrolle spielte. Die Helden meiner Kindheit: Vinnie Colaiuta, Kenwood Dennard, Sheila E., Dennis Chambers, Buddy Rich, Stewart Copeland. Das Beste war, dass das auch die Helden meines Vaters waren.

Mit dem Motorrad zum Jazz

Seit ich denken kann, war mein Vater ein begeisterter Konzertbesucher. Zürich, Basel und Freiburg waren jeweils etwa eine Stunde von uns entfernt, an Konzerten gab es in diesen drei Städten viel zu erleben. Das Beste war, dass mich mein Vater regelmäßig mitnahm. Meist ins Freiburger Jazzhaus oder auf das legendäre »ZMF«, das Zelt-Musik-Festival, das ebenfalls in Freiburg stattfindet (übrigens soll ich im Sommer 2024 den Ehrenpreis des Festivals erhalten, was für eine Ehre!).

Es gab für meinen Papa und mich zwei Möglichkeiten, von uns aus über den Schwarzwald dorthin zu gelangen. Entweder fuhren wir mit unserem T3 VW-Bus: ein silbergrauer Bus mit pinken Sternen und einer sehr gemütlichen Matratze zum Schlafen darin. Oder mit seinem Motorrad. Vor der Honda Güllepumpe (den Namen bekam die Honda CX 500 C, nachdem das Motorrad von Werner in dem berühmten Zeichentrickfilm *Werner – Beinhart!* zu einer Güllepumpe umfunktioniert worden war) fuhr mein Vater übrigens eine Jawa 350/640 Sport. Dieses tschechische Zweitaktmotorrad hatten wir auf dem Gepäckträger unseres Wohnmobils aus einem Urlaub in Tschechien mitgebracht. Es war der Startschuss für die Motorrad-Begeisterung unserer gesamten Familie.

Wenn wir mit dem Motorrad fuhren, liebte ich es, unter dem Helm laut vor mich hin zu singen und meine Arme im Fahrtwind auf und ab treiben zu lassen. Außerdem war ich sehr bemüht, in den Kurven den perfekten Sozius zu geben. Mein Vater bekam das nämlich sehr genau mit und sagte nach der Fahrt: »Mensch, mit dir macht Motorradfahren richtig Spaß, du machst in den Kurven die Bewegungen ganz toll mit.« So ein Lob gab mir ein warmes Gefühl. (Auch ich versuche heute so oft wie möglich, meinen Kindern dieses Gefühl zu geben. Es bindet uns aneinander, so wie mich und meinen Vater damals.)

Wenn es doch mal zu regnen begann, hielten wir unter einer Brücke oder an einer Bushaltestelle und schlüpften in unsere riesigen Regenoveralls. Darin war es sehr gemütlich, selbst wenn es wie aus Kübeln schüttete, waren wir gut geschützt. Kein Tropfen drang durch die Klamotten. Ab und zu vielleicht mal einer durch den Spalt im Visier vor meinem Gesicht.

Der einzige Nachteil beim Motorradfahren war, dass der Rückweg nach der langen Hinfahrt und dem Konzert meist nicht mehr ganz so gemütlich war. Ich war dann so müde, dass ich mich kaum mehr auf dem Motorrad halten konnte. Aber die Gefahr, einzuschlafen, war spätestens vorüber, wenn wir auf 1000 Höhenmetern über den Schwarzwald fuhren. Denn selbst im Sommer kann es dort in der Nacht arschkalt werden. Übrigens auch ein echter Grund, warum ich heute in dieser Höhenlage lebe. Ich kann hier im Sommer verdammt gut schlafen, sogar mit einer Decke über meinem Körper. Aus meiner Sicht hat man nur zugedeckt einen wirklich gemütlichen Schlaf.

Wenn wir hingegen mit dem Bus unterwegs waren, hatte ich mein eigenes Bett dabei. Wurde ich bei den Konzerten müde, brachte mich mein Vater kurzerhand zum Bus, wo ich es mir bequem machte. Das war aufregend, denn neben dem Freiburger Jazzhaus lag damals schon das Crash, eine Punk-Rock-Disko, vor der es nachts oft sehr laut wurde. Eines Abends lag ich nach der ersten Konzerthälfte mal wieder alleine auf meiner Matratze. Mein Vater hatte den Bus gegenüber vom Jazzhaus auf dem großen dunklen Parkplatz abgestellt, der direkt an den Gleisen lag. Allein das war schon gruselig. Aber plötzlich wurde draußen gegrölt und gebrüllt, Flaschen gingen zu Bruch. Ich schaute vorsichtig durch das Fenster und konnte sehen, wie ein paar große Männer mit Lederjacken durch die Reihen der geparkten Autos kamen und die Seitenspiegel abtraten. Sie bewegten sich immer weiter in meine Richtung. Ich versteckte mich unter allen Decken, die ich finden konnte, und betete, dass sie mich nicht sehen würden. Pures Adrenalin durchströmte meinen kleinen Körper. Und: Ich liebte es!

Diese Livekonzerte haben mich über alle Maßen inspiriert. Hätte mein Vater mich nicht so oft mitgenommen, wäre ich vielleicht nicht da, wo ich heute bin. Deshalb freue ich mich immer sehr, wenn ich in meinem Publikum ein Kind entdecke. Ob es bis zum Schluss voll dabei ist, während der Show auf Mamas Schoß einschläft oder eine halbe Stunde den Klappmechanismus des Stuhls, auf dem Papa sitzt, genauer unter die Lupe nimmt, spielt dabei keine Rolle. Ich weiß aus eigener Erfahrung, dass dieser Abend das Leben prägen wird: dass die Melodien und Texte, der Sound, das Licht und die Band einen bleibenden Eindruck in den kleinen Köpfchen und Herzen hinterlassen. Und letztlich ist es für Kinder immer wunderschön, wenn sie ihre Eltern lachen und tanzen sehen.

Eine meiner schönsten Erfahrungen in diesem Kontext verschafft mir bis heute Gänsehaut (von der schönen Sorte): Es muss etwa 13 Jahre her sein, da sah ich bei einem meiner Auftritte ganz vorne in der ersten Reihe ein kleines Mädchen im Rollstuhl. Auch wenn sie im echten Leben einen anderen Namen trägt, nenne ich sie für diese Geschichte Khira. Ich weiß nicht, welcher Abstammung Khira ist, hatte aber die Vermutung, dass sie indisch sein könnte. Khira bedeutet auf Hindi Sonnenschein, und da die Kleine ein absoluter Sonnenschein ist, soll sie hier so heißen. Sie war damals sieben Jahre alt. Das weiß ich, weil ich sie und ihre Mutter nach dem Konzert kennenlernen durfte. Khira konnte nicht sprechen, aber sie zeigte mir unmissverständlich, dass sie sich über das Konzert und meine Anwesenheit sehr freute. Die Mutter war sichtlich glücklich darüber, ihre Tochter so zu sehen.

Sie erzählte mir, dass ihre Tochter Musik über alles liebte. Khira fasste schnell Vertrauen und gab mir irgendwann zu verstehen, dass sie auf meinen Schoß wollte. Wir saßen da, und ich fing an, ihr etwas vorzusingen. Mein Tourmanager kam von Zeit zu Zeit dazu, um mir zu signalisieren, dass unsere Mannschaft jetzt abfahrbereit sei. Die Situation mit dieser Familie, vor allem aber mit Khira, war zu schön, um sie abzubrechen – und so bat ich ein ums andere Mal darum, noch ein wenig zu warten.

Viele Jahre später durfte ich Khira wiedertreffen. Ich erkannte sie sofort im Publikum. Gleich nach der Show ging ich zu ihr und umarmte sie. Khira sagte: »Hallo, Max, erkennst du mich wieder?«

Und so saßen wir zusammen und redeten. Khira war inzwischen fast volljährig – und sie konnte sprechen. Der Ton zwischen uns war auf Anhieb vertraut, als hätten sich Verwandte nach langer Zeit endlich wiedergetroffen. Als Khira einen Augenblick abgelenkt war, nahm mich die Mutter zur Seite und bedankte sich bei mir. Mit Tränen in den Augen sagte sie, dass sie davon überzeugt sei, dass der Abend zehn Jahre zuvor die Ursache dafür sei, dass Khira nun sprechen könne. »Damals, als du sie auf den Schoß genommen und ihr vorgesungen hast, wollte Khira unbedingt mitsingen. Das hat sie motiviert.« Bis heute sind es Geschichten wie diese, die mir zeigen, was für eine Kraft in der Musik liegt.

Dabei hat die Industrie dahinter auch ganz andere Seiten: Sie ist schnell, gnadenlos und (verständlicherweise) auch getrieben von Profit. Das führt dazu, dass viele Bereiche unserer Arbeit einem Optimierungswahn und Prozessen unterliegen, die nur selten im Sinne der Kunst sind. In den Schlüsselpositionen von Unternehmen sitzen oftmals Menschen, die keine Musikerinnen und Musiker sind. Sie entscheiden darüber, wie mit Musik (und den Leuten, die sie machen) umgegangen wird, damit es ein möglichst lukratives Geschäft bleibt. Ich behaupte, dass es für viele dieser Leute keinen Unterschied macht, ob sie Musik oder Waschmittel verkaufen.

Auf den Künstlerinnen und Künstlern lastet ein enormer Druck. Es drängt sich auf, Musik auf eine Weise zu schreiben und zu produzieren, die weniger die Hörerinnen und Hörer als vielmehr den Algorithmus der Streaming-Plattformen anspricht, damit wir nicht durch das Raster fallen. Immer wieder kommen wir so in Versuchung, aktuellen Trends nachzugehen, auch wenn diese überhaupt nicht dem eigenen Künstlerherz entsprechen. Wieder und wieder stecken wir Energie und Liebe zum Detail in unsere Lieder, treffen uns mit talentierten Kreativen im Studio und schöpfen bis zum letzten Cent unseren finanziellen Rahmen aus, um am Ende einen von hunderttausend Songs zu liefern, die TÄGLICH neu auf die Plattformen drängen.

Als Künstler, Künstlerin oder Band aus Deutschland von hiesigen Radiosendern gespielt zu werden, wäre hilfreich und großartig, aber auf deren Playlisten zu landen ist für viele deutsche Musikerinnen und Musiker alles andere als wahrscheinlich. Hier könnte es meiner Meinung nach sehr viel mehr Unterstützung geben. Denn im Radio gespielt zu werden, hat immer noch riesige Effekte auf die Karriere. Außerdem ist es, mal abgesehen von den Livekonzerten, eine der wenigen Möglichkeiten, mit Musik Geld zu verdienen.

Im Einzelnen möchte ich gar nicht wissen, welche Ressourcen (Geld, Zeit, Kilometer, …) ich persönlich pro Song aufwenden muss. Ich bin auf das Knowhow und die Leidenschaft einiger Leute angewiesen, um eine Idee zu einem Lied werden zu lassen, für das ich dann 0,3 Cent pro Stream bekomme. Zähle ich alle gefahrenen Kilometer, alle Gagen der Musiker und Produzentinnen und sämtliche andere Kosten zusammen, wird mir schwindelig. Und dann sind es am Ende Geschichten wie die mit der kleinen Khira, die mir deutlich machen, auf was es in der Musik wirklich ankommt. Mit solchen Geschichten im Herzen fällt es mir auch nur selten schwer, mich von den neuesten Trends nicht kirre machen zu lassen, sondern weiter das zu tun, wofür mein Herz schlägt.

Lieder und Texte zu schreiben bedeutet für mich, viele Gemütszustände zu durchleben. Das kann ermüdend und mühsam, aber auch erfrischend und aufregend sein. Deprimierend, wenn mir über Stunden oder Tage die Ideen fehlen. Oder auch beflügelnd, wenn alles zusammenpasst, wenn Texte und Melodien einfach so aus mir heraussprudeln.

Auch wenn ich seit zwanzig Jahren mit Musik mein Leben bestreite, bin ich alles andere als eine Hitmaschine. Ganz im Gegenteil, meine Songs finden nur selten den Weg ins Radio; und in den Charts sind meine Erfolge, na ja, sagen wir mal: überschaubar. Trotzdem habe ich bei jedem Album, das ich veröffentliche, das erhebende Gefühl, das beste Album der Welt gemacht zu haben. Ich kenne viele Künstlerinnen und Künstler, denen es ganz genauso geht. Und auch wenn ich schon oft eines Besseren belehrt wurde, bin ich mir unmittelbar vor der nächsten Veröffentlichung oder dem Start eines neuen Projekts ganz sicher, dieses Mal auf jeden Fall große Erfolge feiern zu dürfen. Wie auch immer man diese für sich definiert. Ich weiß nicht, woher es kommt, dass ich (wie viele andere) immer wieder davon überzeugt bin: Leute, ihr werdet schon sehen, diesmal geht es richtig ab. Die nächste Platte wird Geschichte schreiben …

Okay, ganz so hochtrabend sind meine Erwartungen vielleicht doch nicht, aber dennoch groß genug, damit ich mit stolzgeschwellter Brust, erhobenem Haupt und voller Überzeugung der Öffentlichkeit meine neuen Songs präsentieren kann. Vielleicht ist es unverbesserlicher Optimismus, ein Hauch Narzissmus oder einfach nur naiv, so an die Sache heranzugehen. Möglicherweise ist es aber auch so, dass Menschen, die ihr Geld mit Kunst und Kreativität verdienen, exakt so ticken müssen, um weitermachen zu können. Ganz egal, welche Mechanismen mich steuern: Der Hauptantrieb sind meine Erlebnisse mit der Musik, die Emotionen, die unbezahlbaren Momente. Live auf der Bühne zu stehen, das Publikum und die Band zu feiern, ist das Schönste an meinem Beruf und die Motivation für alles, was drum herum getan werden muss.

Ich kann mich an viele Konzerte in meiner Kindheit erinnern, bei denen ich – selbst als ganz kleiner Junge – hautnah die Emotionen des Publikums, der Band und meines Vaters neben mir spüren konnte. Darüber hinaus faszinierte es mich, die Menschen an ihren Instrumenten zu beobachten, wie sie ganz im Augenblick versunken waren. Wie sie schwitzten und litten, lachten und miteinander kommunizierten. Wie sie sich gegenseitig anfeuerten und bewunderten. Wirklich, inmitten eines Konzertpublikums habe ich mich noch wohler gefühlt als in der Traktorgruppe meines Kindergartens.

Eines Tages fragte mich mein Vater mal wieder, ich muss ungefähr acht oder neun Jahre alt gewesen sein: »Mäxle, willst du heute mit ins Jazzhaus?«

»Na klar, logisch. Immer!«

»Okay, aber heute müssen wir früher los, denn ich muss

am Nachmittag noch zu einer gynäkologischen Fortbildung.«

»Cool!«, sagte ich. Also fuhren wir los.

In einem riesigen Hörsaal der Uniklinik Freiburg sah ich meinem Vater also bei seiner Fortbildung zu. Das war, sagen wir mal, prägend. Ich dachte: Irgendwie ein echt cooler Beruf. Vielleicht sollte ich das später auch machen. Ja, ich glaube, wenn ich groß bin, werde ich mal Frauenarzt. Und so saß ich da, schaute und staunte und war fasziniert von den vielen lateinischen Wörtern, die mein Vater sagte.

Später fuhren wir weiter ins Jazzhaus, auf der Bühne sahen wir niemand Geringeren als den Saxophonisten Bill Evans. Im Jazzhaus stand ich am liebsten, wenn ich nicht völlig erschöpft zwischen den Füßen meines Vaters auf dem Boden lag, in der ersten Reihe. Bill Evans live zu sehen, mit all seinen unglaublichen Musikern auf der Bühne, ganz nah vor mir, das war für mich wie eine Offenbarung.

Zu der Zeit hatte ich schon begonnen, Schlagzeug zu spielen – und eine Vorstellung davon entwickelt, wie unglaublich krass das ist, was die da auf der Bühne machten. Als ich Bill Evans sah, verblasste augenblicklich mein Wunsch, später einmal Gynäkologe zu werden. Für mich war ab diesem Moment absolut klar: Ich werde später definitiv da oben stehen!

Von diesem Konzert an habe ich nicht etwa gedacht: Oh, das würde ich auch gerne machen. Ganz und gar nicht! Meine Gedanken waren sehr viel konkreter. Nämlich: Okay, SO werde ich später mal die Drumsticks halten. SO werde ich mich bewegen. Es wäre wirklich cool, auch witzige Sachen ins Mikrophon zu sagen, damit die Leute im Publikum lachen können, denn das macht das Konzert noch viel schöner. Alles klar, SO mache ich das.

Meine Einstellung zu meiner Zukunft als Musiker war also nicht: Ich möchte. Sondern vielmehr: Ich werde!

Ich kann mir gut vorstellen, dass es anderen Kindern ähnlich geht, wenn sie zum Beispiel in der Landwirtschaft aufwachsen und es für sie ganz außer Frage steht, den Hof der Eltern weiterzuführen. Sie denken dann vielleicht auch: Okay, so hänge ich den Miststreuer an, so füttere ich die Pferde, so besame ich eine Kuh. Sie haben eine tiefe Gewissheit in sich.

Und so war es auch bei mir kein Wunsch, es war die Gewissheit, später mit solchen Typen dort oben auf der Bühne zu stehen. Übrigens: Exakt das sollte auch eintreffen. Seit meinem 16. Lebensjahr stand ich schon mehrfach auf genau dieser Bühne im Jazzhaus Freiburg. Und noch besser: Bill Evans ist mittlerweile ein echter Freund von mir. Wir lernten uns 2019 bei einem Big-Band-Konzert in Nürnberg kennen. Seither haben wir viel Kontakt. 2023 sang ich das zweite Mal auf einem seiner Alben, im selben Jahr lud er mich zu sich nach Nashville ein. Ich durfte bei ihm übernachten, wir kochten zusammen und besuchten seinen Nachbarn Rob. Der zeigte uns unaufgefordert – und als wäre es das Normalste der Welt – sein Arsenal an Waffen, drückte uns ein paar geladene Gewehre in die Hand und wünschte uns viel Vergnügen beim Schießen in seinem Garten.

Alles in diesen Tagen in Nashville war, sagen wir mal, mindestens besonders. Das Größte aber war für mich die Show, die wir gemeinsam spielten. Bill Evans, den ich ja schon als Kind bewunderte, ermöglichte mir mein erstes

Konzert in den USA und stellte mir mit Keith Carlock (Drums), Darryl Jones (Bass), Mike Seal (Gitarre) und Jerry Douglas (Steel-Gitarre) die verdammt geilste Band der Welt zusammen. Bill, I love you!

Was mir Geld bedeutet

Ich muss ungefähr zehn Jahre alt gewesen sein, als mein Vater eines Abends nach Hause kam und uns alle zusammenrief. »Kinder, kommt mal bitte, wir müssen reden«, rief er durchs Haus. Es dauerte natürlich ein bisschen, bis wir uns alle versammelt hatten. Dann standen wir schließlich in unserer großen Wohnküche. Dieses Gespräch sollte für mich einen großen Einfluss haben. Mein Vater sagte: »Wir müssen vielleicht aus unserem Zuhause ausziehen, ich habe kein Geld mehr, wir können uns das Haus nicht länger leisten.«

Waaaaas?! Wir Kinder konnten überhaupt nicht glauben, was unser Vater uns da klarzumachen versuchte. Meine Schwester fing an zu weinen. Ich dachte nur: Oh Gott, jetzt verlieren wir alles! Den Unimog! Den Proberaum! Die Werkstatt! Die großen Sommerfeste mit Livemusik, dieses ganze bunte Leben mit all den Freiheiten! »Das kann nicht sein, Papa! Das darf uns keiner wegnehmen!«, sagte einer meiner Brüder – oder sagte das ich? Ich weiß es nicht mehr. Es war ein überwältigend schrecklicher Augenblick.

Mein Vater, der immer Optimist war und es heute noch ist, der nie schwarzmalt, der nie schlechte Laune hat, konnte in dem Moment nicht anders – er hatte scheinbar selbst jede Hoffnung verloren. Er antwortete: »Doch, es kann sein. Vermutlich nicht heute und auch nicht morgen. Aber es kann jederzeit passieren, dass die Banken uns nicht mehr helfen wollen – dann wird es nicht mehr abzuwenden sein, dass wir das Haus verlieren. Und nicht nur unsere Wohnsituation wird sich verändern. Es wird alles anders werden. Wir werden uns nichts mehr leisten können außer dem Nötigsten.« Damals hörte ich zum ersten Mal das Wort »Privatinsolvenz«. Mein Vater versuchte es so einfach wie möglich zu erklären – wir waren ja noch jung.

Ich kann nicht in Worte fassen, wie schlimm das für mich war. Der Schmerz und die Angst in den Augen meiner Geschwister, meine eigene Panik ... Es war wie ein Albtraum, aus dem man unbedingt aufwachen möchte, aber mit jeder Sekunde, die verstreicht, drückt einem die Erkenntnis, dass das alles wahr ist, noch kräftiger die Kehle zu. Es nahm mir schlicht die Luft zum Atmen. Rückblickend gibt es für mich keinen Zweifel: Diese Situation war und ist mein handfestes Trauma.

Für mich war allein schon die Idee, in einer Stadtwohnung leben zu müssen, völlig absurd. Wenn ich hier und da Freundinnen oder Freunde in deren Wohnung besuchte, bekam ich Beklemmungen. Im Treppenhaus musste man leise sein, vorsichtig die Wohnungstür schließen, abends keine Musik mehr.

Heute sehe ich die Sache anders, meine Erfahrungen mit Stadtwohnungen sind mittlerweile positive. Seit ein paar Jahren bin ich sehr glücklich mit einer waschechten Kölnerin zusammen. Weil sie mindestens so sehr mit Köln verwachsen ist wie ich mit dem Schwarzwald, pendeln wir.

Der Kontrast zwischen dem Hier im Schwarzwald und dem Dort in Köln könnte nicht größer sein. Hier rumpeln Traktoren, dort Straßenbahnen am Haus vorbei. Dort erklingen Martinshörner, hier muhen Kühe. Hier weiche ich Kuhfladen auf Feldwegen aus, dort Kotzflecken auf Gehwegen. Es leben mehr Menschen in dem Haus in Köln, in dem wir unsere Wohnung haben, als in unserem gesamten Dorf im Schwarzwald. So wie ich die Ruhe auf dem Land liebe, liebe ich das bunte Treiben in der Stadt.

Trotzdem kommt es immer wieder vor, dass ich das Hier oder Dort schon wieder verlassen muss, wenn ich mental gerade erst richtig angekommen bin. Das Gefühl, immer und überall auf dem Sprung zu sein, gehört leider dazu. So ist mein Leben eben. Damit ich meine Kinder möglichst viel um mich habe, versuche ich, so oft es irgendwie geht, sie mit nach Köln zu nehmen. Auch Nazu ist immer wieder mit dabei – ich bin sehr glücklich darüber, dass wir alle den Wechsel zwischen diesen Welten als große Bereicherung empfinden.

Gerade letzte Woche haben meine Kinder wieder einmal gesagt: »Papa, wir finden es so cool, immer wieder mal für ein, zwei Wochen bei den Bauern zu sein und dann zurück in den Schwarzwald zu dürfen.« Ich habe dem nichts hinzuzufügen.

Kurzum: Heute liebe ich das Stadtleben mit all seinen Vor- und Nachteilen, die es so einzigartig machen. Aber ich erinnere mich gut, dass ich damals – als Krenkinger Dorfkind – völlig anders dachte.

Damals zeichnete mir meine Phantasie immer wieder das düstere Bild einer Zukunft, die sich wie Gefangenschaft anfühlte. Eine Kindheit ohne Proberaum, ohne Werkstatt, ohne Holzmachen mit unserem Unimog und ohne Wohnmobil-Urlaube. Barfuß ums Haus gehen, mit dem Luftgewehr auf Dosen und Flaschen schießen, Staudämme im Bach oder Hütten im Wald bauen, unter Weidezäunen durch- und auf Obstbäume hinaufklettern – all das würde eingetauscht werden gegen strenge Nachbarn, Hausregeln und Kehrwoche (wir waren schließlich in Baden-Württemberg!) sowie einen kleinen eckigen Esszimmertisch.

Es gelang mir zwar oft, meine trüben Zukunftsaussichten zu verdrängen, aber tief im Inneren war meine Seele in Habachtstellung. Seit diesem Gespräch mit meinem Vater hing ein Damoklesschwert über uns. Ich weiß noch, wie ich in dieser Zeit manchmal – emotional betrachtet – geduckt durchs Haus ging. In der Hoffnung, dass da niemand wartete, der uns das alles gleich wegnahm. Wann würde unser Vater nach Hause kommen und es aussprechen? »Kisten packen, Kinder. Wir müssen raus!«

Dieser Schwebezustand hielt ungefähr ein ganzes Jahrzehnt. Viel Geld hatten wir in der Zeit nicht. Eigentlich blieb uns fast nicht mal mehr genug für das Nötigste. Vieles hatte sich verändert: Wir konnten uns keine Urlaube mehr leisten, Restaurantbesuche kamen nicht mehr vor, Geburtstage und Weihnachten hatten durch die minimalistischen Geschenke plötzlich für mich einen ganz anderen, vielleicht sogar traurigen Charakter. Materielle Aufmerksamkeiten, wie ein kleines »Mitbringsel« vom Einkaufen, wie meine Eltern das liebevoll nannten, waren nicht mehr möglich.

Im Nachhinein schäme ich mich dafür, dass ich als Kind diesen Wohlstand für selbstverständlich gehalten hatte, dass ich dachte, ich hätte ein Recht darauf. Wir waren zwar tief gefallen, aber wir landeten in einem Leben, wie es wahrscheinlich viele meiner Freundinnen und Freunde schon immer lebten. Und sie waren kein bisschen unglücklicher, als ich es vor der Insolvenz meines Vaters gewesen war. Das ist eine Erkenntnis, die mich heute in aller Klarheit sehen lässt, dass alles, was auf ein Leben in Gesundheit obendrauf kommt, ein Geschenk ist. Dass nichts von alledem selbstverständlich ist und wir schon gar kein Recht auf unseren Wohlstand haben.

Wenn es sich jetzt vielleicht so liest, als wäre mein Leben von diesem Moment an ein Albtraum gewesen: So war es nicht. Wir konnten noch viele Jahre in unserem großartigen Haus leben, das uns alles bedeutete. Wir waren weiter Teil der wunderbaren Dorfgemeinschaft, mit der wir auch heute noch tief verbunden sind.

Die knappe Kasse führte dazu, dass wir kreativ wurden. Wir reparierten vieles, weil schlichtweg kein Geld dafür da war, die Dinge neu anzuschaffen. So erschuf ich mein Spielzeug einfach selbst: Ich schweißte mit meinem Vater aus einem alten Motorradrahmen eine Seifenkiste, baute Steinschleudern, Baumhütten und Höhlen im Wald. Ich zog mir meine schwarz-weiß-längsgestreiften Klamotten an und tigerte barfuß mit einem Taschenmesser im Hosenbund durch die Wälder. Ich liebte es, einen gestrandeten Matrosen zu spielen, der sich allein durch die Wildnis kämpfen muss.

Mit 16 begann ich zu arbeiten. Erst in einem Baumarkt im Holzzuschnitt, dann an einer Tankstelle. Das Geld sparte ich für meine Hobbys und die Führerscheine. Richtig, Führerscheine: Mehrzahl! Neben dem Auto- habe ich auch den Motorradführerschein gemacht. Durch die vielen Touren mit meinem Vater war es für mich unbedingt notwendig, endlich auch selbst offiziell Motorradfahren zu dürfen. Unter uns: Ich durfte auch schon vorher mal ans Steuer von Papas Jawa 350er, wenn er hinten drauf saß. Zum Beispiel wenn er mich zur Schule brachte oder wenn wir über den Schwarzwald zu einem Konzert nach Freiburg fuhren. Alleine fahren durfte ich erst mal nicht, aber das änderte sich, als mein Vater sah, dass ich zu einem routinierten Motorradkind geworden war. Ich liebte die Freiheit auf dem Zweirad und nutzte jede Gelegenheit, um eine Runde zu drehen.

Gelegenheiten gab es viele. In der Garage standen ein altes Puch Mofa und eine noch viel ältere VeloSolex, das berühmte schwarze Fahrrad mit dem kleinen knatternden Motor vor dem Lenker. Damit fuhr ich schon länger durch die Gegend, aber es war doch etwas ganz anderes, wenn man bergauf noch mittreten musste, als mit einem richtigen Motorrad zu fahren.

Wenn mein Vater mal nicht zu Hause war, schob ich das Motorrad aus der Garage und fuhr, wohin mich der Sprit brachte. So kam es gar nicht so selten vor, dass ich mal 20, mal 30 Kilometer allein durch den Schwarzwald tourte. Die Jawa war auch das Motorrad, das ich zu meinem 18. Geburtstag übernehmen durfte, bis ich mir mein erstes eigenes Motorrad leisten konnte, eine Yamaha XC 550. Ab diesem Moment waren wir, mein bester Freund Heiko und ich, jeden Tag viele Stunden mit den Enduros im Wald unterwegs. Ich fuhr mit dem Motorrad zur Schule, zur Tankstelle, in der ich neben der Schule mein Geld verdiente, und mittags durch die Täler und über die Berge des Schwarzwalds.

Nach dem Mittagessen brachen Heiko und ich häufig mit *zwei* Geländemotorrädern auf, und es war ein gewohntes Bild, dass wir nur kurze Zeit später zu zweit auf *einem* Motorrad zurückkamen. Irgendwas passierte immer, irgendwas ging immer kaputt. Wir holten den Unimog aus der Garage und tuckerten damit zurück in den Wald, um das liegengebliebene Motorrad zu bergen. Weil uns das Geld für die Werkstatt fehlte, reparierten wir alles selbst, mal mit Klebeband, mal mit Kabelbindern, mal schweißten wir die Teile wieder zusammen, die beim Sturz gebrochen waren. Unsere Motorräder sahen irgendwann aus, als wären sie dem Film *Mad Max* entsprungen. Sie waren zu laut und immer mit einer Dreckschicht überzogen, unter der man das Nummernschild nicht mal mehr erahnen konnte. Die Dinger sahen von vorne bis hinten verboten aus. Das zumindest muss auch die Polizei so gesehen haben, denn nicht nur einmal mussten wir unsere Fahrkünste beweisen, wenn uns ein Streifenwagen mit Blaulicht und Martinshorn durch die Stadt jagte.

Heiko war seit unserem elften Lebensjahr eigentlich immer an meiner Seite. Er war für all meine Ideen zu begeistern – und das liebte ich! Wir waren Brothers in Crime, auch wenn es uns zu keiner Zeit darum ging, mutwillig Dinge kaputt zu machen oder Menschen in irgendeiner Weise zu schaden. Ganz im Gegenteil, wir haben uns immer fest vorgenommen, kein fremdes Eigentum zu beschädigen, mal von den Wiesen und Waldwegen abgesehen, die unter unseren Stollenreifen hindurchrasten.

Heiko und ich lernten uns in der fünften Klasse kennen. Ich hatte es nicht auf die Realschule geschafft, Heiko ebenfalls nicht. Er wechselte von seiner Grundschule auf unsere Hauptschule. Wir besuchten Parallelklassen und konnten uns in den ersten Wochen nicht ausstehen. Er war in seiner Klasse der Rudelführer, sichtlich stark gebaut, mit einer lockigen Mähne auf dem Kopf und stahlblauen Augen. Ich war ebenfalls eher groß und kräftig für mein Alter und war in meiner Klasse das Pendant zu Heiko. Wir sahen uns in Konkurrenz und benahmen uns wie Platzhirsche, die mit mutigen Sprüchen ihr Revier markieren mussten.

Später, als wir unzertrennliche Freunde waren, erzählten wir uns, dass wir von unseren jeweiligen Klassen immer wieder angestachelt worden waren, dem anderen doch endlich mal eins auf die Nase zu geben, damit der wüsste, wer hier das Sagen hatte. Vor der Gruppe haben wir zwar immer große Sprüche gerissen, aber keiner von uns hätte sich getraut, dem anderen zu nahe zu kommen.

Bis zu diesem einen Tag: Ich musste in der Schule auf die Toilette, stand am Pissoir und bemerkte erst dann, dass ich – genau neben meinem Erzfeind pinkelte! Es war das erste Mal, dass wir beide alleine in einem Raum waren, peinliche Stille breitete sich aus. Wir hörten quasi dem anderen beim Plätschern zu.

»Hey«, sagte ich, um wenigstens etwas zu sagen.

»Hey«, antwortete Heiko.

»Na, alles klar?«

»Ja. Bei dir?«

»Ja, auch. Wo wohnst du?«, fragte ich.

»In Tiengen, und du?«, fragte Heiko.

»In Krenkingen, ein kleines Dorf, nicht weit weg. Wir haben einen Unimog, willst du mal vorbeikommen?«, lud ich ihn ein, als wäre es das Normalste der Welt.

»Ich weiß zwar nicht, was ein Unimog ist, aber ja.«

Von diesem Moment an waren wir nicht mehr zu trennen. Sämtliche Hobbys entdeckten wir gemeinsam. Ich brachte Heiko das Fahren bei. Erst mit dem Unimog, später mit dem Motorrad. Wir entdeckten die Leidenschaft fürs Klettern und für den Kampfsport (ich habe ihm beim Training versehentlich einen dreifachen Nasenbruch zugefügt und einmal auch das Schlüsselbein gebrochen – sorry noch mal, mein Lieber), wir wurden zu absolut angstfreien Inlineskatern und Motocrossern – und darüber hinaus war Heiko viele Jahre der Bassist meiner Band *Rübersksnewelst.*

Heiko wurde schnell ein festes Mitglied unserer Familie, auch im Urlaub war er immer an meiner Seite. Wir waren wie füreinander geschaffen, ich kam vom Dorf und hatte endlich jemanden gefunden, dem ich dieses Leben zeigen konnte, der die damit verbundenen Freiheiten nicht kannte und alles wie ein Schwamm aufsog. Ich musste ihn zu nichts überreden, denn er war für alles zu begeistern.

Wir beide waren Frühaufsteher, ein gewöhnlicher Samstagmorgen sah oft so aus: Wir wachten um 6.30 Uhr auf, packten unser Kletterzeug und etwas zum Frühstücken ein, stiegen in den Unimog und fuhren ins Schlüchttal. Wenn wir in der Morgensonne den roten Falkenstein erklommen hatten, genossen wir unser Frühstück, die sensationelle Aussicht, das Gefühl der absoluten Freiheit und unsere Freundschaft. Anschließend seilten wir uns ab und machten uns auf den Rückweg. Wenn wir nach drei Stunden wieder zu Hause ankamen, zogen wir uns um und setzten uns auf die Motorräder, um Motocross zu fahren. An einem normalen Samstagvormittag hatten wir bereits Dinge für ein ganzes Wochenende erlebt. Von vielen meiner Mitschülerinnen und Freunde wusste ich, dass sie zu dieser Uhrzeit gerade erst aus dem Bett krochen, um sich von der langen Nacht zu erholen. Ich freute mich dann umso mehr über Heiko, der den gleichen Schlafrhythmus und die gleiche überschäumende Energie hatte wie ich.

Jedenfalls: Nachdem ich so viel »private« Fahrpraxis auf dem Motorrad sammeln konnte, hatte ich in der Fahrschule selbstredend keinerlei Probleme. Anders ausgedrückt: Von den zwölf Pflichtstunden waren zwölf überflüssig.

Und dann habe ich auch den LKW-Führerschein gemacht. Nach der Prüfung fuhr ich im örtlichen Steinbruch einen riesigen Muldenkipper Caterpillar B775. Googelt die Kiste mal! 40 Tonnen Leer- und 100 Tonnen zulässiges Gesamtgewicht. Yeah! Meine Güte, hat das Spaß gemacht. Und das Beste: Ich habe mit diesem – für einen 18-Jährigen äußerst befriedigenden – Ferienjob mehr Geld verdienen können, als ich für alle Führerscheine zusammen bezahlt hatte.

Irgendwann kam tatsächlich der Tag, an dem wir aus unserem Haus ausziehen mussten, da war ich schon etwas über 20 Jahre alt. Insofern war es für mich keine Katastrophe mehr: Zu dem Zeitpunkt war ich bereits mit Nazu zusammen, mit der ich später die schönsten und liebsten Kinder der Welt bekommen durfte. Wir hatten ohnehin geplant, bald zusammenzuziehen.

Im Kopf hatte ich unzählige Male durchgespielt, wie es sein würde, unser Haus für immer verlassen zu müssen – als es dann so weit war, fühlte es sich nicht so schrecklich an wie befürchtet. Auch meine Geschwister hatten da längst ihr eigenes Leben begonnen, waren studieren gegangen oder hatten eine WG gegründet. Die Auflösung des Hauses war letztlich nicht so dramatisch, wie sie es vielleicht noch zwei Jahre zuvor gewesen wäre. Ich weiß nicht, wie es für meine Geschwister war, aber für mich kam der Auszug zum richtigen Zeitpunkt. Ich bin dankbar für jedes einzelne Jahr, in dem wir unser Zuhause halten konnten.

Aber wie hatte es überhaupt dazu kommen können, dass mein Vater in die Privatinsolvenz rutschte? Seine Arztpraxis lief ja gut.

Ich erkläre es mir so: Mein Vater wurde 1943 geboren, er wuchs in einer Zeit auf, in der die Familie buchstäblich nichts hatte, in der das ganze Land in Schutt und Asche lag. Als junger Mann studierte er Medizin, nach dem Studium und den Praxisjahren übernahm er 1979 eine gynäkologische Praxis in Waldshut-Tiengen. Mit den Einnahmen der Praxis war es plötzlich verhältnismäßig einfach, von der Bank Kredite zu bekommen. Damals, in den achtziger Jahren, wurden Kredite weitaus leichter bewilligt, als das heute der Fall ist. Die Banken haben viel weniger sorgfältig geprüft, ob sich die Menschen ihre Kredite überhaupt langfristig leisten konnten. Dazu kam, dass die Zinsen zu der Zeit enorm hoch waren. Dann folgten: Umbau der Praxis, Beschaffung von medizinischen Gerätschaften, Renovierung des alten Pfarrhauses, Kauf eines Wohnmobils, Sommer- und Skiurlaube mit sechs Kindern und so weiter. Uns hat es wirklich an nichts gefehlt. So kam wohl irgendwie eins zum anderen, bis der Bank »auffiel«, dass mein Vater nicht mal mehr in der Lage war, die Zinsen dieser enormen Kreditmasse zu bedienen.

Jedenfalls hat die Insolvenz mein Verhältnis zu Geld und Sicherheit stark geprägt, denn von jetzt auf gleich wurde mir klar, wie fragil alles sein kann. Finanzielle Sicherheit ist mir also ungeheuer wichtig. Dass ich mir diese Sicherheit mit dem aufbauen konnte, was mir im Leben am meisten Spaß macht, ist ein Riesenglück – und überhaupt nicht selbstverständlich. Unzählige kulturschaffende Menschen können nicht (gut) von ihrer Kunst leben und müssen für ihren Traum eine Menge Kompromisse eingehen.

Vielleicht lässt sich das gut mit Fußball vergleichen. Alleine in Deutschland spielen über drei Millionen Menschen Fußball. Nur ein kleiner Teil davon beruflich. Von denen wiederum ist es ein sehr kleiner Teil, der zu den Topverdienenden zählt. Den meisten von ihnen geht es so wie den meisten aus meiner Zunft: Man weiß nicht, wo und wie oft und zu welchen Konditionen man morgen, nächste Woche oder nächstes Jahr spielen wird. Wie oft man gebraucht wird, wie viel sich mit der eigenen Leidenschaft in ferner, manchmal sogar in naher Zukunft verdienen lässt.

Als ich vor 20 Jahren, in der Zeit rund um den Grand Prix, überall in den Medien war, habe ich erst einmal nichts damit verdient. Das klingt absurd, war aber so. Ich würde das gerne kurz erklären: Wenn man zu Promotionzwecken in Talkshows und bei Radiosendern zu sehen und zu hören ist, in den Magazinen und Zeitungen abgedruckt wird, bekommt man für all das keine Gage. Im Gegenteil, was an Reisekosten, Übernachtung und Verpflegung anfällt, muss zu großen Teilen aus der eigenen Tasche bezahlt werden. Klar habe ich die Rechnungen am Anfang nicht selbst beglichen, das hat die Plattenfirma übernommen, aber sobald ich das erste Geld verdient hatte, wurde das mit den angefallenen Kosten verrechnet. Es blieb also erst mal wenig übrig. So war es immer ein befremdliches und unangenehmes Gefühl, wenn Menschen aus meinem Umfeld aufgrund meiner Medienpräsenz davon ausgingen, dass ich ja nun wohl im Geld schwimmen würde.

Ich habe mir damals angewöhnt, nicht über mein Einkommen zu sprechen. Und ich bin im Wesentlichen dabei geblieben. Denn wenn man doch mal in kleiner Runde durchblicken lässt, welche Gagen bezahlt werden, löst das immer Erstaunen aus. Es gibt zwei Arten davon. Die einen sagen: »Was? So viel bekommst du für eine Show?« Die anderen sagen: »Was? So wenig bekommst du für eine Show?« So oder so ein blödes Gefühl.

Finanzielle Unsicherheit macht mich total nervös. Besonders schlimm war es in der Coronapandemie. Da war überhaupt nicht abzusehen, wann Kulturveranstaltungen wieder möglich sein würden. Ich dachte: Wenn ich jetzt noch ein weiteres Jahr nicht auftreten kann, dann sind alle meine Rücklagen aufgebraucht. Damals ist mir erst so richtig bewusst geworden, welchen hohen Lebensstandard wir als Familie mittlerweile haben und wie teuer dieses Leben ist.

In meinen zwanzig Berufsmusikerjahren habe ich, mit Ausnahme der ersten zwei, drei Jahre vielleicht, immer den Spitzensteuersatz bezahlt. Dass ich so viele Steuern zahle, habe ich für mich unter der Rubrik »Privileg« eingeordnet: Denn je höher der Steuersatz, desto größer war ja auch mein Verdienst. Genau genommen sage ich mir einfach: je höher meine Steuern, desto besser!

Ich mache mir aber auch klar, dass der Staat, der das Geld an sich nimmt, im Grunde genommen wir alle sind. Es kommt also immer auf irgendeine Weise zurück zu mir, zu meinen Kindern und all den Institutionen, auf die wir angewiesen sind. Es fließt in unsere Verkehrsinfrastruktur, damit wir sicher zur Arbeit kommen; in unsere Schulen, damit unsere Kinder später selbst ihr Leben bestreiten können; zu den Behörden, damit unsere Grundrechte gesichert bleiben.

Es gibt viele Momente, die mir immer wieder aufs Neue bewusst machen, welche großen Privilegien mir geschenkt wurden, ohne dass ich dafür etwas machen musste. Alleine die Freiheit, die mir der deutsche Reisepass ermöglicht. Die Gewissheit, dass ich zu keiner Zeit Angst haben muss, dass wir erfrieren, verhungern oder verdursten müssen. Das beruhigende Gefühl von Sicherheit, dass meine Kinder, dass wir alle in einem funktionierenden Rechtsstaat leben und dass ich in unserer (sehr gut funktionierenden, dennoch gefährdeten und daher unbedingt schützenswerten) Demokratie sagen darf, was ich denke. Dass ich lieben darf, wen ich will. Mit all diesen Privilegien lebe ich, einfach nur, weil ich hier geboren wurde. Ein unbezahlbares und nicht zu überschätzendes Glück. Mir ist natürlich bewusst, dass manches in Deutschland durchaus noch verbessert werden kann. Vieles läuft gerade gar nicht so, wie wir uns das vielleicht vorstellen. Ich denke da an den Umgang mit dem Klimawandel, die Infrastruktur von Bahn, Straßen und Brücken, die Digitalisierung. Ein paar Jahrzehnte haben wir es in der Politik und in der Gesellschaft einfach laufenlassen,mit all dem Wissen darüber, dass das nur für einen sehr begrenzten Zeitraum funktionieren kann.

Unsere Gesellschaft hat es sich gemütlich gemacht, dabei wurde auf unbequeme, aber notwendige Veränderungen im großen Stil verzichtet. Jetzt, wo es an vielen Stellen klemmt, muss die Anpassung sehr viel schneller passieren, und das schafft Unsicherheit, Frust und Wut auf die Menschen, die das entscheiden müssen.

Trotzdem schätze ich die Gesamtsituation in Deutschland so ein: Es gibt nur wenige Länder auf der Erde, in denen es den Menschen besser geht als bei uns. Und weil wir »nur« etwas über achtzig Millionen sind, gehören wir zu den privilegiertesten ein Prozent aller Menschen weltweit.

Vor kurzem hatte ich eine Diskussion mit einem Mann, der alles, aber auch wirklich alles in Deutschland scheiße fand. Der die Grünen beschimpfte und verurteilte (»Diese miesen Schweine, von nichts 'ne Ahnung. Die sollte man alle …« Was er sagte, könnte meinen eigenen Worten nahekommen, wenn ich mich in heiterer Runde über die AfD auslassen würde). Er nannte die Situation der Menschen in Deutschland eine Katastrophe. Es war nicht mal mehr amüsant, ihm zuzuhören, sondern einfach nur anstrengend und eklig. Und obwohl ich bisher, jenseits des Kampfsporttrainings, nur meinen kleinen Bruder gehauen habe (damals war ich zehn Jahre alt), hätte ich es in dieser Runde fast für einen angemessenen Kommentar in Erwägung gezogen. Aber ich entschied mich für eine Frage an ihn: »Okay, erzähl mir doch bitte, in welchen Ländern die Situation der Bevölkerung besser ist als hier bei uns in Deutschland.«

Seine Antwort: »Schweiz, Liechtenstein …« Pause. In der er vergeblich nach weiteren überdurchschnittlich wohlhabenden Steuerparadiesen mit kleiner Bevölkerung suchte.

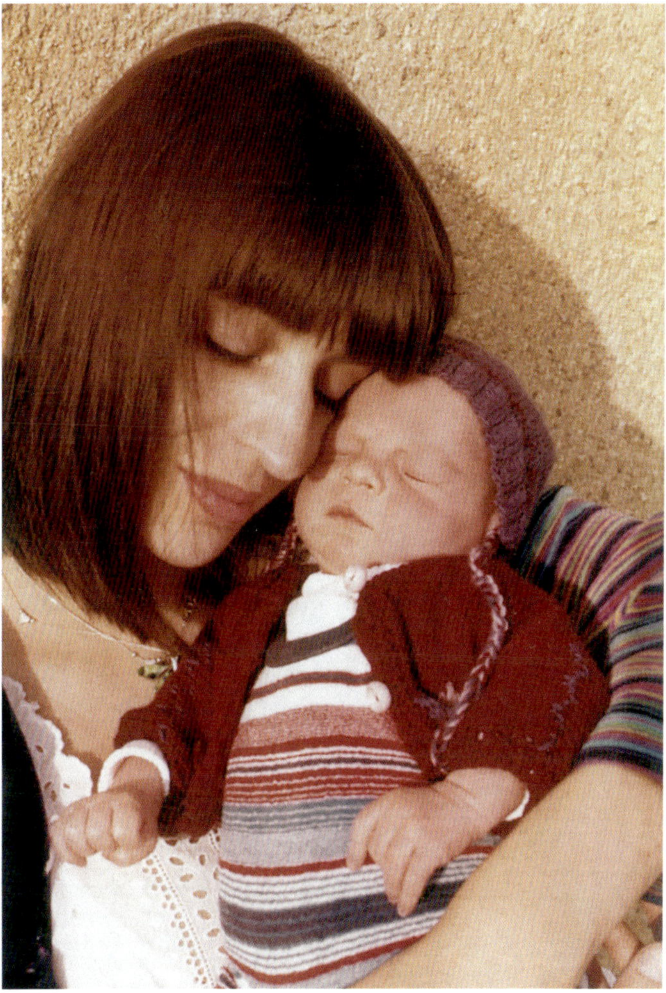

Kurz nach meiner Geburt. Das Foto, das meine Eltern an sämtliche Freunde schickten, um ihren Neuzugang zu verkünden

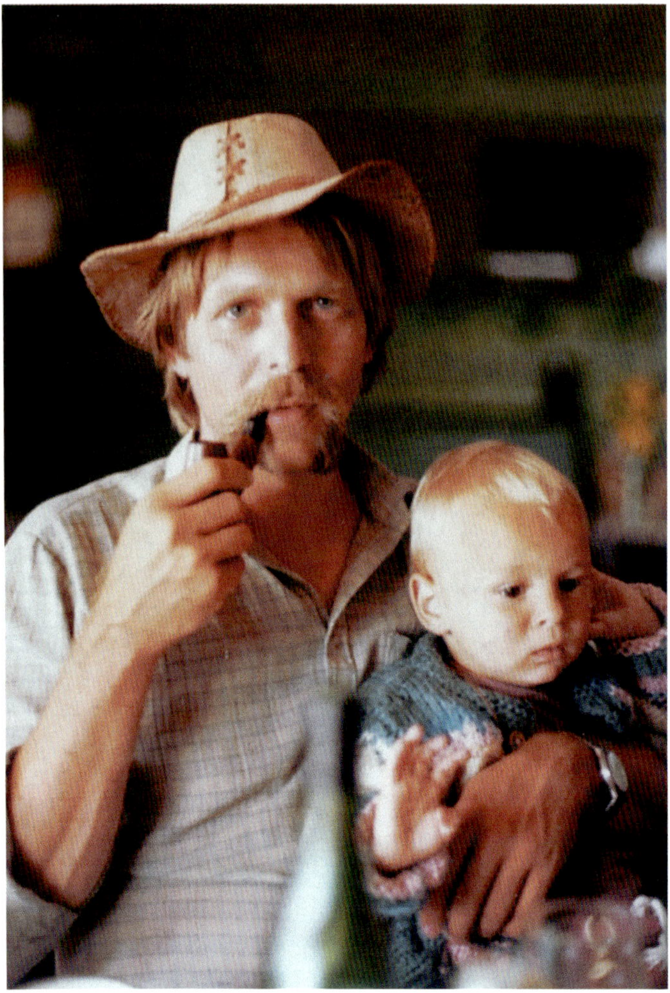

Cooler Vater und ahnungsloser Sohn

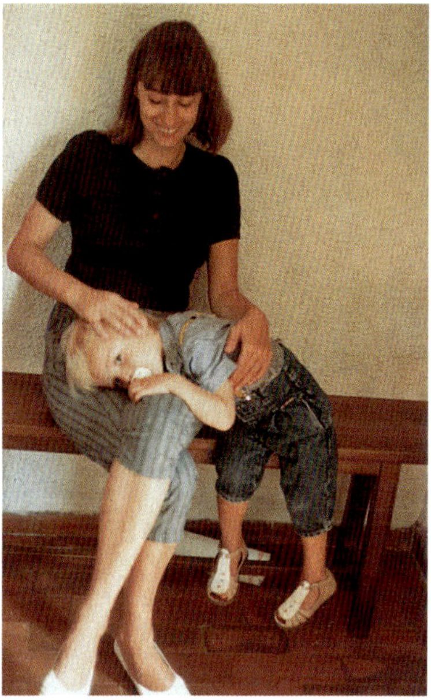

Mit meiner Mutter. Auch heute ist das noch so: Wenn ich gestreichelt werde, werde ich ganz still, bin bewegungsunfähig und kaum mehr ansprechbar

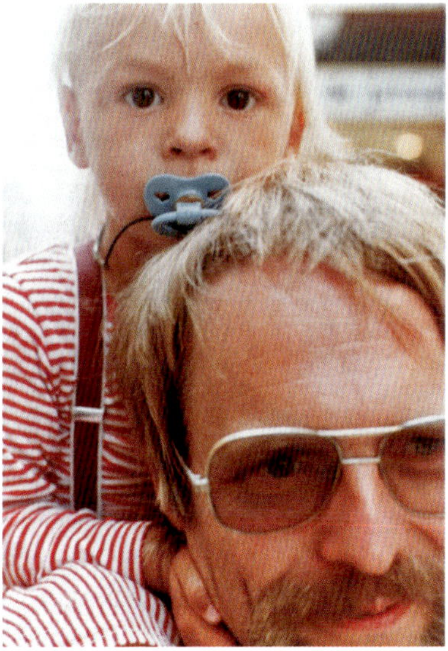

Ich und mein geliebter Schnuller, den ich bis zu meinem sechsten Lebensjahr nicht abgeben wollte. Das kann man wohl heute noch erkennen

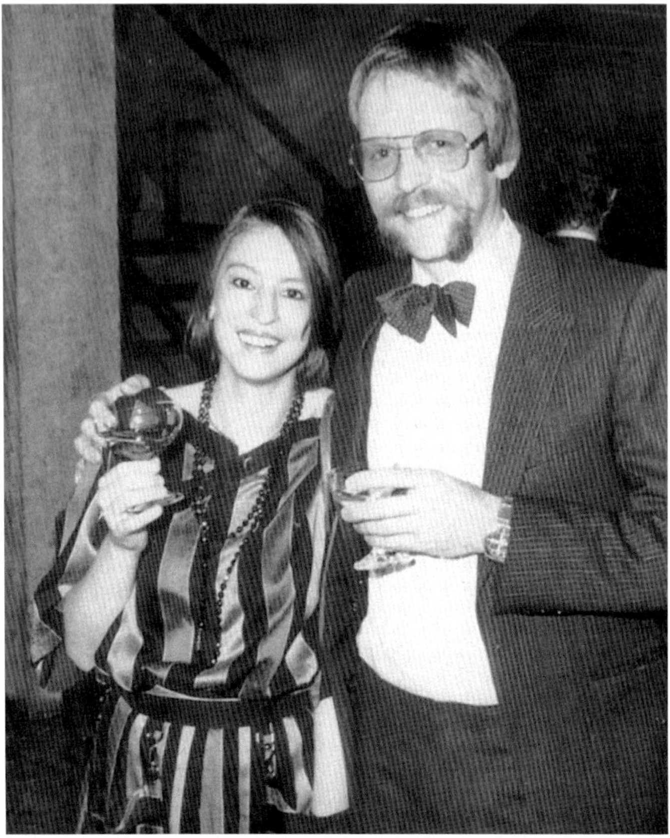

Gute Typen: guter Humor, guter Style, gute Eltern

▶
»Gib dem Mäxle doch das Eis im Auto.«
Wie entspannt meine Eltern doch waren

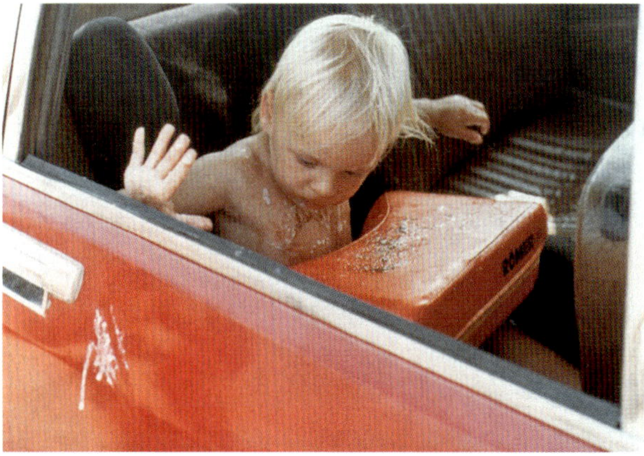
RÖMER

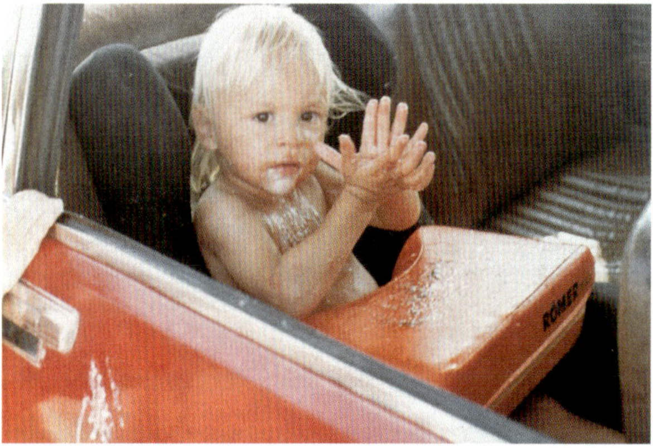
RÖMER

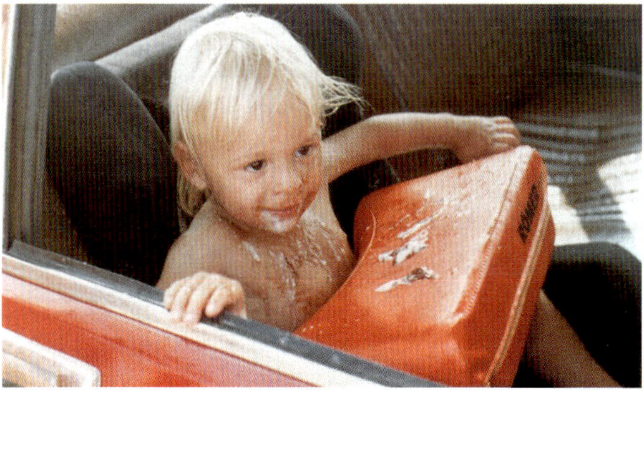

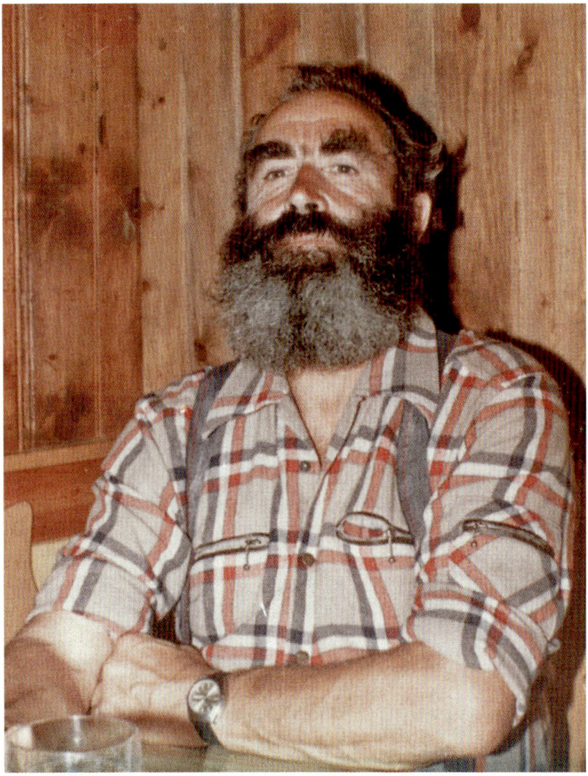

Meine Lieblingsbeschäftigung: der Opa mit dem Schwarzpulverantrieb und seinen mächtigen Pranken, um Tatsachen zu schaffen

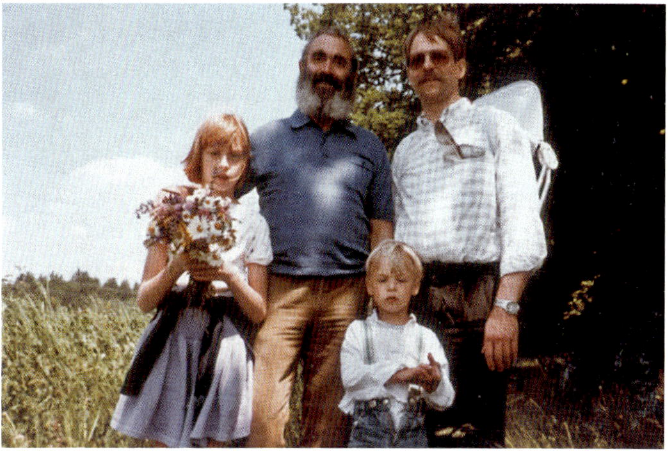

Schwester mit Blumenstrauß, Opa mit Rauschebart, Papa mit Mäusebussardfeder, Mäxle mit offener Hose

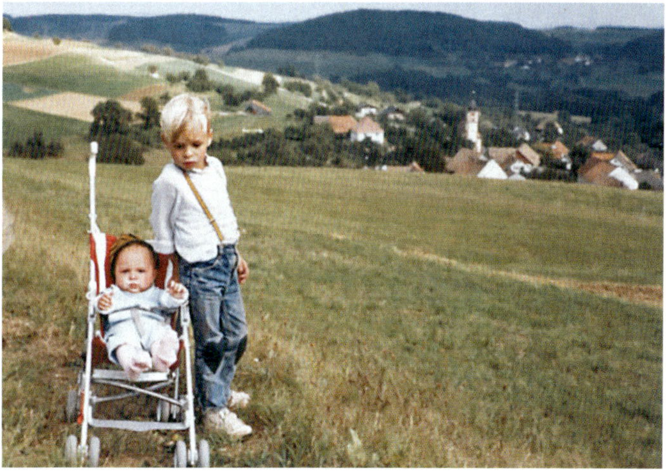

Mein Bruder Menzel und ich vor unserem Krenkingen. Deutlich zu sehen: der Luftgewehr-Kirchturm und links davon das weiße Pfarrhaus Kunterbunt

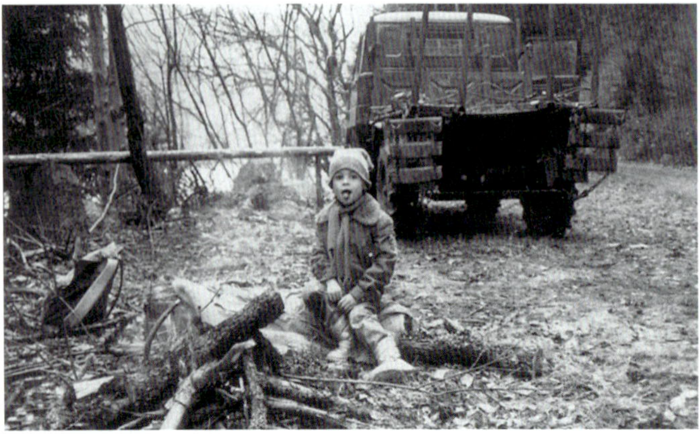

An diesen Tag erinnere ich mich sehr gut. Papa und ich alleine mit dem Unimog im Wald. Eine unvergessliche Rundfahrt mit anschließendem Picknick am Lagerfeuer unterhalb der Mettma-Staumauer

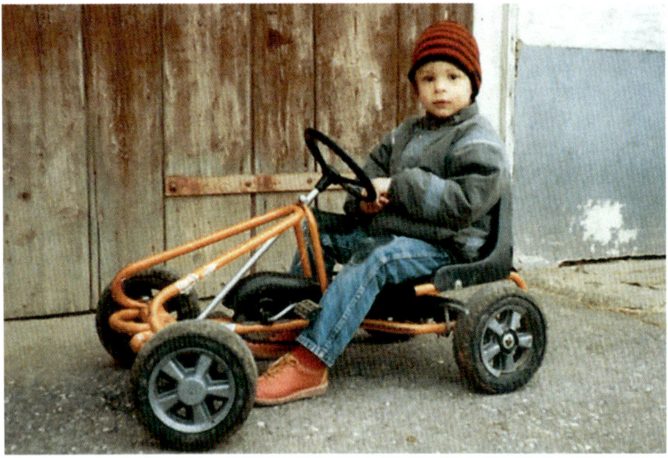

Ein Mann, sein Auto und seine Jeanshose mit Lederverstärkung an den Knien

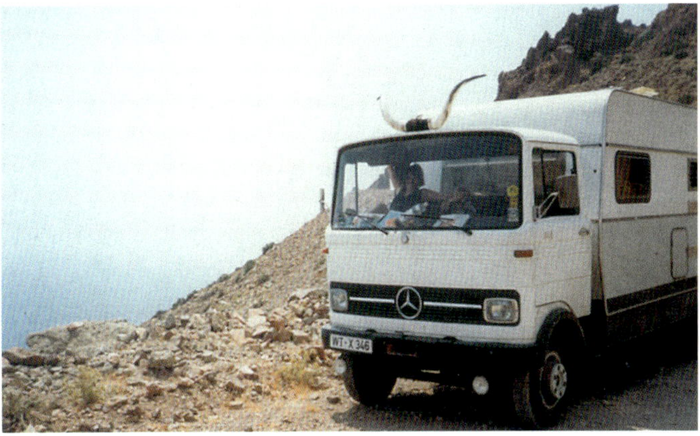

Unser gehörntes Wohnmobil mit meiner Mutter an Bord. Dieses Ding würde viel über uns erzählen, wenn es sprechen und nicht nur muhen könnte

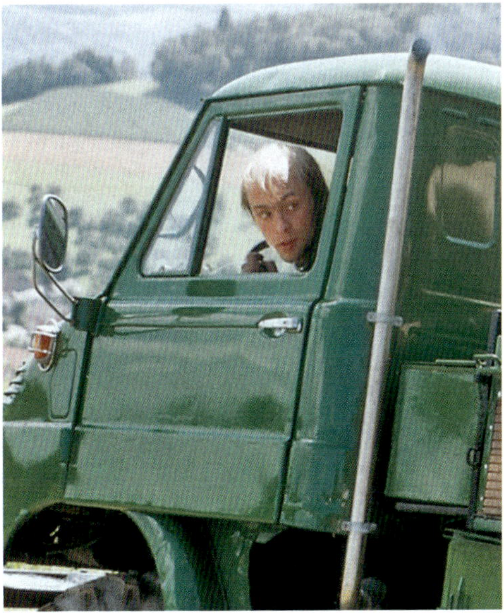

Mein Unimog und ich, kurz nachdem ich ihn restauriert hatte. An dem Auspuff habe ich mir einmal dermaßen die Finger verbrannt, dass ich einen halben Tag geheult habe

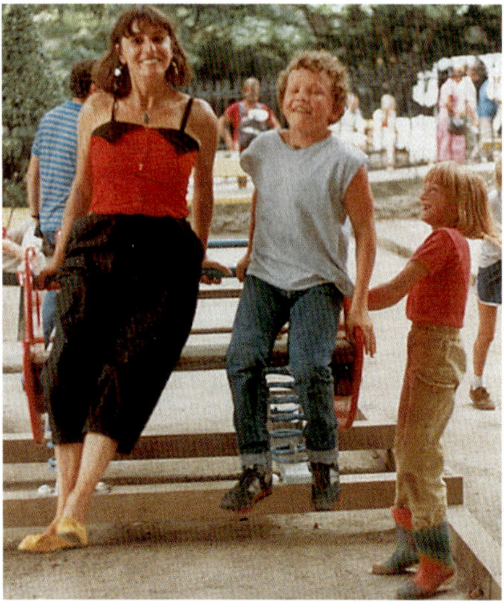

Meine Mutter, Steffes und Miriam auf einem Spielplatz

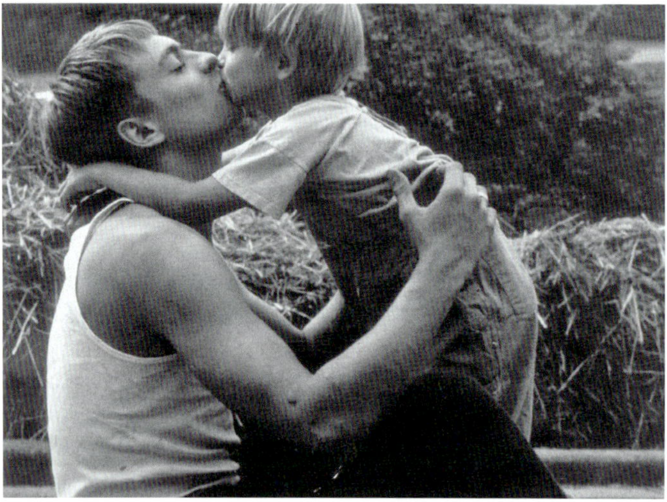

Mein Lieblingsfoto! Mein kleiner Bruder Mertel, der mich küsst. Aufgenommen von meiner Schwester Miriam, vor dem Misthaufen, von dem aus ich auf den Kirchturm geschossen habe

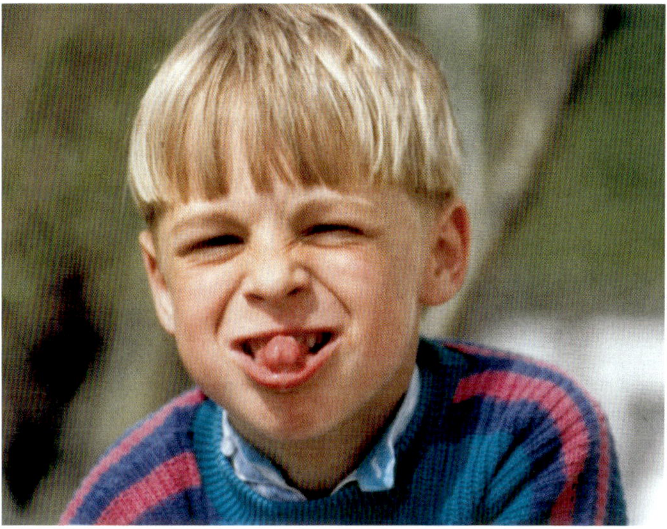

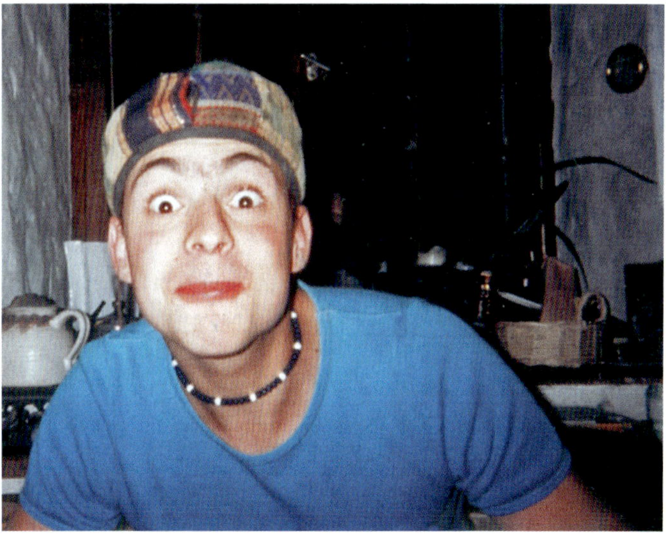

Wenn ich diese Fotos sehe, kann ich sagen: Ich habe mich wohl nicht verändert

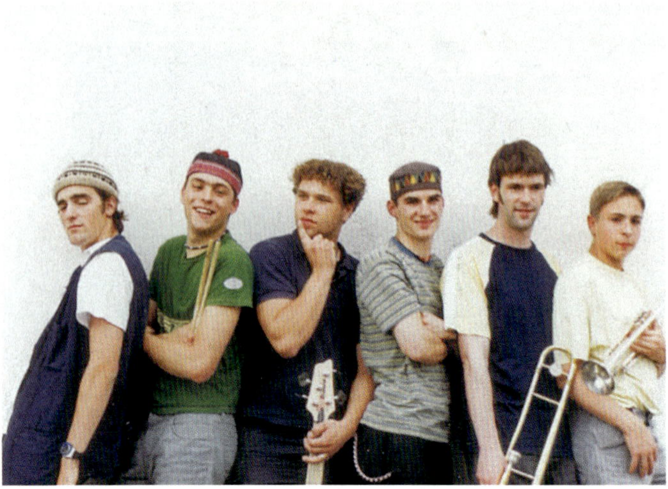

Meine Band »Rübersksnewelst«: Dani (Keyboard), ich, Heiko (Bass), Gerda (Gitarre), Faxe (Posaune) und Menzel (Trompete)

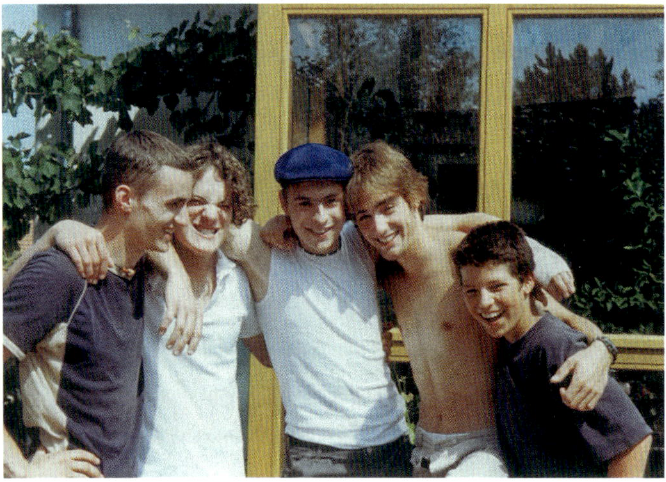

Freunde

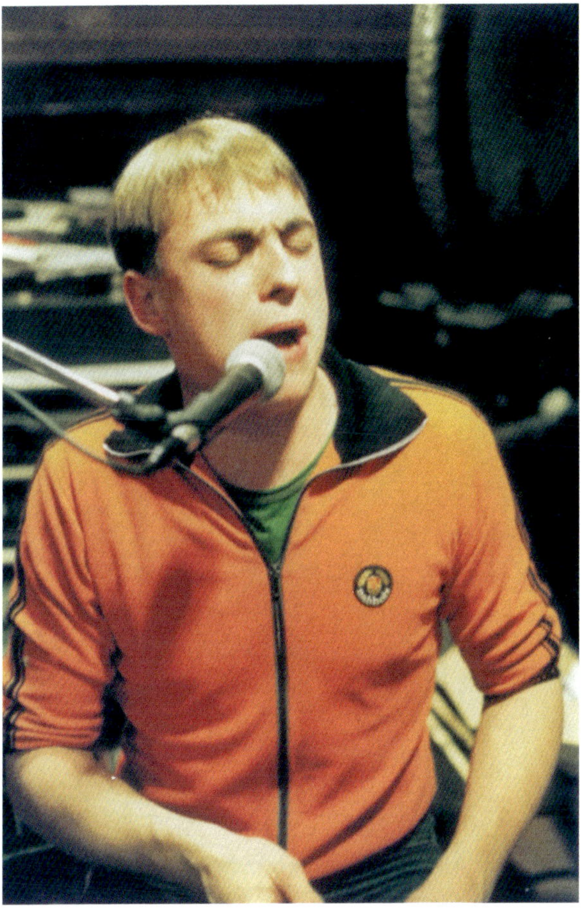

Schlagzeug spielen und singen. Tagein, tagaus …

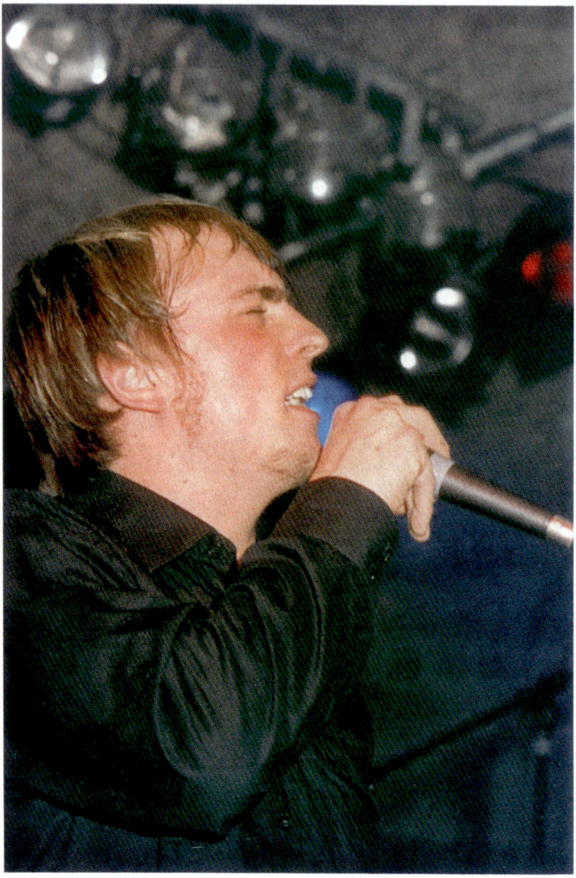

Ein Sänger mit Haaren

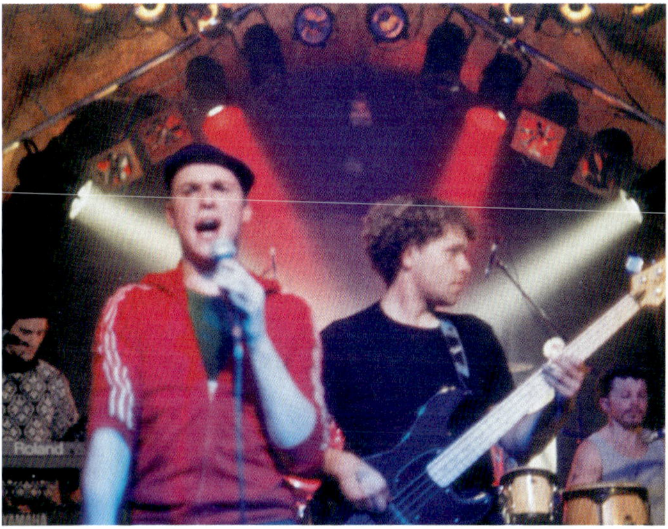

Konzert im Kornhauskeller in Waldshut: Dani (Keyboard), ich, Heiko (Bass) und Steffes (Percussion)

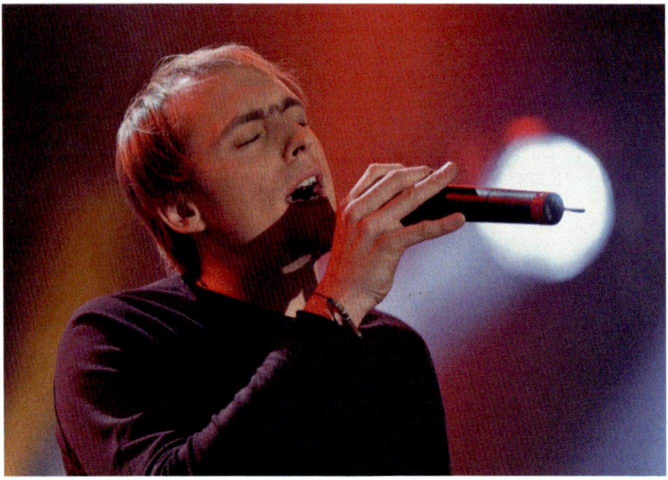

Das Beweisfoto: Ich hatte meine Augen tatsächlich geschlossen. Der 49. Eurovision Song Contest 2004 in Istanbul

Ich nutzte die Pause: »Merkst du selber, oder?«

Um es auf den Punkt zu bringen: Um unsere Privilegien zu schützen, zahle ich sehr gerne Steuern. Ich habe die letzten 20 Jahre nur wenige Minuten von der Schweizer Grenze entfernt gelebt. Ich hätte also – ohne mein soziales Umfeld zu verlieren – jederzeit meinen Wohnort ein paar Kilometer nach Süden verlegen können. Steuerlich wohl für den einen oder die andere ein unwiderstehlicher Anreiz.

Aber aus den genannten Gründen kam es nie in Frage, mich meiner Verantwortung zu entziehen. Ich bin davon überzeugt, dass auch ich im Leben nicht so weit gekommen wäre, mein Talent nicht so viel Platz gefunden hätte, wenn ich täglich 12 Stunden meiner Familie dabei hätte helfen müssen, für das Nötigste zu arbeiten. Es hätte wahrscheinlich nicht funktioniert, aus solch einer Situation heraus als Sänger irgendwo aufzutauchen, wo man auch nur ansatzweise Geld hätte verdienen können. Natürlich passiert so etwas dann und wann, es gibt vereinzelt Künstlerinnen und Künstler aus armen Ländern, die es zu Wohlstand und Ruhm bringen. Aber es ist doch sehr viel seltener und unwahrscheinlicher, als das mit meinen Voraussetzungen der Fall ist.

Ich arbeite zum Beispiel häufig mit der kubanischen Jazzpianistin und Komponistin Marialy Pacheco zusammen. Sie erzählt mir oft Geschichten aus ihrer Vergangenheit in Kuba. Um ihre Familie zu unterstützen, ist sie heute noch regelmäßig dort. Denn wenn man der Familie Geld zukommen lassen möchte, gibt es nur einen verlässlichen Weg: Man muss es persönlich bringen. Das sagt schon sehr viel aus.

Marialy erzählt, dass Menschen wie sie dort keine Zukunft haben. Ihr Vater war viele Jahrzehnte ein angesehener Professor an der bedeutendsten Musikuniversität in Havanna und bezog ein Monatsgehalt von umgerechnet 20 Euro. Nur mal zur Einordnung: Er war gezwungen, sein Dach reparieren zu lassen, es war nichts Großes – und doch betrug die Rechnung 1500 Euro. Natürlich sind Marialy und ihr Bruder, der ebenfalls in Deutschland lebt, dafür aufgekommen. Marialys Familie ist arm, so wie der größte Teil der kubanischen Bevölkerung. Und sie haben keine Chance, aus dieser Armut herauszukommen, solange sie in ihrer Heimat bleiben. Sie können auch nicht öffentlich sagen, welche Ängste und Sorgen sie umtreiben, geschweige denn einfach eine andere Regierung wählen, denn so etwas wie Demokratie oder Meinungsfreiheit gibt es in Kuba nicht.

Wir machen das bei unseren Auftritten zum Thema, ob wir in der Hamburger Elbphilharmonie oder in einem kleinen Jazzclub spielen: Ich bitte Marialy, von sich und ihrer Herkunft zu erzählen. Das Publikum hört gebannt zu. Zum Abschluss sagt sie immer diese schönen Sätze: »Leute, ich würde mir so sehr wünschen, dass ihr euer Land durch meine Augen sehen könntet, denn dann hättet ihr ein völlig anderes Bild von eurer Heimat. Wie wunderschön es hier ist (abgesehen vom Wetter), wie tolerant und großzügig die Menschen sind. Ich hatte in meinem Land so viele Probleme, die ich in Deutschland nie hatte. Ich fühle mich hier sehr wohl und bin dankbar, dass dieses Land mein Zuhause geworden ist. Übrigens bin ich seit ein paar Jahren Deutsche und durfte mit Mitte dreißig das erste Mal wählen gehen. Yeah!« Danach, jedes Mal: tosender Applaus.

Ich bin überzeugt, dass dieses Leben, das ich so gerne lebe, undenkbar wäre ohne meine Wurzeln und die Art und Weise, wie ich meine Kindheit verbringen durfte. Dass auch die Kapazitäten und Ressourcen meiner Eltern, um uns in der Weise zu unterstützen, wie sie es getan haben, nur da waren, weil sie die Familie eben in einer funktionierenden, rechtsstaatlichen Demokratie gründeten, die ihnen Sicherheiten gab.

Ich habe daher nicht nur keinerlei Verständnis dafür, sondern finde es richtig beschissen, wenn sich gutverdienende Menschen ins Ausland verdrücken und sich der Verantwortung entziehen. Ich bin nämlich fest davon überzeugt, dass deren Erfolgschancen maßgeblich von den Privilegien abhängen, die wir hier durch Steuergelder überhaupt erst haben.

Aller Anfang ist schwer. Es braucht ein Umfeld, in dem man Dinge ausprobieren kann, es braucht Rahmenbedingungen, die uns Sicherheit und Zeit verschaffen, um uns zu entfalten. Im Umkehrschluss wären viele Talente wahrscheinlich nie entdeckt worden, wenn sie zum Beispiel in Nordmazedonien, Moldawien, im Kosovo oder in Georgien aufgewachsen wären. Und das sind keine Länder, die auf der anderen Seite der Welt liegen, sondern bei uns in Europa, also quasi gleich um die Ecke.

Irgendwie ein perverser Gedanke. Steuergelder, die für die Gesellschaft, die den Erfolg einer Person ermöglicht hat, überaus wichtig wären, einem fremden Staat zu schenken, der überhaupt nichts dazu beigetragen hat, diese Karriere zu fördern.

Es sollte sich eigentlich ganz anders verhalten. Es ist, wie in allen Bereichen des Lebens, ein Geben und Nehmen. Ich mag den Gedanken, dass meine Steuern einem anderen Menschen vielleicht die Möglichkeit geben, sich frei zu entwickeln und zu entfalten. Nicht, weil ich so selbstlos bin – sondern weil ich an dieses System glaube, in dem ich genau die gleichen Möglichkeiten bekommen habe.

Schwarzwälder Systemsprenger

Täglich mal nach Lust und Laune eine Viertelstunde Schlagzeug zu spielen, fiel mir leicht. Das Schlagzeugspielen als Kind konsequent zu erlernen, fiel mir hingegen schwer. Disziplin war eine Sache, die ich in meinem Leben erst sehr, sehr viel später entwickelte.

Es wurde nie klinisch diagnostiziert, aber mein Vater ist der Überzeugung (mein heutiges Umfeld übrigens auch), dass ich ADHS »genieße« (genieße deshalb, weil ich diese Eigenschaft nie als störend empfand). Zumindest die ersten zweieinhalb Jahrzehnte meines Lebens verbrachte ich konsequent damit, das zu tun, was ich gerade tun wollte. Ich konnte mich nur selten länger fokussieren. In meinem Kopf passierte immer etwas, von dem ich mich ablenken lassen wollte.

Es ist also kein Wunder, dass unter anderem der Schlagzeuglehrer in der Cordhose keine Chance hatte, mich in den Gruppenunterricht zu integrieren. Ich kann mich wirklich daran erinnern, dass ich ausschließlich das Plexiglas-Drumset sah. Selbst als mich der Lehrer aktiv im Stuhlkreis ansprach und in die Übungen mit einbezog, hörte ich nicht zu: Ich wollte und musste hinter die durchsichtige Plastik-Burg! Es war nicht das letzte Mal, dass ich das Gefühl bekam, nicht in das für mich vorgesehene System zu passen.

Mit sechs wurde ich eingeschult. Ich fand es spannend, mit dem großen silbernen Schulbus – ich bin mir ziemlich sicher, dass es ein Mercedes-Benz O 303 war – die knapp fünfzehn Kilometer von Krenkingen über Detzeln und Breitenfeld nach Tiengen gefahren zu werden. Damals hieß die Schule im Allmendweg noch Hans-Thoma-Schule.

Es gehört zu meinen gestochen scharfen Kindheitserinnerungen, wie ich ganz hinten in der letzten Reihe auf dem Mittelplatz sitze und fasziniert mit weit aufgerissenen Augen die Bewegungen des Busses beobachte. Vom hintersten Platz durch den Mittelgang aus der Frontscheibe zu schauen, war einfach nur beeindruckend. Ich baute zu der Zeit viel Lego, hatte also mit meinen sechs Jahren recht genaue Vorstellungen von Fahrzeugbau und der Statik einer Karosserie. Daher fragte ich mich die ganze Fahrt über, wie lange es wohl noch dauern würde, bis dieser Bus von den Schaukelbewegungen in der Mitte durchbrechen würde. Wie, verdammt nochmal, war es möglich, dass diese Kiste in den Serpentinen nicht einfach auseinanderfiel?

Ich liebte diesen Bus! Außerdem kam ich mir so unglaublich groß und wirklich richtig cool vor. Das weiß ich, als wäre es gestern gewesen. Im Vergleich zu meinem Kindergarten war die Schule riesengroß; die weiten Flure und die mächtigen Treppen zogen mich in ihren Bann. Aber damit nicht genug: Im Klassenzimmer stand ein Skelett! WHAT THE F..K ist das bitte schön?, dachte ich. In den Vitrinen gab es sogar einen präparierten Raben, einen kleinen Kauz und einen ausgestopften Marder.

Ich glaube, ich wäre gern ein Chamäleon gewesen. Dann hätte ich mit meinen Augen in verschiedene Richtungen schauen können, um ja nichts zu verpassen. Und so kam es, wie es kommen musste.

Ich gehe davon aus, dass wir einen wirklich netten Klassenlehrer hatten. Viel Gelegenheit, ihn kennenzulernen, bekam ich aber nicht. Es fing damit an, dass ich nach dem Klingeln zur ersten Stunde nicht auf meinem Platz saß. Stattdessen machte ich eine Erkundungstour durch das Klassenzimmer.

»Max, bitte setz dich, die Stunde hat begonnen«, sagte der Lehrer freundlich. Ich bin mir nicht sicher, wie oft er sich wiederholen musste, bis ich endlich den Weg zu meinem Tisch fand. Ich kann auch nicht sagen, wie lange ich dann saß, denn meine Augen waren überall, nur nicht auf den Lehrer gerichtet.

Es kann garantiert nicht allzu lange gedauert haben, bis ich wieder an den Vitrinen stand. Boah, da saß ja noch ein verstaubter Siebenschläfer auf einem Ast. Wow!

»Max! Du stehst ja schon wieder. Setz dich bitte«, ermahnte mich der Lehrer. Das Spiel ging wieder von vorne los, es muss den ganzen Vormittag so zugegangen sein: Der Lehrer wiederholte ein ums andere Mal seine Forderung. Also setzte ich mich ein ums andere Mal auf meinen Platz. Auftrag erledigt. Da ich meinem Empfinden nach getan hatte, was verlangt wurde, konnte ich ja jetzt weiter auf Entdeckungsreise gehen.

Ungefragt durchwühlte ich die Schulranzen der anderen Kinder, malte an die Tafel, aß mitten im Unterricht mein Vesper, das ich in meinem Ranzen fand, während ich mit dem Stuhl kippelte, bis ich umfiel. Ich war nicht zu bändigen. Oder, aus Sicht der anderen gesprochen: Die Zeit mit mir im Klassenzimmer muss der Horror gewesen sein.

Ich bin mir nicht sicher, ob ich die erste Schulwoche vollständig absolviert habe. Von einem Tag auf den anderen fand ich mich plötzlich in der Wutachstraße wieder, in einem anderen Gebäude. Damals nannte man diese Art von Schule noch »Sonderschule«. Dort sollte ich ein Jahr die Chance bekommen, mich auf die reguläre Schule vorzubereiten. Der Plan muss irgendwie aufgegangen sein, denn pünktlich zum neuen Schuljahr durfte ich dann wieder am Unterricht in der Hans-Thoma-Grundschule teilnehmen.

Diesmal behielt man mich. Ich ließ mich aber weiterhin gerne und ständig von alldem ablenken, was ich gerade sah oder was mich mehr beschäftigte als das, was uns beigebracht werden sollte. Im Nachhinein eigentlich ein Wunder, dass ich vom Unterricht überhaupt etwas mitbekam.

In Baden-Württemberg war es damals so, dass der Notenschnitt und die Empfehlung der Lehrkörper ganz klar vorgaben, welche weiterführende Schule man zu besuchen hatte. Mein Notenschnitt ließ nur die Hauptschule zu. Also durfte ich auf der Hans-Thoma-Schule bleiben, die auch einen Hauptschulzweig hatte. Mir gefiel das gut, denn viele aus meinem Freundeskreis blieben ebenfalls. In der fünften Klasse wollten es meine Eltern noch einmal wissen und schickten mich zu einer Zwischenprüfung. Hätte ich die erforderliche Punktzahl erreicht, hätte ich zur Realschule wechseln können. Hätte, hätte Schmiedekette. Insgesamt neun Jahre besuchte ich dieselbe Schule und machte dort meinen Hauptschulabschluss.

In all den Jahren war ich nie, wirklich nie ein guter Schüler. Aber ich schaffte es, jährlich versetzt zu werden. Wenn ich mittags nach Hause kam, pfefferte ich meinen Ranzen in die Ecke und schlüpfte in meine »Spielsachen«. So nannten wir die alten, löchrigen Klamotten, die gerne (noch) dreckiger werden durften. Nach dem Umziehen rannte ich sofort zurück ins Dorf. Mittagessen gab es immer erst dann, wenn mein Vater für die Mittagspause aus der Praxis nach Hause kam. Das war meist gegen zwei Uhr. In der knappen halben Stunde, die mir bis dahin blieb, musste ich dringend noch etwas erleben!

Sobald der Tisch gedeckt und das Essen fertig war, nahm mein Vater einen schweren, selbst geschmiedeten Flaschenöffner und drosch auf die überdimensionale Triangel ein, die an einem Balken auf der Terrasse befestigt war. Das laute Geschepper war fast täglich und überall im Dorf zu hören. Wenn ich es mal nicht mitbekam, gab es immer irgendjemanden im Dorf, der rief: »Hey, Mäxle, häsch es it g'hört? Dien Vattr hät glütet. Du muäsch zum Esse go!« Es braucht bekanntlich ein ganzes Dorf, um ein Kind zu erziehen.

In unserem Dorf kannte jeder jeden, und nahezu jeder war bei jedem mal zu Hause, kannte die Familie, Hobbys und viele weitere private Details. Das gehört zu einer offenen Dorfgemeinschaft dazu. Was sich viele meiner Freundinnen und Freunde, die die Anonymität des Stadtlebens gewohnt sind, nicht so recht vorstellen können: »Ist das nicht blöd, wenn jeder genau weiß, was du machst, wo du herkommst, was du für Probleme hast, wann du zu Hause oder unterwegs bist?« Ich antworte dann immer sinngemäß: »Nein, es ist alles andere als blöd, ich mag das.« Und so lebe ich auch heute noch genauso so, das habe ich mir ganz bewusst so ausgesucht.

An dieser Stelle möchte ich euch mit auf einen kleinen Abenteuer-Ausflug nehmen. Diese Geschichte erzählt so viel von den Möglichkeiten, die uns der Schwarzwald bot – und zugleich von meinem kaum zu sättigendem Erlebnishunger. Ich hoffe, ihr könnt euch ein wenig länger konzentrieren als ich, denn der Ausflug dauert ein Weilchen. Aber ich verspreche euch: Es lohnt sich!

Im Vergleich zu anderen Gegenden in Deutschland gab und gibt es bei uns im Schwarzwald kaum leerstehende Fabrikgelände. Verlassene Gewerbe-Ruinen, wie man sie im Ruhrgebiet oder im Osten der Bundesrepublik vorfindet, sucht man bei uns vergebens. Und so ist mittlerweile auch das letzte dieser Areale, in dem sich die folgende Geschichte abgespielt hat, längst einem modernen Gewerbegebiet gewichen. Es handelt sich um das alte Lonza-Gelände, das erst Anfang der 2000er Jahre abgerissen wurde.

Dieses riesige Areal mit den beeindruckenden leerstehenden Hallen faszinierte mich schon immer. Das Gelände war durchzogen von Gleisen für Güterzüge und unterirdischen Versorgungstunneln und umgeben von hohen Zäunen, die Unbefugte vom Betreten abhalten sollten. Schon von weitem konnte man den alten roten Schornstein sehen, der gut 100 Meter in den Himmel ragte.

Dreimal dürft ihr raten, worauf Heiko und ich es abgesehen hatten! Genau, unser Ziel war es, nachts an den Leitersprossen, die seitlich aus dem Turm ragten, die hundert Meter nach oben zu klettern.

Wir schnappten unser Kletterzeug und ließen uns gegen Mitternacht von einem Freund in der Nähe absetzen. Das Grundstück war mit zwei hintereinanderliegenden Zäunen gesichert. Und so dauerte es eine Weile, bis wir auf dem

Gelände waren. Den Turm fest im Blick machten wir uns auf den Weg durch die Nacht. Wir hatten vollkommen unterschätzt, wie riesig und verwinkelt das Areal war, und brauchten eine halbe Ewigkeit, bis wir an das Gebäude kamen, aus dessen Hallendach der Turm ragte. Erst jetzt registrierten wir, dass wir zuerst auf das Hallendach gelangen mussten, denn erst dort, in 15 Meter Höhe, war der Einstieg der Turmleiter, die wir erklimmen wollten.

Bis wir in den ineinander verschachtelten Gebäuden und verwinkelten Gängen den Weg auf das Dach gefunden hatten, verging fast eine Stunde. Immer wieder endete der Weg in einer Sackgasse oder wurde von Türen versperrt. Wir hatten von vornherein die Abmachung getroffen – wie immer bei solchen Aktionen –, dass wir unter allen Umständen Sachbeschädigung vermeiden wollten. Auch wenn uns klar war, dass das Gelände längst seine Zeit hinter sich hatte und bald abgerissen werden würde: Diese Grenze, mutwillig etwas kaputt zu machen, wollten wir nicht überschreiten. Also suchten wir weiter einen Weg, um zum Turm zu gelangen.

Wir kletterten an einer Außenfassade hinauf, aus der Stahlträger ragten, überquerten schmale Gitterroststege, die in luftigen Höhen an die Hallendecke montiert waren. Besonders spannend war der Steg, unter dem ein tiefes schwarzes Loch gähnte. Dort muss früher eine Maschine gestanden haben, die ihr Fundament zwei, drei Stockwerke unter der Erde hatte. Der harte Betonboden befand sich hier gut und gerne 20 Meter unter uns. Dazu kam, dass der vielleicht 80 Zentimeter schmale Steg über einen langen Abschnitt kein Geländer hatte und sich beim Überqueren aufschaukelte. Viele dieser Stege und Gitterroste machten unheimlichen Krach, wenn wir darübergingen. Und da wir auf keinen Fall entdeckt werden wollten, lernten wir schnell, wie man sie überquerte, ohne Geräusche zu machen.

Heiko und ich hatten die gesamte Mission vollkommen unterschätzt, aber wir waren uns sicher, dass sie sich lohnen würde. Eine letzte unscheinbare Stahltür, deren Scharniere vom Rost blockiert waren, bekamen wir mit einem herzhaften Ruck auf, dann standen wir unter freiem Himmel. Noch eine kleine Leiter nach oben, und wir hatten es geschafft.

Auch wenn der Turm von weitem schon beeindruckend wirkte, war es noch mal etwas vollkommen anderes, jetzt direkt unter ihm zu stehen. Er maß sicher zehn, zwölf Meter im Durchmesser, die kleine Leiter wirkte nun wesentlich filigraner, als wir vermutet hatten.

Ich packte die ersten Leitersprossen, die aus circa zwei Zentimeter dicken Rundeisen in U-Form aus den roten Backsteinen ragten, und prüfte, ob sie nach all den Jahrzehnten, in denen sie der Witterung ausgesetzt gewesen waren, noch unser Körpergewicht tragen würden. Sie waren ein wenig verrostet, saßen aber dennoch stabil im Mauerwerk.

Dann blickte ich nach oben. Ich musste meinen Kopf in den Nacken legen, um die Spitze des Turms zu erahnen. Sie verschwand beinahe im nachtschwarzen Himmel und schien unendlich weit weg zu sein.

Wir verbanden uns mit einem Seil, um uns gegenseitig zu sichern. Außerdem benutzten wir eine Bandschlinge, die wir mit dem einen Ende an unserem Klettergurt befestigten. Am anderen Ende befestigten wir einen Karabiner, den wir bei jeder Sprosse, die wir erklommen, einhängen konnten. Wir waren sozusagen auf Schritt und Tritt gesichert.

Ich machte den Vorstieg. Wir hatten uns vorgenommen, langsam, leise und ohne Hektik hinaufzusteigen und regelmäßig Pausen einzulegen, in denen wir unsere Hände ausschütteln konnten, um unsere Finger zu entkrampfen. Fast alle Sprossen saßen fest im Turm, einige wenige aber waren so wackelig und krumm, dass wir sie übersteigen mussten, was in dieser Höhe alles andere als angenehm war.

Wir stiegen immer weiter und weiter, es nahm kein Ende. Wir brauchten 22 Minuten für den Aufstieg. Der Schornstein hatte ein Flachdach in Form eines großen, runden Betondeckels. Der Rauch muss vor langer Zeit direkt unterhalb des Deckels aus einem Spalt herausgequollen sein. Da die letzte Sprosse aber unterhalb des Spalts angebracht war, galt es nun, über den Spalt auf den Deckel zu klettern. Es waren ungefähr 40, vielleicht 50 Zentimeter, die ich überwinden musste, ohne festen Halt zu haben. Mit beiden Händen hielt ich mich an der obersten Sprosse fest und stieg mit den Füßen weiter nach. Dadurch waren meine Hände nun in Höhe des Bauchnabels, als ich mit dem Kopf, in dieser Höhe!, endlich über den Deckel ragte. Schnell zog ich meinen rechten Arm nach oben, stieg noch eine Stufe weiter.

Da es oberhalb des Spalts keinen Griff gab, an dem ich mich hätte nach oben ziehen können, musste ich das mit meinem Körpergewicht kompensieren. Ich legte meinen Oberkörper flach auf das Dach und zog die Beine nach. Ich hatte es geschafft!

Ich rollte mich auf den Rücken, stand auf und reichte Heiko die Hand, um ihn nach oben zu ziehen. Wir rasteten aus vor Freude, umarmten uns und sprangen umher, als ständen wir auf einem Fußballfeld – und nicht in hundert

Meter Höhe auf einer runden Scheibe mit drei Metern Durchmesser. Auch wenn der Turm von unten unendlich hoch wirkte: Sein Anblick war kein Vergleich zu dem Gefühl, das uns jetzt erfasste. Es war keine Höhenangst (die kenne ich bis heute nicht), sondern pure Ehrfurcht, die uns erschaudern ließ.

Nachdem wir uns beruhigt hatten, setzten wir uns auf den Beton und ließen die Füße und die Seelen baumeln. Mittlerweile war es fast drei Uhr nachts, kein Auto fuhr unter uns auf der sonst so viel befahrenen B34. Wir schauten auf den Rhein hinab, der an diesem Abschnitt als dunkles Band Deutschland von der Schweiz trennt, und genossen den Wind und die einsame Stille der Nacht.

Aber ich wäre nicht ich und Heiko nicht mein Seelenbruder, wenn uns nicht selbst diese unfassbare Aussicht bald ein wenig langweilig geworden wäre. Wir zündeten ein Papiertaschentuch an, ließen es hinuntersegeln und beobachteten den Absturz. Erst brannte es hell, dann verglomm es in der Dunkelheit weit unter uns.

Erst da bemerkten wir, wie sich ein Auto aus Richtung Tiengen näherte. Wir hofften, dass die Insassen den kleinen brennenden Papierflieger nicht wahrgenommen hatten. Doch eigentlich war uns klar: Natürlich war in der dunklen Nacht das kleine Feuerchen nicht zu übersehen, das als eine Art Sternschnuppe in Zeitlupe wie aus dem Nichts vom Himmel fiel. Das Auto hielt unter uns, direkt außerhalb des abgeriegelten Industriegebiets an und schaltete die Warnblinkanlage ein.

»Oh Mann, fahr weiter! Da gibt es nichts zu sehen«, sagte ich.

»Meinst du, die rufen die Polizei?«, fragte Heiko nervös.

Seine Frage erübrigte sich schneller, als wir es für möglich gehalten hätten. Denn in dem Moment, in dem sich ein weiteres Fahrzeug näherte, schaltete das Auto der Wunderfitzigen zusätzlich zur Warnblinkanlage auch noch das Blaulicht ein.

Wir hatten es also tatsächlich fertiggebracht, unbemerkt auf das Gelände zu kommen, den Einstieg zum Turm zu finden und ihn zu erklimmen, nur um dann dem einzigen Polizeiauto weit und breit ein Leuchtsignal zu geben?! Und als hätten wir es noch nicht begriffen, unterstrichen die Polizisten ihre Absichten mit einem großen Suchscheinwerfer, dessen unverschämt heller Lichtkegel die Turmwand hinaufkroch.

»Shit, was machen wir jetzt? Sollen wir einfach warten, bis sie weg sind?«, fragte Heiko.

»Vielleicht glauben sie, dass sie sich getäuscht haben, und ziehen wieder ab. Lass abwarten«, meinte ich hoffnungsvoll.

Ein blaues Zucken, das sich rasch aus Waldshut näherte, machte uns schnell klar, dass die Polizisten nicht nur nicht abziehen würden, sondern dass sie bereits Verstärkung angefordert hatten.

»Wir müssen sofort verschwinden!«, befahl Heiko.

»Ruhig bleiben und konzentriert absteigen. Wenn einer eine Pause braucht, dann machen wir die auch«, flüsterte ich noch. Sekunden später rutschten wir nacheinander bäuchlings mit den Füßen voraus über die Kante, bis unsere Füße die oberste Sprosse berührten.

Wir schafften den Abstieg in ungefähr fünf Minuten, ohne Pause. Das Einzige was man hörte, war das geflüsterte Fluchen von Heiko, wenn ich ihm ein ums andere Mal versehentlich auf die Hände stieg. Trotz der angespannten Situation konnte ich nicht anders als immer wieder zu lachen – über unsere Dummheit, die uns in eine derart bizarre Situation gebracht hatte.

Immer wieder hielt ich Ausschau nach der Polizei. Zwei weitere Fahrzeuge mit Blaulicht näherten sich schnell aus Tiengen. Mit Freude stellte ich fest, dass sie sich mit ihrem Flutlicht auf die Westseite des Turms konzentrierten, denn da gab es eine zweite Leiter. Während die andere Seite hell beleuchtet war, waren wir lange Zeit noch im schwarzen Schatten unterwegs nach unten. Erst kurz bevor wir auf dem Dach ankamen, wurde der erste Scheinwerfer auf die Ostseite gerichtet. Der Lichtstrahl erhellte den oberen Teil des Turms und kroch dann langsam an der Leiter nach unten.

Glaubt es oder nicht: Nur Sekunden bevor der Lichtkegel bei uns war, hatten wir das Dach erreicht und warfen uns auf den Boden. Doch das überwältigende Gefühl, in so kurzer Zeit unbeschadet und unentdeckt vom Turm gekommen zu sein, war nur von kurzer Dauer.

Auf der B34 blinkte es mittlerweile wie auf einem Jahrmarkt, die Rufe der Uniformierten waren von überall zu hören. Bisher hatten sie es noch nicht auf das Gelände geschafft – aber das war nur eine Frage der Zeit. Allerdings tat sich ein Problem auf, das sich zwar vorher schon abgezeichnet hatte, das wir in der Aufregung aber völlig vernachlässigt hatten: Von zwei unserer Taschenlampen waren mittlerweile die Batterien leer. Uns blieb nur eine kleine Schlüsselbund-Taschenlampe, die wir zufälligerweise dabei hatten.

Jetzt kam es uns zugute, dass wir zuvor auf der Suche nach dem Weg zum Turm alle Flure und Stege mehrfach abgegangen waren und genau wussten, wie wir uns geräuschlos durch die Hallen bewegen konnten und welche Ausgänge und verwinkelten Gassen am besten geeignet waren, um uns im Dunkeln aus dem Staub zu machen. Als wir über die Dächer, Stege und Treppen endlich auf dem Erdboden angekommen waren, sahen wir, wie ein paar Polizisten versuchten, den hohen Zaun zu erklimmen. Am anderen Ende des Areals bezog gerade das erste Polizeiauto Stellung.

Wir schafften es ungesehen, im Schatten davonzukommen, die beiden Zäune ein zweites Mal zu überwinden und uns durch ein hohes Rapsfeld vom Lonza-Areal zu entfernen. Dann riefen wir unseren Freund an und baten ihn, uns abzuholen. 30 Minuten später saßen wir um den runden Tisch im Pfarrhaus. Unser Freund erzählte uns, dass er um das Areal mindestens acht Polizeiautos, einen Rettungswagen sowie die Feuerwehr mit Flutlichtern gesehen hatte, bevor er uns im Auto hatte. Wir hatten mit dem Leuchtsignal also einen ganz schönen Einsatz verursacht.

Zwei Tage später hatte ich Spätschicht an der Tankstelle. Plötzlich fuhr ein Polizeiauto auf den Hof. Kurz stockte mir der Atem, aber schnell war klar, dass die Jungs nur tanken wollten. Als der Polizist bezahlte, konnte ich es mir nicht verkneifen:

»Darf ich Sie etwas fragen?«

»Klar, was gibt's?«, antwortete der Polizist gut gelaunt.

»Ich bin vorgestern Nacht von der Spätschicht hier weggefahren. An der Lonza war mega was los. Was ist denn passiert?«

»Ach ja, die Geschichte. Irgendwelche Verrückten sind nachts auf den Lonza-Turm geklettert und haben da oben gemütlich ein Feuer gemacht. Ehrlich, die Typen müssen von allen guten Geistern verlassen sein.«

»Ich hoffe, ihr habt sie erwischt.« (Oh Mann, wie scheinheilig kann man sein!)

»Leider nicht. Wir kamen nicht aufs Gelände. Es hat eine Ewigkeit gedauert, bis wir den Hausmeister aus dem Bett geklingelt hatten. Als der uns die Tore aufgeschlossen hatte, waren die längst über alle Berge. Jetzt soll jedes Polizeiauto einen Schlüssel für das Areal bekommen, damit wir in Zukunft direkt rein können, sollte da noch mal was sein«, erzählte der Polizist redselig.

Ein paar Jahre später waren Heiko und ich dabei, als der Turm gesprengt wurde. In dem Moment, als der Knall ertönte und der Turm zur Seite kippte, war ich dankbar, damals die Chance genutzt zu haben, ihn so gut kennenzulernen.

Nachdem wir 2002 aus unserem Pfarrhaus in Krenkingen rausmussten, zogen Nazu und ich erst einmal in das Städtchen Waldshut. Dort lebten wir für zwei Jahre, 2004 machte ich mein Abitur und nahm am Grand Prix Eurovision de la Chanson in Istanbul teil (darauf komme ich später natürlich noch ausführlicher). Als dann Nazus erster Schwangerschaftsbauch viel Platz in unseren Zukunftsplänen einnahm, zogen wir in ein kleines Häuschen in Tiengen. Durch die kurzen Wege zum Kindergarten, zur Schule und zum Einkaufen und auch durch die Nähe zu vielen Freundinnen und Freunden, die ebenfalls dort wohnten, konnte ich das Leben im Städtchen gut annehmen. Es war logisch, sinnvoll und auch wirklich schön, mal mittendrin in der »Metropole« meiner Kindheit zu leben. Trotzdem war mir schon zu Beginn unseres neuen Lebensabschnitts klar: Ich freue mich auf alles, was wir hier in diesem Städtchen erleben werden, aber länger als zehn Jahre dürfen es nicht werden.

Ich fand es wichtig, den Kindern auch das Leben in einem kleinen Schwarzwalddorf zu zeigen. Sie spüren zu lassen, wie reich und frei ein Leben auf dem Land sein kann. Ja, Tiengen ist mit seinen 12 000 Einwohnern in den Augen meiner Freundinnen und Freunde aus Köln, Hamburg, Berlin oder München ein Dorf, aber für mich ganz und gar nicht. Ein Dorf ist etwas anderes. In einem Dorf gibt es keine nervigen Ampeln, keine ätzenden Staus, keine schrillenden Martinshörner, ab Mitternacht keine Straßenbeleuchtung mehr, und jeder kennt jeden.

Rückblickend würde ich auf jeden Fall sagen: Für mich war es extrem wichtig, im Dorf aufzuwachsen. Im Zweifel hatte immer jemand ein Auge auf den kleinen ADHS-Max. Verschwand ich mal mit einem Benzinkanister im Wald, dann war es für mich und meine Haare – ich hatte einen blonden Haarschopf wie Michel aus Lönneberga – nicht von Nachteil, wenn jemand nach mir schaute und mir im letzten Moment das Feuerzeug abnahm. Die Wälder und Bäche, die Bauernhäuser und Heuschuppen, Traktoren und Mähdrescher, die Pyramiden aus Heuballen oder die hohen Polter an gestapeltem Langholz … Es gab 365 Tage im Jahr etwas zu entdecken, zu beklettern und zu erleben.

Am verlockendsten, weil am gefährlichsten, waren der alte und der neue Steinbruch im Süden unseres Dorfes. Krenkingen liegt am Steinatal, dort wird damals wie heute Porphyrgestein abgebaut. Die etwa 80 Meter hohe Abbruchkante kommt dem Dorf seit Jahrzehnten stetig ein bisschen näher.

Schon in meiner Kindheit mussten wir nicht länger als eine Viertelstunde gehen, um von oben die Bagger und LKW bei ihrer lauten und staubigen Arbeit beobachten zu können. Ausgerüstet mit Handschuhen und Brecheisen machten wir uns nach der Schule auf den Weg zur »Arbeit«. Der Weg führte uns durch eine enge, matschige Schlucht, die »das Hexenloch« genannt wurde. Keiner von uns wagte es, diesen Weg alleine zu betreten. Dass wir dort mal einen alten, verrosteten Soldatenhelm und kurz darauf noch eine skelettierte Wirbelsäule fanden, machte es aber noch spannender, diesen Ort (in der Gruppe!) regelmäßig aufzusuchen.

Es war ein sehr alter Weg, der wegen des Steinbruchs vor vielen Jahrzehnten zur Sackgasse geworden war und daher nicht mehr genutzt wurde. Wir beschäftigten uns stundenlang damit, Steine zur Abbruchkante zu schleppen und sie hinunterzustoßen. Teilweise waren die Brocken so groß, dass wir sie nur zu viert oder fünft unter größter Kraftanstrengung bewegen konnten. Je größer, desto reizvoller natürlich. Der Lohn unserer Arbeit lag im Getöse, das die Felsbrocken beim Hinabstürzen auslösten. Der Knall, der oft einer Explosion glich, wenn sie unten aufschlugen, war die Krönung. Dafür war Geschicklichkeit vonnöten, denn um die Dinger über die Kante zu wuchten, mussten wir selbst ganz nah ran. Heute wird es mir fast schlecht, wenn ich daran denke, was alles hätte passieren können. Stundenlang schufteten wir verschwitzt nur wenige Zentimeter neben dem Abgrund. Und das viele Tage im Jahr.

Es gab lediglich zwei Momente, in denen wir dem Unheil ganz nahe kamen, beziehungsweise in denen doch mal richtig etwas schiefging. Wir waren zu fünft. Es war Winter, alle trugen dicke Handschuhe. Wir kämpften uns an einem echten Ungetüm ab, aber wir schafften es einfach nicht, die Felsplatte über die Kante zu wuchten. Ein ums andere Mal packten wir den Stein und hoben ihn an. Nachdem wir uns zum fünften Mal unter lautem Stöhnen und Ächzen vergeblich abgemüht hatten, ließen die anderen Jungs ohne Vorwarnung den Felsbrocken los. Ich war zu langsam. Meine Finger waren noch darunter. Ich schrie auf vor Schmerz, sofort packten alle wieder an, damit ich meine Hand hervorbekam. Als ich mich befreit hatte, ließen alle den Stein erneut fallen, und ein noch lauterer Schrei rollte über das Felsplateau. Diesmal war ein anderer von uns zu langsam gewesen. Er riss vor Schmerz seine Hände unter dem Stein hervor und rannte heulend im Kreis. Einer seiner Handschuhe war noch unter dem Felsen – und darin ein Stück seines Fingers.

Ein anderes Mal versuchten wir, ein überhängendes Plateau von der Felskante zu lösen. Ein Spalt, der sich schon gebildet hatte, machte uns Hoffnung, dieses tonnenschwere Monster in die Tiefe stürzen zu können. Als Hebel nutzten wir ein langes Metallrohr. Das Rohr war übrigens die Stange eines Schildes mit der Aufschrift: »Betreten verboten! Eltern haften für ihre Kinder«, das wir zuvor aus der Erde gezogen hatten. Wir brauchten ja ein passendes Werkzeug. Irgendwie ließ sich der überhängende Felsen davon wenig beeindrucken. Also hüpfte einer von uns zum Spaß auf dem Plateau herum. Wie in einem schlechten Film löste sich der Fels just in diesem Moment. Zum Glück war der hüpfende Spaßvogel mit Abstand der Sportlichste von uns – und ich kräftig und schnell genug und auch nur eine Armeslänge entfernt. Ich streckte meine Hand aus und stemmte mich mit den Füßen in den weichen Waldboden. Im Begriff abzustürzen, sprang er mir entgegen. Es war Rettung im letzten Bruchteil der Sekunde.

Wir klopften uns nach solchen Ereignissen auf die Schulter und machten weiter. Nur eben mit einer Erfahrung mehr im Gepäck, die uns beim nächsten Mal an solche Dinge anders herangehen ließ. Wir haben alle aus unseren Fehlern gelernt und unsere Kindheit und Jugend überlebt. Puh!

Zu Hause erzählten wir nie, was passiert war, schließlich wollten wir unsere Freiheit nicht aufs Spiel setzen. Ich liebte es, den ganzen Tag mit meinen Jungs (manchmal waren auch Mädels dabei) zu verbringen. Von morgens bis abends, vom Sonnenaufgang bis es dunkel wurde, wollte ich etwas unternehmen, musste ich etwas erleben.

Während im Dorf allmählich die begehrte Satellitenschüssel ihren prominenten Platz an den Hausfassaden bekam, zeigten meine Eltern kein großes Interesse an dieser Entwicklung. Darüber bin ich im Nachhinein sehr dankbar, denn so kam es mir gar nicht erst in den Sinn, mittags im Haus zu bleiben. Aber je mehr TV-Sender es gab, desto schwieriger wurde es, meine Dorffreunde zusammenzutrommeln. In deren Fernsehern kämpften ja schließlich die Power Rangers und Ninja Turtles. Da wollte man keine Folge verpassen.

Ab und zu kam ich ebenfalls in den Genuss, einen halben Nachmittag mitzuschauen, aber zu meinem Alltag wurde es nie. Ich wollte selber kämpfen und meine eigenen Abenteuer erleben. Dazu brauchte ich aber meine Freunde. Alleine zu sein war nie mein Ding. Ich brauchte immer jemanden, der sich mit mir beschäftigte, mit dem ich gemeinsam etwas erleben konnte.

Aus dieser Leidenschaft oder diesem Leidensdruck heraus verstand ich schnell, dass es leichter war, Freunde um mich herum zu versammeln, wenn ich mit immer neuen Ideen um die Ecke kam. Schon vormittags in der Schule überlegte ich mir, was wir nachmittags anstellen könnten. Während des Unterrichts war ich oft mit meinem Kopf im Wald, mit meinen Freunden im Steinbruch oder in der Werkstatt. Gedanklich konstruierte ich eine Räuberhöhle, einen Staudamm, eine Baumhütte oder eine Seifenkiste. Wenn ich also von der Schule zurück war, streunerte ich durch Krenkingen und klingelte bei all meinen Freunden, um ihnen die geplante Aktion plus Uhrzeit und Treffpunkt zu nennen.

Es gab immer ein paar Unentschlossene, die erst überredet werden mussten. Ich sortierte daher vorab Argumente, die kaum Spielraum ließen, um sich dem Plan zu entziehen. Absagen wie »Ich weiß nicht, heute eher nicht«, »Keine Lust …« oder »Ich muss noch Hausaufgaben machen« konnte ich einfach nicht akzeptieren.

Leute zu überreden, habe ich also schon früh geübt – und konnte darin ziemlich anstrengend sein. Ich setzte alles daran, die Leute mitzureißen, sie zu gewinnen für die Ideen, von denen ich mir einen unterhaltsamen Nachmittag versprach. Erst als ich längst erwachsen war, wurde mir klar, wie stark es mich ausmachte, andere für etwas begeistern zu können; und dass es genau das war, was ich an meiner Mutter und meinem Opa so mochte. Der Apfel fällt ja bekanntlich nicht weit vom Stamm. Und so profitiere ich noch heute in vielen Momenten davon, dass ich Menschen überzeugen kann.

Die artgerechte Haltung für mich und meine Seele war eine Umgebung, in der etwas passierte, in der es hoch herging, in der es laut, lustig und aufregend war. Mit Ruhe konnte ich nie wirklich umgehen, sie fühlte sich an wie ein Emotionsvakuum, in dem ich Gefahr lief, zerrissen zu werden. Wenn es doch mal passierte, dass nichts passierte, dann übernahm ich automatisch die Rolle des Action-Regisseurs. Dieses Gefühl packte ich in dieses Lied:

Ich sitz zu Hause rum, rum
die Zeit, sie geht kaum um
ich mache nichts seit Stunden
das Telefon stumm, das Telefon stumm

ich bin alleine alleine
komm mit mir selbst nicht ins Reine
und um mich rum da ist keiner
nur Langeweile

ich will dahin, wo's laut ist
wo Dreck und wo Staub ist
es ist so gut, wenn was passiert
wenn sich's bewegt und man das spürt
ich will dahin, wo's laut ist

ich will was Neues sehn, sehn
ich will dich an die Hand nehm
ich lass dich um mich drehn
will mich nicht benehmen
mit dir nicht benehmen

lass uns jetzt aussprechen
ich will dir nichts versprechen
lieber alles geben, geben
wir woll'n doch jetzt und im Hier leben

LAUT, 2015

Wenn ich dann genügend Leute zusammengetrommelt hatte, spielten wir häufig unser geliebtes Versteckspiel, das wir »Dorffangis« nannten. Um die Ortsmitte gibt es eine kleine Ringstraße, die elf Häuser mit Garagen, Schuppen, Ställen und eine große Wiese, ein paar Hinterhöfe, Silos und Bäume umschließt. Innerhalb dieser Dorfinsel, die 140 Meter von West nach Ost und 100 Meter von Nord nach Süd misst, durfte man sich uneingeschränkt verstecken – so die einzige Regel. Eine Spielrunde konnte gut und gerne über eine Stunde dauern, denn die Möglichkeiten, die uns gegeben waren, um nicht gefunden zu werden, waren enorm vielfältig.

Wir vergruben uns im Heu, kletterten in den hintersten Winkel eines Dachstuhls, krochen hinter Holzbiegen und in verwinkelte Höhlen von dichten Gebüschen, stiegen in die Kronen von Tannen, Fichten, Eiben oder Nussbäumen, kraxelten auf Dächer und hockten uns in den Schatten eines Schornsteins, stellten uns in einen Stapel aufgetürmter Reifen oder setzten uns ganz still in die hinterste Ecke eines Gewölbekellers zwischen alte Mostfässer. So verbrachten wir ganze Tage, bis die Ersten wieder nach Hause mussten.

Im Winter am Nachmittag oder auch spät abends im Sommer trafen wir uns manchmal zum »Blitzen«. So nannten wir ein aufregendes Spiel, das wir nur im Dunkeln spielen konnten. Dazu versteckten wir uns am Ortseingang hinter einem Gebüsch und blitzten mit einem Fotoblitz oder einer Einwegkamera die vorbeifahrenden Autos. Die Straße war zu dieser Zeit nicht viel befahren, und so konnte es sein, dass wir manchmal eine Viertelstunde beisammensaßen und quatschten, ohne dass sich etwas bewegte. Wenn dann endlich nach langem Warten ein Lichtstrahl über die Baumwipfel strich, sprangen wir auf, krochen in unser Versteck, schalteten den Blitzer ein und warteten gespannt, bis der Wagen an uns vorbeirauschte. Es galt, exakt in dem Moment den Blitz auszulösen, in dem das Auto neben uns war. Dass sich manche, vor allem männliche Autofahrer, davon provoziert fühlten und bei diesem Scherz regelrecht in Rage gerieten, war uns nicht nur bewusst: Es war genau der Grund, weshalb wir stundenlang ausharrten und ein Auto nach dem anderen blitzten. Diese Rage bot den Stoff, nach dem wir süchtig waren: Adrenalin!

An manchen Tagen lauerten wir über Stunden am Ortseingang und blitzten die Autos, ohne dass etwas passierte. An anderen Tagen dauerte es nur Minuten, bis einer der Fahrer so reagierte wie erhofft. Dann lief es immer gleich ab: Der Fahrer machte eine Vollbremsung und knallte den Rückwärtsgang rein, oder er wendete am Lindenbänkchen, das in Sichtweite war, und schoss den Berg wieder zu uns hinauf.

Erst kurz bevor das Auto bei uns angekommen war, rannten wir davon. Wir durften uns nicht zu früh verstecken, schließlich wollten wir gesehen werden, damit endlich das beginnen konnte, worauf wir es abgesehen hatten: Eine Verfolgungsjagd mit maximalem Adrenalinschub.

Wir rannten die Schwarze Straße hinunter (so heißt das Seitensträßchen, das damals noch eine Sackgasse war, tatsächlich). Die Mutigen rannten noch eine Weile in der Mitte der Fahrbahn. Wir wollten ja verfolgt werden, und da brauchte es ein paar Lockvögel, die dafür sorgten, dass die Verfolger nicht zu schnell aufgaben. Erst wenn das Auto uns fast in die Hacken fuhr, stoben wir auseinander und rannten, was das Zeug hielt, in alle Richtungen davon. Meistens war das der Moment, in dem die Autofahrer leider aufgaben, wendeten und davonfuhren. Am spannendsten wurde es, wenn knapp hinter uns das Quietschen der Autoreifen verriet, dass das Auto angehalten hatte. Wenn dann noch die Türen zu hören waren, wussten wir: Okay, der Typ meint es ernst. Es galt dann, die Beine in die Hand zu nehmen, um sich ja nicht in den Fängen dieser Irren wiederzufinden. Wir konnten mühelos entkommen, denn wir wussten haargenau, wann wir in vollem Lauf abspringen mussten, um über den Zaun, einen Stein oder den kleinen Bach zu gelangen. Im Gegensatz zu unseren vor Wut rasenden Verfolgern, die in der Dunkelheit kaum etwas erkennen konnten. Und so freuten wir uns diebisch, wenn wir ein Platschen und lautes Fluchen aus dem Bach hörten.

Einmal schafften wir es sogar, den Fahrer eines Porsches dazu zu bringen, uns mit dem Auto bis in die Wiese zu verfolgen, in deren Mitte eine große, sumpfige Stelle war. Von der wir natürlich wussten. Aus sicherer Entfernung beobachteten wir, wie der Mann in Schuhen, die nicht für solches Gelände gemacht waren, durch den Matsch bis zum nächsten Wohnhaus stapfte, erst seinem Ärger Luft machte und dann um Hilfe bat. Da die Krenkinger alle sehr hilfsbereit sind, dauerte es nicht lange, bis der Porsche am Seil eines Traktors hing und aus dem matschigen Loch befreit wurde.

Nur ein einziges Mal wurde einer von uns erwischt. Ein Ehepaar, das sich durch unseren Streich besonders provoziert gefühlt hatte, schnappte sich meinen kleinen Bruder Menzel. Er muss damals vielleicht sechs oder sieben Jahre alt gewesen sein. Da er der Jüngste und damit der Langsamste war, hatte er sich in der Kippmulde eines LKW versteckt. Von dort aus hatte er zwar eine perfekte Sicht auf das Geschehen, aber leider keinen Fluchtweg. In der Aufregung muss er verräterische Geräusche gemacht haben, und so war es für die beiden nicht schwer, ihn zu finden. Sie zwangen Menzel, ins Auto zu steigen, und fuhren mit ihm ab. Wir waren geschockt, als wir den kleinen Menzel weinend und widerwillig in das Auto steigen hörten. Dann sahen wir den Wagen davonfahren. Noch ein dreifaches Zucken des Blinkers, ein kurzes Aufblitzen der Bremslichter, und das Auto bog mit meinem gestohlenen Bruder darin von der Schwarzen Straße auf die Dorfstraße – wo die Rücklichter aus unserem Blick verschwanden.

Wir standen auf der Straße und wussten nicht, was wir tun sollten. Verzweifelt waren wir dem Auto hinterhergerannt, aber so schnell wir auch laufen konnten, wir hatten keine Chance. Ich bekam vor Angst um meinen kleinen Bruder fast keine Luft mehr. Diese Art von Adrenalin war ganz und gar nicht das, was wir uns gewünscht hatten.

Plötzlich hörten wir schnelle Schritte in der Dunkelheit. Es waren nicht die eines schweren Erwachsenen, sondern die eines Kindes. Und da, wie aus dem Nichts, kam uns der kleine, völlig aufgelöste Menzel entgegen. Das Ehepaar hatte ihn am Ortsende rausgelassen, sie wollten uns mit der kurzen Kindesentführung bloß ein wenig Angst einjagen. Das war ihnen gelungen.

Fortan nahmen wir uns vor, noch besser aufzupassen. Außerdem brachten wir Menzel bei, immer einen Fluchtweg im Kopf zu haben, bevor wir uns am nächsten Tag wieder auf die Lauer legten. Erwischt hat es nie wieder einen von uns.

Mein Talent, andere für einen Streich oder einen Plan begeistern zu können, machte nicht vor Erwachsenen halt. Davon erzählt diese Geschichte: Aus dem Urlaub in Tschechien brachten wir ein Luftgewehr mit. Ich erinnere mich, dass wir damals umgerechnet 60 Mark dafür bezahlt haben. Unsere Eltern erzählten uns später, dass sie sich immer fest vorgenommen hatten, ihren Kindern keine Pistolen oder Gewehre zu schenken. Waffen seien schließlich schlecht und stünden für Gewalt und Tod. Sie waren sich einig gewesen: Waffen kommen nicht ins Haus!

Das Problem an ihrem guten Vorsatz war, dass sie die Rechnung ohne uns gemacht hatten. Wir waren wilde Jungs – und uns war es so was von scheißegal, wofür Pistolen und Gewehre standen.

Als wir mit unseren Eltern durch eine kleine Stadt in Tschechien liefen, entdeckten wir DAS Schaufenster unseres Lebens. Wir konnten es nicht glauben, da waren Messer, Pistolen und Gewehre ausgestellt. Uns Jungs stand der Mund offen. Mein Vater als sehr empathischer Mensch konnte unsere Faszination spüren. Also betrat er mit uns den kleinen Laden. Fünf Minuten später hatten meine Eltern einen satten Streit am Start – und wir ein Luftgewehr.

»Ach komm schon, Chou Chou. Ich kann die Jungs verstehen«, verteidigte mein Vater seine Entscheidung.

»Gottfried, du Rindvieh. Wir waren uns doch einig. Wir wollten nie eine Waffe im Haus haben, und bei der erstbesten Gelegenheit kaufst du so ein Scheißding.«

»Das ist kein Scheißding. Das ist Handwerkskunst. Alles Handarbeit, das hat mir der Verkäufer bestätigt.«

So ging es noch eine Weile hin und her, bis die ganze Familie begeistert auf Dosen schoss. Unser Vater brachte uns bei, wie man die Waffe lud, wie man zielte, das Ding entsicherte und schoss. Vor allem aber, was wir zu beachten hatten, damit wir niemanden verletzten.

Als wir aus den Sommerferien zurück waren, bekamen wir Besuch von unserem Freund Robert, der ebenfalls ein Luftgewehr besaß. Wir legten uns im Garten auf die Wiese und perfektionierten unsere Schießkünste. Dazu stellten wir Dosen und Flaschen in Reih und Glied, hängten Legomännchen an Schnüren auf und schossen alles kurz und klein, was uns in den Weg kam. In diesen Tagen entdeckte ich das Innere eines Textmarkers oder eines alten Telefons mit Wählscheibe.

Es war früher Nachmittag, mein Vater machte gerade seinen kurzen Mittagsschlaf, bevor er wieder in die Praxis musste, und mir war langweilig. Ich sah beide Luftgewehre in der Ecke stehen, da schoss mir ein Gedanke durch den Kopf: Welches der beiden war eigentlich das bessere? Und wie konnte ich das herausfinden? Ich schnappte mir beide Flinten, legte mich in unseren Garten und schoss mit beiden Gewehren abwechselnd auf die Bretterwand der Garage unseres Nachbarn. Sobald ich abgedrückt hatte, zählte ich im Kopf mit, um zu ermitteln, welche Kugel schneller im Holz einschlug.

Unser Gewehr: laden, zielen, entsichern, abdrücken: Eins, zw… KLOCK!«

Roberts Gewehr: Laden, zielen, entsichern, abdrücken: »Eins, zw… KLOCK!«

Ich analysierte: Der Abstand war zu kurz, die Kugeln schlugen nahezu bei der gleichen Zahl ein, und mein Zählrhythmus war außerdem viel zu ungenau. Aber eine Stoppuhr hatte ich nicht zur Hand – und selbst wenn, hätte ich sie nicht gleichzeitig mit dem Gewehr bedienen können. Also entfernte ich mich immer weiter von der Garage, um über die größere Distanz Klarheit zu gewinnen. Ich konnte nun zwar minimal weiter zählen, aber den Einschlag kaum mehr hören. So machte das keinen Sinn. Ich musste mir etwas anderes überlegen. Ich stand auf und schaute mich um. Mein Blick schweifte im Garten umher und über das Dorf.

Da stand er vor mir, in 72 Metern Entfernung, also deutlich weiter weg als die Garage. Groß genug, um trotzdem zu treffen – und mit einem Kupferdach verkleidet, das mir eine deutliche akustische Rückmeldung geben würde, sobald das Projektil angekommen wäre. Also lud ich unsere Waffe durch und legte an. Zielen, entsichern, abdrücken: »Eins, zwei, drei, v… PLING«, meldete sich brav das Dach des Kirchturms.

Ich nahm Roberts Gewehr und schoss erneut auf den Kirchturm. »Eins, zwei, drei, vier, fünf, sechs, sieben, acht, … hä?«

Weshalb gab es kein Geräusch?

Jetzt kapierte ich: Das Gewehr meines Freundes war wahrscheinlich wesentlich schwächer als unseres. Also musste ich wohl deutlich über den Kirchturm zielen, damit das Projektil auf seiner Flugkurve dort überhaupt ankam.

Zweiter Versuch. Höher zielen, entsichern, abdrücken: »Eins, zwei, drei, vier, fünf, se… PLING.«

Yes! Ich hatte es geschafft, und außerdem hatte sich mein Verdacht bestätigt, dass unser Luftgewehr das bessere war. Ich lud gleich wieder durch, um es noch mal zu versuchen. Schließlich gilt ein wissenschaftliches Ergebnis nur dann, wenn sich dieses wiederholen lässt.

»Was machst du denn da?«, hörte ich hinter mir meinen Vater fragen. Ich war noch so berauscht von meinem erfolgreichen Versuch und so stolz auf unser Gewehr, dass ich antwortete: »Papa, Papa, wir haben das beste Gewehr der Welt gekauft. Schau mal, was passiert, wenn ich auf den Kirchturm schieße. Oder weißt du was? Schieß du!«

Ich drückte ihm zuerst das Gewehr unseres Freundes in die Hand. »Du musst aber über den Kirchturm zielen. Das ist nämlich ein Kackding«, sagte ich aufgeregt. Mein Vater verstand sofort und traf beim ersten Versuch.

Dann drückte ich ihm unser in Handarbeit gefertigtes tschechisches Gewehr in die Hand. »Mit dem kannst du genau draufzielen«, sagte ich stolz.

Mein Vater zielte und drückte ab. PLING, machte es nach deutlich kürzerer Zeit als beim ersten Schuss. »Haha, das ist ja toll. Mensch, das hätte ich wirklich nicht erwartet«, schwärmte nun auch mein Vater.

Ich fasse mal kurz zusammen. Ein durch und durch pazifistischer, protestantischer Gynäkologe schießt von SEINEM katholischen Pfarrhaus auf den dazugehörigen Kirchturm. Wow, besser hätte man es sich nicht ausdenken können. Okay, immerhin tat er es mir zuliebe, und ich konnte, wie bereits erwähnt, sehr penetrant in meinen Überredungskünsten sein. Wahrscheinlich hatte er einfach keine Zeit für eine Diskussion und tat daher schnell, wozu ich ihn sonst ohnehin genötigt hätte.

Am Tag darauf erzählte mir die liebe Lydia, unsere Haushaltshilfe, eine äußerst verrückte Geschichte. Die schildere ich euch gleich, vorher muss ich aber noch ein paar Worte über Lydia verlieren: Sie war einer der wichtigsten Menschen in unseren jungen Jahren, denn sie half meinen Eltern mit dem Haushalt, von Anfang an, bis zu dem Tag, als wir aus Krenkingen fortgingen. Sie sorgte sich um das Haus, die Haustiere, die Wäsche und oft auch darum, dass die nimmersatten Jungs mittags etwas Leckeres zu essen auf dem Tisch hatten. Sie war für uns da, als sich unsere Eltern trennten und wir mit unserem Vater allein im Pfarrhaus lebten (zur vorübergehenden Trennung meiner Eltern später mehr. Für den Moment so viel: Sie kamen Jahre später wieder zusammen!). Lydia war ein festes Familienmitglied und meinte es immer gut mit uns. Und das bei all der Unordnung und den Bergen an Wäsche, die wir hinterließen, bei all dem Lärm, den Streitereien, die wir veranstalteten, all dem Blödsinn, den wir fabrizierten. Sie nahm und liebte uns, wie wir waren, und wir lieben sie noch heute sehr.

Lydia erzählte mir also Folgendes: »Du, Max, gestern war eine Beerdigung. Da hat es plötzlich über unseren Köpfen gezischt und gesirrt. Hast du eine Ahnung, was das war?«, fragte sie in einem Ton, der mir verriet, dass sie längst ihre Schlüsse gezogen hatte.

»Na ja, also … Papa und ich haben herausgefunden, dass wir das beste Luftgewehr haben«, antwortete ich ein wenig verlegen.

Da lachte Lydia herzlich und sagte: »Du kannst dir gar nicht vorstellen, was da los war. Der Pfarrer stand am Grab und hat während seiner Trauerrede immer wieder den Kopf eingezogen. Ich hab gleich gewusst, was ihr da macht. Ich hab nur gedacht: Ach, meine Mutzkejungs mal wieder!«

Ich war dankbar, dass sie die Sache, wie schon so oft, mit Humor nahm. Ganz anders sah es aus, als abends der Ortsvorsteher in unserem Wohnzimmer stand: »Also, Herr Mutzke, mal ganz abgesehen davon, dass es ein ziemlich starkes Stück ist, auf den Kirchturm zu schießen – und das sogar noch während einer Beerdigung! –, handelt es sich hier außerdem vermutlich um Sachbeschädigung. Ich sag Ihnen jetzt, wie es laufen wird. Es wird ein Gerüst aufgestellt, um zu überprüfen, ob das Dach Beschädigungen aufweist. Wenn das der Fall ist, muss das natürlich repariert werden. Die Kosten für den Aufwand tragen selbstredend Sie.«

Da der Kirchturm bis wenige Wochen zuvor noch mit einem Gerüst verkleidet gewesen war – die Sanierungsarbeiten an der Kirchturmspitze waren gerade abgeschlossen –, hatten wir alle eine Vorstellung von dem enormen Aufwand und den Kosten, die dadurch entstehen würden. Übrigens kannte ich das Gerüst in- und auswendig, denn ich hatte vor nicht allzu langer Zeit die Mutprobe bestanden, nach Sonnenuntergang an der Außenseite bis zur Kirchturmspitze hinaufzuklettern.

»Ich habe eine bessere Idee«, antwortete mein Vater. »Ich besorge ein hochwertiges Teleskop, und wir werden mit Ihnen gemeinsam vom Berg aus überprüfen, ob am Kupferdach überhaupt etwas zu sehen ist. Die Kugeln vom Luftgewehr sind so klein und leicht, ich kann mir nicht vorstellen, dass da etwas zu Schaden gekommen ist.«

Gesagt, getan. Am nächsten Tag standen der Ortsvorsteher, mein Vater und ich auf dem Berg, richteten das Sternenteleskop aus und inspizierten das Kupferdach. Es musste überprüft werden, ob die katholische Kirche auch einen materiellen Dachschaden hatte.

Ich durfte selbst hindurchblicken und war fasziniert von der unglaublichen Vergrößerung, die das Teleskop fertigbrachte. Aus einer Entfernung von ungefähr 450 Metern konnte ich deutlich eine Stubenfliege und ihren Schatten sehen. Nach langer Suche erkannten wir eindeutig ein paar leichte Schleifspuren der Diabolos. Sie sahen aus wie feine Bleistiftstriche, und es war selbst für einen Laien zweifelsfrei zu erkennen, dass die Projektile nicht mal eine Delle hinterlassen hatten. Damit war das Thema für den Ortsvorsteher vom Tisch.

Die Geschichte verbreitete sich im Dorf wie ein Lauffeuer. Zu meiner Überraschung gab es aber keine Anfeindungen, keine üble Nachrede (zumindest haben wir nichts davon mitbekommen) oder sonst irgendwelche spürbaren Konsequenzen. Ich mochte es, wie pragmatisch mein Vater an die Sache rangegangen war. Und von unserem Ortsvorsteher war ich auch begeistert, denn er hatte sich auf den unkonventionellen Plan eingelassen.

Musik kommt aus dem Bauch

Noch in der Grundschule spielte ich mit elf Jahren in meiner ersten Band. Meine Eltern hatten eine Annonce in der Zeitung aufgegeben. Sie lautete: »Wir wollen eine Schülerband gründen. Gesucht wird noch jemand am Bass und an der Gitarre. Schlagzeuger und Keyboarder, ein professioneller Bandleader sowie ein Proberaum mit Verstärkern sind vorhanden.«

So hatten wir innerhalb weniger Tage eine richtige Band zusammen, sie bestand aus vier Jungs. Der professionelle Bandleader, der uns anleiten sollte, war ein Freund meiner Familie, der selbst Bassist war und sein Staatsexamen in Musik in Zürich absolviert hatte.

Bei der ersten Probe stellte sich die Frage, wer sich zutrauen würde zu singen. Ich hatte nach den Bandproben meines Vaters ja immer alles am Schlagzeug nachgespielt und mit reinstem Phantasie-Englisch auch Songs wie *You can leave your hat on* nachgesungen. Also warf ich meinen Hut in den Ring.

»Aber du spielst doch Schlagzeug, kannst du dabei wirklich singen?«, fragten mich die anderen ungläubig.

»Ja, das mache ich schon immer so«, war meine Antwort. Ich verstand gar nicht, weshalb das so außergewöhnlich sein sollte. Erst später wurde mir klar, dass singende Schlagzeuger eher die Ausnahme sind. Es liegt wohl in der Natur der Sache: Als Schlagzeuger ist man eh schon ganz gut damit beschäftigt, die Finger, Hände und Arme plus Beine und Füße vollkommen unabhängig voneinander zu bewegen. Wenn dann auch noch das Stimmorgan dazukommt, wird es umso komplexer.

Vielleicht war es ganz gut, mir dessen nicht bewusst zu sein, denn so tat ich ganz unvoreingenommen, also völlig aus dem Bauch heraus, was ich unbedingt wollte: Schlagzeugspielen UND dabei singen. Und so wurde ich der Sänger und Schlagzeuger meiner ersten eigenen Band *So halt*.

Ich habe keinen blassen Schimmer, wer auf diesen Namen kam, kann mich aber noch gut an das erste Interview meines Lebens erinnern. Bei einem unserer Auftritte in einer großen, ausverkauften Gemeindehalle sollte ich vor dem Auftritt auf der Bühne, also vor dem Publikum!, ein paar Fragen beantworten. Ich war dermaßen aufgeregt, dass der Interviewer auf eine Idee kam. Unmittelbar bevor wir die Bühne betraten, sagte er: »Antworte doch einfach auf jede meiner Fragen mit eurem Bandnamen. Den Rest mache ich.«

Dementsprechend stellte er mir die Fragen: »Weshalb hast du dich entschieden, so früh eine Band zu gründen?«

»So halt.«

»Du spielst Schlagzeug und singst dabei. Warum?«

»So halt.«

»Wie heißt deine Band überhaupt?«

»So halt.«

Den allerersten Auftritt überhaupt aber spielten wir als Vorband der *Spätzünder*. Die Konzerte der Band meines Vaters waren immer sehr gut besucht, dieses aber ganz besonders. Es war ein Open-Air-Konzert auf dem Vorplatz eines großen Gasthauses. Der alte Hof stand auf dem Berg, zu dessen Füßen unser Dorf lag, und wurde daher »das Berghaus« genannt. Der Vorplatz, auf dem die Bühne aufgebaut war, glich mit seinen mächtigen Kastanienbäumen einem Biergarten. Es war eine laue Sommernacht, und so kamen Hunderte von Menschen. Viele meiner Freunde und deren Eltern waren gekommen. Lange Reihen geparkter Autos standen an der Landstraße. Ich kann mich gut daran erinnern, wie unglaublich aufgeregt ich war, wie ich es nicht erwarten konnte, mich hinter das Schlagzeug zu setzen, um endlich selbst vor Publikum aufzutreten.

Wir spielten nur drei Songs. *Wind of Change* von den *Scorpions*, *Knocking on Heaven's Door* von Bob Dylan und *Schrei nach Liebe* von den *Ärzten*. Für eine Band bestehend aus Elf- bis 13-Jährigen war das wohl eine gelungene Setliste. Das Publikum kannte und liebte die Songs und sang von Anfang bis Ende mit. Es war ein unglaubliches Gefühl, vor echten Menschen Musik zu machen. Mit einem Mikrophon, Licht, einer Musikanlage und meiner eigenen Band.

Der ganze Abend war wie ein Traum, aus dem ich nicht mehr aufwachen wollte. Erst das Konzert, dann der Applaus und anschließend das »Bad in der Menge«. Ständig klopften mir Leute auf die Schultern und machten mir Komplimente. Ich hatte die volle Aufmerksamkeit. Die Bestätigung, die ich bei diesem ersten Konzert erfuhr, war eine große Motivation, mit der Musik immer weiterzumachen. Und so wurden Schlagzeug- und Bandunterricht zur allwöchentlichen Routine.

Dabei fiel es mir oft gar nicht so leicht, umzusetzen, was mir im Schlagzeugunterricht gezeigt wurde. Um die Rhythmen nachzuspielen, musste ich Noten lernen – und dieser Teil erinnerte mich stark an die Schule.

Ich verbrachte viel Zeit hinter dem Schlagzeug und flippte regelmäßig aus, wenn ich die Grooves, die ich lernen wollte, nicht hinbekam. Mit jedem missglückten Versuch staute sich die Frustration in mir auf. Irgendwann wurde sie fast schmerzhaft und verdichtete sich immer mehr zu Wut auf mich, das doofe Schlagzeug und die ganze gemeine Welt (so oder so ähnlich hat es sich auf jeden Fall angefühlt). Impulsive Schlagzeug-Improvisationen, bei denen ich mir manchmal buchstäblich die Finger blutig schlug, waren das Ventil. Zum Glück hatte ich mir das Schlagzeug und nicht etwa Geige oder Saxophon ausgesucht. Nicht nur, weil diese Instrumente meine Ungeduld nicht lange überlebt hätten, sondern auch, weil ich beim Schlagzeug meinen ganzen Körper einsetzen konnte. Alles an mir konnte sich austoben, obwohl ich auf einem Stuhl saß! Das Schlagzeug war wie gemacht für mich und meinen Bewegungsdrang – aber Noten lernen war eben nicht so mein Ding. Ich lief Gefahr, die Lust am Schlagzeugspielen zu verlieren.

Mein Vater spürte das und kam auf eine grandiose Idee: Auf einem Stativ installierte er eine VHS-Kamera und filmte die Unterrichtsstunden. Dann stellte er ein altes Fernsehgerät neben das Schlagzeug. Ich musste nur die VHS-Kassette aus der Kamera nehmen und in den Videorecorder stecken, um genau hören und sehen zu können, was ich üben sollte.

Was sich beim Lernen meines Instruments früh zeigte, begleitet mich bis heute: Meine Ungeduld ist auch jetzt noch eine meiner großen Schwächen, mit der ich mir und meinem Umfeld regelmäßig auf die Nerven gehe. Damals wie heute brauche ich viel Bewegung, um meine Energie loszuwerden. Ich sitze so gut wie nie still, brauche immer etwas zu tun und möchte keine Zeit ungenutzt lassen.

Nach ein, zwei Jahren löste sich die Band *So halt* auf. Ich fackelte nicht lange und gründete sofort eine neue. In der Zwischenzeit hatte ich ein paar gute Freunde dazugewonnen, und wir taten uns zusammen als *Rüberskneweelst.* Der Bandname, man erahnt es gleich, war ein Phantasiewort. Die Wortschöpfung entsprang einer Zeit, in der ich es mir zum Sport gemacht hatte, Vokale und Konsonanten vollkommen zufällig so aneinanderzureihen, dass die entstehenden Lautketten möglichst nah an der deutschen Sprachmelodie waren. Ich perfektionierte das dermaßen, dass Menschen, bei denen ich im Gespräch ein paar dieser »Sätze« einfließen ließ, ständig dachten, sie hätten was an den Ohren. Irgendwann hatte ich damit meinen gesamten Freundeskreis angesteckt. Es mündete darin, dass ein paar Mutige aus meiner Klasse im Unterricht die Fragen der Lehrerinnen und Lehrer in meiner absoluten Nonsenssprache beantworteten.

Schnell galt das als die absolute Königsdisziplin unseres Sports, denn zu einer perfekten Simulation der Sprache musste auch der Gesichtsausdruck stimmen, damit die Lehrkräfte keinen Verdacht schöpften. Man musste ihnen fest in die Augen schauen und in völlig natürlichem Ton losplappern. Ich muss noch heute laut auflachen, wenn ich an die großen Fragezeichen in den Gesichtern denke! Gewonnen hatte am Ende der, bei dem der Lehrer oder die Lehrerin am häufigsten darum bat, die Antwort bitte noch einmal zu wiederholen.

Mit der Band *Rübersksnewelst* spielten wir Blues und Funk. Wir versuchten uns an Coversongs von Eric Clapton, *Maze*, und den *Neville Brothers*. *Rübersksnewelst* war der Vorreiter für *Project Five* – die Band, mit der ich bis zu meiner Zeit beim Grand Prix (und darüber hinaus) Konzerte spielte.

Obwohl ich also erwiesenermaßen von klein auf viele Berührungspunkte mit Musik hatte, galt ich kurioserweise in der Schule als jemand, der ausgerechnet von genau diesem Thema keine Ahnung hat. Im Musikunterricht dauerte es sehr lange, bis mein Lehrer realisierte, wie groß die Musik außerhalb der Schule in meinem Leben war – und so fielen, bis zu dem Moment, meine Noten auch oft nicht besonders wohlwollend aus.

»Hey, Max, hast du den neuen Song von *New Kids on the Block* gehört?«, fragten die Kinder aus meiner Klasse.

»Wer ist das?«

»Oh Mann, Mutzke, du hast so was von keine Ahnung von Musik!« Ich konnte einfach nicht mitreden, wenn in der Klasse über die Charts gesprochen wurde. Wenn die Mädchen von *East 17*, *Bed & Breakfast*, den *Spice Girls* oder *Take That* schwärmten. Ich las keine *Bravo*, schaute kein *Viva* und bekam generell wenig von den Trends mit, die meine Klassenkameradinnen und -kameraden so beeinflussten.

Musik ist wie eine Sprache, die man erlernen kann; und bei den Konzerten, die ich besuchte, sowie mit den Platten, die mein Vater hörte, lernte ich eine völlig andere Sprache als die meisten Kinder in meinem Umfeld. Ich wuchs mit

R&B, Blues, Soul, Funk und Jazz auf. Damals konnte ich die Faszination, die von Boy- und Girlgroups ausging, einfach nicht nachvollziehen; der cleane Sound von Popmusik löste nichts in mir aus. Auch mit dem äußeren Erscheinungsbild der Bands konnte ich nichts anfangen, es hatte für mich schlicht keinen Reiz. Vieles daran empfand ich als unecht und eitel. Die Mitglieder solcher Bands wirkten auf mich verkleidet und immer zu perfekt in allem. Mir fehlte die Virtuosität und Abwechslung in den Songs.

Auch wenn man das Wort Authentizität noch nie gehört hat, spürt man doch sehr früh, ob etwas echt ist oder fake. Für mich waren die Stimmen, die Songs und teilweise auch die Bandmitglieder selbst nicht voneinander zu unterscheiden. Meine Faszination galt Unikaten. Je unverwechselbarer jemand sang oder spielte, desto stärker fühlte ich mich hingezogen. Mein Herz schlug für Joe Cocker, Ella Fitzgerald, James Brown und Miles Davis.

Es hat lange gedauert, bis ich fühlen konnte, dass Popmusik sehr berührend sein kann, bis ich verstand, dass es eine hohe Kunst ist, gute Popmusik zu schreiben. Als Jugendlicher sah ich das auf jeden Fall anders, in Sachen Musik würde ich mich rückblickend fast als ein wenig ignorant bezeichnen. Denn alles, was nicht meinen Vorstellungen entsprach, fand ich schrecklich. Es machte mich regelrecht fassungslos, welche Musik in meinem Umfeld abgefeiert wurde – und ich konnte es noch viel weniger verstehen, dass viele Leute völlig unbeeindruckt mit den Schultern zuckten, wenn ich ihnen die Musik meiner Heroes vorspielte.

Dadurch muss sich in mir eine Art Anti-Mainstream-Gen entwickelt haben. Schon in meiner Kindheit hatte ich ja gelernt, dass die breite Masse keinen Sinn für gute Musik zu haben schien. Es geht mir zugegebenermaßen auch heute noch manchmal so, aber mittlerweile erkenne ich es als großen Vorteil, dass die Geschmäcker so unterschiedlich sind. Es geht nichts über Vielfalt, so findet jede Musikerin und jeder Musiker ihre beziehungsweise seine Nische und jedes Publikum die passende Musik. Leider bekomme ich das Anti-Mainstream-Gen aber nicht ganz aus meiner DNA, was mit Sicherheit oft nicht zu meinem Vorteil ist.

Auch wenn ich als Musiker viele verschiedene Dinge ausprobiere, lebe ich doch in einem selbst abgesteckten Mikrokosmos. Schon als Kind konnte ich tagelang ein und dieselbe Kassette von Johnny »Guitar« Watson oder B. B. King hören, ohne auf die Idee zu kommen, meinen Vater nach etwas anderem zu fragen. Das hat sich bis heute nicht geändert. Wäre ich ein Einzelkämpfer, würde ich immer erst viel zu spät von den neuesten Songs von Frank Ocean, Anderson Paak, Adele, Beyoncé, Leon Bridges und den vielen anderen großartigen Leuten etwas mitbekommen. Ich brauche Menschen aus meiner Familie, meinem Management, meiner Band und meinem Freundeskreis, die mich immer wieder mit neuer Musik konfrontieren und inspirieren, die über mir die Kruste »alter« Musik aufbrechen und mich mit neuen Sounds übergießen, damit ich nicht verstaube.

Auf Rädern zu Hause, zu Hause auf Rädern

Mit elf Jahren lernte ich nicht nur das Schlagzeugspielen, sondern noch etwas, das zu einer anderen großen Leidenschaft werden sollte: das Unimogfahren. Mein Vater nahm sich die Zeit, es mir beizubringen; vielleicht auch, weil ich ihm ständig damit in den Ohren lag (habe ich schon erwähnt, wie hartnäckig ich dabei sein kann, Leute zu überreden?). Immer wieder durfte ich mich ans Steuer meines Lieblingsfahrzeugs setzen, in dem ich jahrelang mit Opa Bernhard durch den Wald gerumpelt war. Er war es übrigens auch, der den Unimog in die Familie brachte: Opa Bernhard schenkte meinem Vater das grüne Gefährt zum Geburtstag, fortan hatte es seinen festen Platz in unserer großen Garage neben dem Pfarrhaus.

Das Schalten mit einem unsynchronisierten Getriebe lernte ich also verhältnismäßig früh. Ich verstand, wann man den Allradantrieb oder die Differentialsperre einschalten musste, wie man ein festgefahrenes Fahrzeug mit Hilfe von Seilwinde und Umlenkrolle wieder aus dem Dreck bekommt, wie man rückwärts mit einem Anhänger fährt und bei starker Schräglage im Gelände Ruhe bewahrt.

Wenn wir in den Wald fuhren, um Holz zu schlagen, dann saß ich am Steuer. Ich durfte die Seilwinde bedienen, um die Bäume aus dem Wald zu ziehen, und am Ende des Tages mit dem voll beladenen, tonnenschweren Unimog auch wieder nach Hause fahren.

Wie die meisten Jungs in meinem Alter interessierte ich mich für alles, was fahren konnte oder zumindest einen Motor hatte. Also ließ ich nicht locker, wenn ich die Chance sah, etwas steuern oder bedienen zu dürfen. So lernte ich früh, mit einer Motorsäge umzugehen (ich schnitt mir damit natürlich auch mal ins Bein. Die Narbe unterhalb meines linken Knies kann man heute noch sehen), durfte Bäume fällen, sie entasten, in Meterstücke sägen und spalten. Diese körperliche Arbeit war genau das, was ich brauchte. Ich ging so sehr darin auf, dass mir mein Vater erlaubte, alleine in den Wald zu fahren, um das bereits gespaltene Holz, das wir bei der letzten Fuhre nicht mehr auf den Unimog bekommen hatten, nach Hause zu bringen.

Der Unimog wurde mein zweites Kinderzimmer. Ständig war ich mit ihm unterwegs. Ich holte Brötchen im kleinen Dorfladen, sammelte Heiko und andere Freunde ein, die sonst mit dem Schulbus hätten zu mir fahren müssen, ich machte darin sogar meine Hausaufgaben. Am Wochenende, während die anderen noch schliefen, packte ich mir ein paar Sachen zum Essen ein, fuhr auf den Berg und genoss im Fahrerhaus mein Frühstück mit Alpensicht. Schon damals stellte ich mir vor, wie schön es sein muss, mit dem Unimog eine Weltreise zu machen. Ich erstellte eine Liste mit Dingen, die ich unbedingt einpacken müsste, und nahm mir vor, die Reise zu starten, sobald ich den Führerschein hätte. Einen Zettel und einen Kugelschreiber hatte ich immer dabei, falls mir etwas einfiel, das noch nicht auf der Liste stand.

Ich hatte ganz konkrete Vorstellungen davon, was man auf so einer Reise braucht, denn wir fuhren schon seit vielen Jahren einen alten Mercedes 808 mit langem Radstand als Wohnmobil. Mein Vater hatte diesen urigen LKW dem Chef einer Spedition abgekauft. Dieser kreative Mann hatte mit ziemlich simplen Mitteln den Transport-LKW zu einem tollen Wohnmobil umgebaut. Er schraubte einfach das Fahrwerk eines großen Campinganhängers ab und montierte den Wohnteil auf die Ladefläche des Mercedes. Voilà, fertig war das Wohnmobil.

Wir alle liebten dieses große weiße Teil, in dem wir in unserer Kindheit und darüber hinaus ein paar zehntausend Kilometer reisten. Wir blieben zwar immer in Europa, aber da mein Vater gerne fuhr und der Rest der Familie während der Fahrt auch schlafen konnte, gab es innerhalb der europäischen Grenzen keine Entfernungen, die meine Eltern abgeschreckt hätten. Wir fuhren nach Polen und Tschechien, nach Sizilien, Kroatien und Korsika, an den Atlantik oder die Straße von Gibraltar. Meine Eltern wussten zwar, in welche Richtung es gehen sollte, aber das genaue Ziel ließen sie meist offen. Wir machten das Wohnmobil schnell zu unserem Zuhause auf Rädern. Mein Mutter nähte aus schwarz-weiß gemustertem Stoff Polsterbezüge und Vorhänge. Mein Vater legte ein kariertes Laminat hinein und baute einen Kassettenspieler, einen großen Verstärker, gute Boxen und einen überdimensionierten Subwoofer ein. Und so wurden wir nicht nur von den Schlaglöchern durchgeschüttelt: R&B, Funk, Soul und Blues brachten die dünnen Wände zum Zittern.

Nicht bloß innen gestalteten meine Eltern das Wohnmobil sehr individuell. Auf einem Markt in Spanien kauften sie zwei riesige Büffelhörner, die mein Vater auf dem Dach der Fahrerkabine befestigte. Damit nicht genug. Das wirklich Besondere war die Hupe, die mein Vater – weiß der Teufel wo! – aufgetrieben hatte. Passend zu den Hörnern konnte das Wohnmobil damit plötzlich laut und sehr authentisch muhen. Wenn man an dem 15 Zentimeter langen Hebel neben dem Kassettenradio zog, gab das gehörnte Fahrzeug Laute von sich, die einem hungrigen, beleidigten Kalb alle Ehre gemacht hätten. Am meisten Eindruck machte das muhende Gefährt, wenn wir zum Beispiel durch die engen Gassen eines kleinen südländischen Fischerdorfs rumpelten. Das Heulen des Motors und die muhende Schrankwand mit Hörnern, aus deren Fenstern und Türen die aufgedrehten Kinder einer Großfamilie zu hören waren, ließen die Menschen am Straßenrand laut auflachen.

Schon als Kind liebte ich diese Art von Aufmerksamkeit, die anderen vielleicht unangenehm gewesen wäre. Wahrscheinlich, weil meine Mutter und auch mein Vater diese Momente sichtlich zelebrierten und dabei selbst am lautesten lachten. Die Stimmung im Wohnmobil war einzigartig. Die ganze Familie wochenlang auf engstem Raum. Irgendwie klappte das meistens erstaunlich gut.

Zwischen dem Wohnteil und dem Fahrerhaus gab es keinen Durchgang, wir konnten uns aber über ein fest installiertes Funkgerät austauschen. Im Fahrerhaus gab es neben dem Fahrersitz nur eine kleine Bank, auf der maximal zwei schlanke Personen Platz hatten. Meistens saß dort meine Mutter mit einem von uns Kindern. Hinten gab es zwei Tische, die man auch zu Betten umbauen konnte. Das Wohnmobil hatte keine Klimaanlage. Wenn es also während der

Fahrt besonders heiß war, öffneten wir ein kleines Seitenfenster und den oberen Teil der zweigeteilten Tür.

Wenn ich den Kampf um den Platz zwischen meinen Eltern für den nächsten Streckenabschnitt verloren hatte, hängte ich den oberen Teil der Tür aus, setzte mich mit einem Klappstuhl davor und genoss den Fahrtwind und die Aussicht. An Parkplätzen sammelten wir Steine, mit denen wir versuchten, die vorbeisausenden Verkehrsschilder zu treffen. In den Dörfern und Städten liebten wir es, aus der offenen Tür die Menschen zu erschrecken, an denen wir vorbeifuhren.

Wenn es regnete, legten wir uns ins Bett und schliefen oder lasen Bücher. Wir bastelten am Tisch, aßen den Kühlschrank leer, redeten oder stritten. Manchmal prügelten wir uns so lange, bis es einem von uns gelang, an das Funkgerät zu kommen, um meinen Eltern ein SOS durchzufunken. Für eine Mittags- oder Fahrpause suchten meine Eltern nach Möglichkeit einen schönen Platz. Wir fuhren dann von der Autobahn auf kleine Sträßchen oder Feldwege, um an ein Flussufer oder auf einen Berg mit Aussicht zu gelangen. Dort bauten wir in wenigen Minuten ein kleines Lager auf, kochten Spaghetti mit Tomatensauce oder richteten, wenn im Kühlschrank noch etwas zu finden war, ein kleines Vesper.

Ich fand das Reisen mit unserem Wohnmobil schon immer die schönste Art, Urlaub zu machen. Viel schöner als mit dem Flugzeug oder als von Hotel zu Hotel zu fahren. Es war aufregend, miterleben zu können, wie sich mit jedem Kilometer die Landschaft veränderte, immer spontan zu entscheiden, wo es hingehen sollte, und zu bleiben, wo es uns gefiel. Erst einmal mussten wir raus aus unserer Heimat, runter von den saftig grünen Hügeln des Schwarzwalds. Oft führte uns die Route mitten durch die mächtigen Alpen mit ihren weißen Gipfeln, um dann den 16,9 Kilometer langen Gotthardtunnel zu durchfahren.

Dieser Tunnel hat mir schon vor meiner ersten Physikstunde spürbar veranschaulicht, dass durch Druck Hitze entsteht. Über der Fahrbahn liegt mehr als ein Kilometer Fels, die Temperaturen steigen auf über 30 Grad Celsius an. Das bekamen wir in unserem Wohnmobil, wie gesagt, ohne Klimaanlage deutlich zu spüren. Diese erste Hitzewelle war für mich der Startschuss, um komplett in den Urlaubsmodus zu verfallen.

Um den Staus auf den Autobahnen, vor dem Tunnel und den Mautstellen zu entgehen, hatten wir es uns angewöhnt, erst am späten Abend loszufahren. Auch wenn bei der Abfahrt die ganze Familie maximal aufgedreht war, wurden wir alle von dem monotonen Motorengeräusch schnell sehr müde. Oft schliefen die Ersten von uns schon, da waren wir noch keine fünfzig Kilometer weit gekommen.

Nach kurzer Zeit war mein Vater meist der Einzige, der noch im Führerhaus saß. Ich wartete, bis alle eingeschlafen waren, dann schnappte ich mir das Funkgerät und sagte: »Papa, ich bin's, der Max. Ich möchte zu dir!« Es dauerte oft nur Sekunden, bis mein Vater kurzer Hand rechts ran fuhr, um mich nach vorne zu lassen. Ich hüpfte aus dem Wohnteil, rannte nach vorn und kletterte ins Fahrerhaus. Schon bald lernte ich, wie man Straßenkarten las, und konnte so meinen Vater bei der Navigation unterstützen. Ab dem Zeitpunkt, als ich 13 Jahre alt war, ließ mich mein Vater auch mal ans Steuer. Wenn er nach vielen Kilometern mitten in der Nacht müde wurde, machten wir in geübtem Ablauf einen fliegenden Fahrerwechsel: Ich stieg einfach während der Fahrt hinter seinen Rücken, er rutschte zur Seite. Dann ruhte er sich ein wenig auf dem Beifahrersitz aus. Ich genoss die leere Autobahn, das LKW-Lenkrad in meinen Händen und das Vertrauen meines Vaters.

Die Nachtfahrten liebte ich besonders. Schon als Kind verzauberten mich die funkelnden Lichter einer entfernten Stadt, der spezielle Geruch warmen Asphalts in einer lauen Sommernacht und das unglaublich helle Sternenband, das sich deutlich zwischen den schwarzen Schatten der gigantischen Alpengipfel abzeichnete. Außerdem genoss ich die Ruhe, die überall im und um das Wohnmobil herrschte. Denn noch Stunden zuvor hatten mich der Stress und die Hektik des Abreisetages umgeben. Es musste viel gepackt werden, um mit so vielen Leuten drei Wochen lang auf Reisen zu gehen.

Die vielfältigen, oft technischen Vorbereitungen, um das Wohnmobil startklar zu bekommen, gehörten für mich aber immer dazu. Meist waren es mein Vater und ich, die sich um alles rund ums Wohnmobil kümmerten.

Ein Kind sucht sich immer einen Platz in der Familie, der noch nicht besetzt ist. Dieser Gedanke stammt nicht von mir, aber ich kann ihn als mehrfacher Papa aus vollstem Herzen bestätigen. Auch bei mir und meinen Geschwistern war es nicht anders. Seit ich denken kann, schlägt mein Herz für das Handwerk und die körperliche Arbeit. Den Tag über in verdreckten Klamotten, das Gesicht und die Hände schmutzig von Maschinenöl oder Baumharz, die Haare verschwitzt, so fühlte ich mich immer am wohlsten in meiner Haut.

Ich hatte also großen Spaß daran, bei all den Dingen zu helfen, die getan werden mussten. Auch wenn es den ganzen Tag dauern sollte! Da mein Vater mir ja schon das Fahren beigebracht hatte, holte ich das Wohnmobil vom Stellplatz neben der Garage, hängte den Anhänger daran und stellte das Gespann vor unserem Pfarrhaus ab.

Im nächsten Schritt half ich, für alle Familienmitglieder Bettdecken, Kleidung, riesige Mengen an Nahrungsmitteln, Taucherflossen, Schwimmbrillen und Schnorchel, eine üppige Reiseapotheke und vieles, vieles mehr in den beengten Schränken des Wohnmobils zu verstauen. Ich montierte gemeinsam mit meinem Vater die sechs Fahrräder auf den Heckgepäckträger. Befüllte die Frischwassertanks, prüfte Ölstand und Reifendruck. Dann musste unser Schlauchboot aufs Dach gehievt werden, der Außenbordmotor vorne auf die Stoßstange montiert, die Biergarnitur, das Außenzelt und das Motorrad auf den Anhänger verladen … Die Liste an Dingen, die erledigt werden mussten, war sehr lang. Jeder Handgriff musste sitzen und jede Halterung sorgfältig überprüft werden, damit wir auf den langen Fahrten auch nichts unfreiwillig abluden.

Unser Reisegespann sah zum Start in die Sommerferien immer so aus, als würden wir auf eine Weltreise aufbrechen. Ich verlor mich gerne in dem Gedanken, ein paar Monate oder Jahre mit meiner Familie und diesem vollgepackten Zuhause auf Rädern die Welt zu bereisen.

Ein Campingurlaub hat immer etwas Rudimentäres und Provisorisches. Auf engstem Raum und in Betten zu schlafen, die immer voller Sand waren, egal wie viel Mühe wir uns auch gaben, das zu verhindern. Nachts vor Hitze wachzuliegen, über den halben Campingplatz oder in den Wald gehen zu müssen, um sich zu erleichtern, auf einem viel zu kleinen Gasherd und in beschämend dünnwandigen Töpfchen und Pfannen zu kochen, unzerbrechliches Plastikgeschirr mehrmals am Tag von Hand zu spülen, Klamotten zu tragen, die in den alten Campingplatz-Waschmaschinen nie wirklich sauber wurden …

Natürlich ging auf der Reise auch immer etwas kaputt und musste repariert werden. Mein Vater zeigte sich geschickt, wenn abgerissene Kabel gelötet oder Schränke geleimt werden mussten, die durch Erschütterungen während der Fahrt kaputt gegangen waren. Fahrradschläuche wurden fast täglich geflickt und Schürfwunden an Ellenbogen und Knien versorgt.

Auf diese Weise Urlaub zu machen klingt zugegebenermaßen eher anstrengend als erholsam, und das war es mit Sicherheit manchmal auch. Aber es gehörte irgendwie dazu und war der perfekte Kontrast zu unserem Alltag. Vor allem bedeutete es, dass wir uns maximal umeinander kümmern mussten. Aus Platzmangel galt es, Rücksicht zu nehmen und in allen Belangen Kompromisse einzugehen. Wir hatten nur uns – und das führte zwangsläufig dazu, dass sich die Beziehung zwischen uns Geschwistern neu gestaltete. Wir wurden richtige Freunde, meine Eltern wieder zu einem verspielten Liebespaar und unsere Familie zu einem echten Team.

Die Wochen mit unserem LKW brachten viele Überraschungen mit sich. Zu der Zeit gab es noch keine Navigationssysteme, auch konnte man nicht einfach online Campingplätze buchen oder im Internet ansehen. Bewertungen und Fotos gab es, wenn überhaupt, nur in Reiseführern, die teilweise schon seit Jahren veraltet waren. Und natürlich gab es keine Videos, um vorher eine Ahnung davon zu bekommen, was einen am Ziel erwarten würde. Hinter jeder Kurve lag also Neuland. Jeder Übernachtungsplatz war eher einem Zufall geschuldet als von langer Hand geplant. Wir folgten unserer Intuition, die manchmal Gold wert und manchmal ein falsches Luder war. Flexibilität und Spontanität waren die Eintrittskarten, um diese Wochen genießen zu können. Und wir genossen sie sehr.

Bis auf die Momente, in denen wirklich etwas schieflief, denn wir haben natürlich nicht nur Gutes erlebt. Manche Erfahrungen waren peinlich, andere unangenehm, wieder andere angsteinflößend.

Zum Beispiel, als wir spätnachts spontan und unerlaubterweise auf einer Wiese anhielten – selbstredend mit dem Vorsatz, frühmorgens, bevor der Bauer etwas mitbekommen konnte, wieder weg zu sein. Da der Mercedes 808 keinen Allradantrieb hatte, reichte ein bisschen Regen in der Nacht aus, um am nächsten Morgen stecken zu bleiben. Mir war es unendlich peinlich, dass ausgerechnet der Bauer selbst uns stinksauer mit dem Schlepper rausziehen musste, um uns endlich von seinem Grundstück zu haben. Aber irgendwie schafften es meine Eltern mit ihrer aufgeschlossenen Art und den vielen Kindern an Bord, die Stimmung zu heben. Am Ende schenkte uns der Bauer noch ein paar Eier, Milch und Käse und wünschte uns eine gute Weiterfahrt.

Sehr unangenehm wurde es einmal auf einem Campingplatz in Frankreich. Es war mitten in der Nacht, wir schliefen alle tief und fest, als plötzlich eine Horde vermeintlich Betrunkener minutenlang laut an unser Wohnmobil schlug.

Die Stimmung schien so aufgeheizt und aggressiv, dass sich keiner von uns traute, den Kopf rauszustrecken. Wir warteten ab und hofften, dass der Haufen bald weiterziehen würde. Am nächsten Morgen begriffen wir, dass die Aktion nur ein Ablenkungsmanöver gewesen war, um das Drahtseil zu kappen, mit dem unsere sechs Mountainbikes gesichert waren. Die Fahrräder waren für die Familie im Urlaub das Hauptfortbewegungsmittel und für uns Kinder das Lieblingsspielzeug.

Diebstahl gehörte zu fast jedem Urlaub irgendwie dazu. In dem Fall waren es die Fahrräder, ein anderes Mal kamen wir nach einem Städtetrip zurück zum Parkplatz, um festzustellen, dass die Türe aufgebrochen war. Sämtliche Bargeldreserven, unsere Sonnenbrillen, die Spiegelreflexkamera meines Vaters und das Scheckbuch … alles weg. Ein anderes Mal fanden wir die Boje, an der unser Motorboot festgemacht war, einsam und verlassen vor. Fröhlich hüpfte sie im Meer auf und ab. Über Nacht war unser kleines Schlauchboot samt Außenbordmotor geklaut worden. Das Boot war unabdingbar, um im Meer zu schnorcheln, Höhlen in den Steilküsten zu erforschen, versteckte Buchten zu finden oder morgens damit im kleinen Fischerdorf Baguettes und Croissants zu kaufen. Wir hatten danach nie wieder ein Schlauchboot – und es dauerte Jahre, bis wir uns wieder Mountainbikes angeschafft haben. Meine Eltern konnten sich das zu der Zeit einfach nicht mehr leisten. Dieser materielle Verlust war für uns Kinder also wirklich beschissen schmerzhaft.

Die richtig angsteinflößenden Momente, auf die wir alle gerne verzichtet hätten, gab es leider auch. Ich war vielleicht zehn Jahre alt, als wir Prag besuchten. Meine Eltern wollten die Stadt besichtigen, wofür wir Kinder keinen Sinn hatten. Wir waren gelangweilt, hatten Hunger, wollten ein Eis, mussten aufs Klo – und weil wir nichts Besseres zu tun hatten, fingen wir während des Quengelns auch noch untereinander Streit an. Meine Eltern waren maximal genervt. Da schob uns meine Mutter in einen Burgerladen (irgendwie musste man uns ja die Mäuler stopfen), während mein Vater ein Stockwerk tiefer die Toiletten aufsuchte. Als sich einer von uns auch noch über das Essen beschwerte, riss meiner Mutter der Geduldsfaden: »Wenn ihr euch jetzt nicht zusammenreißt, dann könnt ihr hier alleine essen. Mir reicht es langsam.«

»Uns doch scheißegal«, rutschte es einem von uns heraus.

»Ach, wisst ihr was? Ihr könnt mich alle mal! Ich brauche jetzt frische Luft«, sagte meine Mutter sauer, drehte sich um und ging.

Plötzlich saßen wir alleine da. Erst schauten wir uns triumphierend an, aber dann bekamen wir rasch ein furchtbar schlechtes Gewissen. Es kam eigentlich nie vor, dass wir in einer fremden Umgebung alleine waren, deshalb wurde uns jetzt schnell mulmig.

»Papa muss ja auch noch irgendwo sein«, sagte ich, während wir uns nach ihm umsahen.

»Ah, da draußen sitzt er ja«, sagte eins meiner Geschwister und zeigte aus dem Fenster.

Unser Vater saß auf einer Bank direkt vor dem Fastfoodladen. Hinter ihm drängten sich die Menschen durch die Fußgängerzone.

»Wie sieht der denn aus?«, sagte mein Bruder Moritz verwundert und wie zu sich selbst. Genau in diesem Moment fiel uns allen auf, dass Papa ein rot verschmiertes Gesicht hatte.

Später haben wir uns erzählt, dass wir alle seltsamerweise den gleichen Gedanken hatten: Mama hat ihm zum Spaß eine Flasche Ketchup ins Gesicht geschüttet, typisch Mama halt!

Die Assoziation war naheliegend, weil wir selbst gerade unsere Pommes in Ketchup tauchten, aber auch, weil es tatsächlich typisch für unsere Mutter gewesen wäre. Es kam schließlich nicht selten vor, dass sie uns oder Papa zum Vergnügen einen Schokokuss ins Gesicht klatschte.

Aber irgendetwas stimmte hier nicht, meine Mutter war ja erst vor wenigen Sekunden abgezischt, das passte zeitlich nicht. Außerdem wirkten die Bewegungen meines Vaters irgendwie seltsam. Die Erkenntnis, dass er verwundet war, kam nur Sekunden später. Der Schock durchfuhr uns wie ein Blitz. Wie von der Tarantel gestochen, sprangen wir auf und stürzten nach draußen. Unsere Mutter musste es ebenfalls gerade erst bemerkt haben, wir alle kamen im gleichen Augenblick bei ihm an.

Mein Vater war blutüberströmt und verwirrt.

»Gottfried, was ist passiert?«, fragte meine Mutter

»Gar nichts.«

»Bist du gestürzt?«, versuchte es meine Mutter erneut.

»Wo sind wir hier eigentlich?«, fragte mein Vater, als bekäme er gar nicht mit, was um ihn herum passierte.

»In Prag«, antwortete ich.

»Weshalb sind wir denn in Prag?!«, fragte mein Vater in einem völlig seltsamen Ton.

»Wir sind doch hier im Urlaub«, sagte meine Mutter.

»Wer kommt denn auf so eine Idee?«

Dieser Satz hat sich tief bei mir eingebrannt, weil er Ausdruck eines vernebelten Zustands war, der so gar nicht zu meinem Vater passte. Er klang wie ein Kind inmitten eines Fiebertraums. Das jagte uns allen eine unglaubliche Angst ein.

Aus einer tiefen Platzwunde an der Oberlippe quoll dickes Blut. Es floss in Strömen über sein Hemd und seine Hose. Er tastete immer wieder nach seinem Gesicht. Mit seinen blutverschmierten Händen fuhr er sich, mit einer für ihn typischen Geste, durch seine vollen Haare. Papa sah wirklich schlimm aus.

Immer wieder blickte er sich um, als suche er etwas. Jetzt fiel es uns auf: Seine wunderschöne, von Hand genähte Pfeifentasche aus dickem Leder, die er immer bei sich trug, war nirgendwo zu sehen. Während sich meine Mutter um meinen Vater kümmerte, machten wir Kinder uns auf die Suche. Hand in Hand folgten wir der Blutspur ins Gebäude, die Treppen hinab, zu den Toiletten.

Auf den Stufen waren blutige Fußspuren, an den Wänden waren in Blut die Handabdrücke unseres Vaters verewigt. Das Treppenhaus erinnerte an einen Horrorfilm. Als wir die Tür zur Männertoilette aufstießen, schnappte ich nach Luft. Unter einem Pissoir hatte sich eine große Blutlache gesammelt, die Keramik war verschmiert, man konnte erahnen, wie mein Vater sich daran nach oben gezogen haben musste. Die gleichen Spuren waren auf dem Waschbecken und am Spiegel.

Es war eine Szenerie, wie ich sie bisher nur aus dem *Tatort* kannte, wenn ich spät abends meinen Eltern heimlich über die Schulter schaute.

Später stellte sich heraus, dass mein Vater, als er sich vom Pissoir umdrehte, ohne Vorwarnung und mit ziemlicher Entschlossenheit einen Faustschlag ins Gesicht bekommen hatte. Aufgrund der äußerst tiefen Verletzung – die Oberlippe war komplett gespalten – ging die Polizei davon aus, dass der Täter mit einem Schlagring bewaffnet war. Er raubte meinen Vater aus und verschwand mit der Pfeifentasche, in dem auch das Scheckbuch und der Geldbeutel waren, auf Nimmerwiedersehen.

Mein Vater hat sich nach dem großen Schock relativ schnell erholt. Er wurde ins Krankenhaus gebracht, rasiert und genäht. Den Urlaub haben wir nicht abgebrochen, im Gegenteil, wir hatten danach noch wunderschöne Wochen in der Tschechei, mit einem Papa ohne Bart und einer aufregenden Abenteuergeschichte im Gepäck.

Wenn ich gerade dabei bin, berichte ich noch von einer Geschichte aus der Rubrik »Stories, auf die wir gerne verzichtet hätten – aber da sie uns nicht umgebracht haben, haben wir etwas zu erzählen«.

Wir waren schon etwas älter, ich muss 13 Jahre alt gewesen sein, meine Eltern lebten zu der Zeit getrennt. Mein Vater, meine Brüder Moritz, Menzel, Mertel und ich waren mit dem Wohnmobil in Spanien. Moritz und ich hatten jeweils noch einen Kumpel mitgenommen, wir waren also zu siebt unterwegs. Wir besuchten einen engen Freund meines Vaters, den Kunstschmied Wischi. Er lebte in einem alten Kloster in der Nähe von Perpignan in Südfrankreich, nicht weit von der spanischen Grenze.

In diesem Urlaub lernten wir einen Jungen kennen. Ich nenne ihn hier mal Sven, an seinen echten Namen kann ich mich nicht erinnern. Er kam aus der Gegend von Dresden und war ebenfalls in Spanien, um Urlaub zu machen. Sven war vielleicht zwei, drei Jahre älter als ich und muss es faustdick hinter den Ohren gehabt haben, denn er erzählte sichtlich stolz davon, dass rohe Gewalt in seinem Leben alltäglich war. Er und seine Freunde würden sich regelmäßig nach Fußballspielen treffen, um die Fans der gegnerischen Mannschaft aufzumischen. Mit Fäusten, Steinen und Knüppeln würde man dort aufeinander losgehen. Er beschrieb eine Welt, die uns ganz und gar fremd war und die mir Angst machte. Trotzdem, oder vielleicht gerade deshalb, waren wir fasziniert von diesem Typen, der vor nichts Angst zu haben schien.

Nur eine Autostunde von Perpignan, auf der spanischen Seite, liegt der Ort Figueres, in dem das berühmte Teatre-Museu Dalí, also das Salvador-Dalí-Museum, beheimatet ist.

Dies sollte unser dritter Besuch dort sein (bei unserem ersten Besuch waren wir mit einem PKW angereist, der uns während der Museumstour aufgebrochen wurde. Beim zweiten Mal mit dem Wohnmobil, das ebenfalls aufgebrochen wurde – und diesmal sollte es noch wesentlich dramatischer kommen).

Es gibt nichts, was meinen Vater mehr abstößt als Gewalt. Er versteht bei diesem Thema weder Spaß, noch konnte er jemals für etwas in der Richtung eine Faszination entwickeln. Daher sagten wir auch kein Wort davon, was der Junge uns so erzählte, mit dem wir unsere Zeit verbrachten. Ich bin mir sicher, sonst hätte mein Vater sich nicht darauf eingelassen, unseren kleinen, aber sehr kräftigen »Hooligan-Freund« ins Museum mitzunehmen.

Als wir mit der Besichtigung fertig waren, gingen wir Jungs schon mal voraus. Mein Vater war auf der Toilette, und so machten wir uns alleine auf den Weg zum Parkdeck, auf dem unser Wohnmobil stand. Wir begegneten zwei spanischen Jugendlichen, die uns neugierig beobachteten. Die Blicke unseres kleinen Hooligans und die der Spanier trafen sich, und es dauerte nur wenige Sekunden, bis sie sich Nase an Nase gegenüberstanden. Ich bekam schon beim Anblick dieser Situation weiche Knie.

Mein Bruder zog unser aggressives Mitbringsel entschlossen von den Einheimischen weg, und wir kletterten schleunigst in unser Wohnmobil.

Ich dachte, wir wären glimpflich aus der Sache rausgekommen, und war froh, dass es nicht weiter eskaliert war. Doch ich sollte mich täuschen, und wie!

Nachdem wir bereits ein paar blöde Erfahrungen gemacht hatten, besaßen wir seit Jahren eine Dose Pfefferspray und einen Baseballschläger. Die Anschaffungen galten ganz klar ausschließlich der Verteidigung. Auch wenn ich mir felsenfest sicher bin, dass mein Vater diese Dinge selbst im Notfall nicht eingesetzt hätte, war es doch beruhigend, sie dabeizuhaben. Unser kleiner »Freund« Sven hatte schon auf der Hinfahrt mit geübtem Auge den Baseballschläger und das Pfefferspray entdeckt. Jetzt schnappte er sich das Spray, sprang aus dem Wohnmobil und lief zurück zu den Jungs, von denen er sich so provoziert gefühlt hatte. Er baute sich wieder dicht vor ihnen auf und wartete, bis einer von ihnen die Kampfansage annahm. Das Pfefferspray hatte er hinter seinem Rücken versteckt, und als einer versuchte, Sven von sich zu stoßen – so fangen Prügeleien ja meistens an –, zog er ohne Vorwarnung die Dose hervor und sprühte seinem Gegner aus nächster Nähe ins Gesicht. Die Jungs zogen sich sofort zurück, während Pfefferspray-Sven mit breiter Brust zum Wohnmobil stolzierte.

Nachdem er mir schon während der Fahrt zusehends unheimlicher und unsympathischer geworden war – er sprach von nichts anderem als von Schlägereien und Gewalt –, hatte ich nach dieser hinterlistigen Aktion pure Angst vor ihm. Einmal vor Sven selbst, aber vor allem vor dem, was jetzt passieren würde. Denn auch wenn ich die Folgen noch nicht abschätzen konnte, wusste ich, es würde jetzt erst richtig losgehen.

Also rannte ich zurück zum Museum. Auf dem Weg kam mir mein Vater entgegen, auf den Schultern den zweijährigen Mertel.

»Papa, Papa, du musst sofort kommen! Wir müssen abhauen! Es gab großen Ärger auf dem Parkplatz, und ich bin mir sicher, dass da gleich was passieren wird«, japste ich.

»Was ist denn los?«

In Stichworten verschaffte ich ihm einen groben Überblick. Mein Vater verstand die Welt nicht mehr, kapierte aber, dass es wohl besser wäre, sofort zurück zu den Jungs zu eilen. Ich traute meinen Augen nicht, als hinter meinem Vater der arme Kerl vom Parkdeck auftauchte, der mit geschwollenen Augen und wutverzerrtem Gesicht einen aufgeheizten Trupp von über zwanzig jungen Erwachsenen anführte.

»Ach du Scheiße, das ging schnell«, brach es aus mir heraus.

Mein Vater begriff sofort und versuchte, die Truppe davon abzuhalten, die Wendeltreppe zum Parkdeck hinaufzusteigen. Die rachsüchtigen Typen registrierten ihn nicht einmal. Die Mannschaft war wie ein Zug, der meinen Vater einfach zur Seite schob.

Papa und ich stürmten ebenfalls die Wendeltreppe hinauf, doch auf dem Parkdeck angekommen, traute ich mich keinen Schritt weiter. Mein Vater schaffte es, ein paar der jungen Männer zu überholen, und stellte sich vor die Eingangstür unseres Campers. Die wurde von innen geöffnet und unser zweijähriger Bruder hineingehoben.

Mit wilden Gesten schrien die Männer meinen Vater an, der kein Spanisch verstand, aber mit erhobenen Händen versuchte, den wütenden Mob zu besänftigen. Er hatte keine Chance. Sie drängten sich an ihm vorbei und versuchten, die verschlossene Tür zu öffnen. Ich beobachtete alles aus sicherer Entfernung und konnte sehen, wie mein Vater ins Führerhaus stieg, um seine Familie aus der Gefahrenzone zu bringen.

Ich habe sie gezählt: Es waren 22 Kerle, und sie wurden von Sekunde zu Sekunde aggressiver. Der Freund meines Bruders sprang aus dem Auto, im naiven Glauben, er könnte etwas zur Beruhigung beitragen. Es dauerte nur Sekunden, bis ihn ein heftiger Fausthieb ins Gesicht traf. Selbst aus der Entfernung konnte ich den Schlag hören und das Blut sehen, das ihm aus der Nase schoss.

Vier Arme griffen nach ihm und zogen ihn schnell zurück ins Wohnmobil. Mein Vater hatte inzwischen den Motor gestartet, doch die Meute versperrte ihm den Weg. Plötzlich flog die Türe des Wohnteils auf, und Sven, bewaffnet mit dem blauen Alu-Baseballschläger, sprang wie ein tollwütiger Fuchs im Hühnerstall in die wütenden Menge und fing an, auf die anderen einzuschlagen.

Die Menge stob auseinander, als würde sie von einem Pitbull angegriffen. Und genau so sah es auch aus. Der kleine, kräftige Sven drehte sich wie ein Ventilator im Kreis und schaffte es, die Leute fernzuhalten. Mein Vater hupte und muhte, ließ langsam die Kupplung kommen, um endlich wegzufahren. Als Antwort auf den Fluchtversuch kam ein Motorradhelm angeflogen und zerschmetterte die Seitenscheibe des Fahrerhauses. Sven sprang zurück ins Wohnmobil, denn jetzt ging es offensichtlich um Leben und Tod.

Die Meute war nach dieser Aktion wild entschlossen. Völlig hysterisch schaukelten sie den LKW auf. Alle Insassen gerieten in Panik. Selbst als der völlig verängstigte kleine Mertel, dem dicke Tränen über die Wangen liefen, durch die Scheibe blickte, gab es kein Erbarmen. Im Gegenteil: Ich sah, wie einer der jungen Männer ihm aggressiv in die Augen blickte und sich dabei mit dem Zeigefinger deutlich und langsam von links nach rechts über die Kehle fuhr. Ich musste Hilfe holen. Es war nur noch eine Frage der Zeit, bis sie meinen Vater aus der kaputten Scheibe zerren oder die dünnen Wände unseres Wohnmobils durchbrechen würden. Ich stürzte die Wendeltreppe hinunter, zurück auf die Carrer Canigó. In dem Moment, als ich auf der Straße ankam, fuhr ein Motorradpolizist an mir vorbei. Ich pfiff durch meine Finger laut hinter ihm her. Er registrierte meine fast schon unfreundliche Aufforderung und drehte um.

»Please help! There is a big fight!« Panisch zeigte ich hoch zum Parkdeck. Er begriff sofort und gab Gas. Ich rannte ihm die 50 Meter über die Carrer de la Tramuntana hinterher.

Oben angekommen, war die Situation noch übler. Überall rissen die Jungs an dem Wohnmobil herum, es wurde gebrüllt und getreten, mit Fäusten auf die Türen und Wände eingehämmert, Blut und Scherben bedeckten den Boden.

Der Polizist gab in ruhigem Ton ein paar Befehle in sein Funkgerät, stellte das Motorrad ab und sprintete in die aufgeheizte Menge. Er schien keine Angst zu haben und schlug sich mit einem Schlagstock seinen Weg frei zum Wohnmobil.

In diesem Moment hörte ich überall in der Stadt Sirenengeheul, ein Polizeifahrzeug nach dem anderen schoss auf das Parkdeck. Die Polizisten stürzten sich ins Getümmel, warfen jeden, den sie erwischen konnten, auf den Boden. Es wurde gebrüllt, geschimpft, gezerrt und geflucht. Handschellen klickten, erst dann wurde es ruhiger. Die Wohnmobiltür öffnete sich, der Freund mit der blutenden und gebrochenen Nase, Sven mit einem offenen Schienbein, das er sich beim rettenden Sprung ins Wohnmobil zugezogen hatte, und mein Vater, dessen Arm von der Helm-Attacke ebenfalls blutverschmiert war, der weinende Mertel und der Rest der geschockten Familie standen völlig verloren auf dem Parkplatz.

Viele Stunden verbrachten wir unter Polizeischutz auf dem Parkdeck, bis mein Vater und Sven von dem Verhör auf der Polizeistation zurückkamen. Bedröppelt machten wir uns auf den Weg zurück nach Frankreich.

Am Abend gab es lange Diskussionen. Mein Vater machte klipp und klar deutlich, was er von Gewalt hielt. Wir hätten ja jetzt am eigenen Leib erfahren, wozu sie führen könne. Und auch wenn er die Reaktion der Spanier deutlich verurteilte, machte er uns für die ganze Sache verantwortlich. Wir wussten: Er hatte recht. Sven war plötzlich ganz klein und erzählte nicht mehr von seinen Hooligan-Heldentaten. Es wäre aber auch egal gewesen, denn wir wollten nichts mehr mit ihm zu tun haben.

Am nächsten Tag machten wir uns daran, die Schäden am Wohnmobil zu beheben. Nachdem eine neue Scheibe eingesetzt war, die Wischi und mein Vater auf einem Schrottplatz aufgetrieben hatten, war alles gesagt, und wir machten einen Haken unter das Thema.

Meine Eltern sind beide nie nachtragend gewesen. Und auch solche Erfahrungen wie die auf dem Parkplatz führten nicht dazu, dass sie ihre Offenheit und ihre Neugierde aufgaben. Wir fuhren weiter in fremde Länder, entschieden spontan, auf welcher Wiese wir übernachten wollten, machten Städtetrips und nahmen Freunde und Freundinnen mit in den Urlaub. Meine Eltern gabelten jeden Menschen auf, der per Anhalter reiste, und luden jeden, der vorbeikam und Lust auf ein Glas Wein oder schwarzen Tee hatte, zu uns ein.

Sie lebten uns vor, wie wertvoll es ist, fremden Menschen mit großem Vertrauensvorschuss zu begegnen, und dass es äußerst ratsam ist, mit Respekt, Achtsamkeit und Offenheit fremde Länder zu bereisen.

Es gab zu dieser Zeit keine Handys oder Tablets, und so lernten wir, wie man einen Straßenatlas mit Entfernungen und Steigungen liest und eine Straßenkarte faltet.

Wenn ich heute mit meiner Familie in den Urlaub fahre, sind die Vorzeichen ganz andere. Es hat natürlich auch sein Gutes, dass jeder ständig erreichbar ist und tolle Erinnerungsfotos machen kann, dass wir Vollsperrungen und Staus umfahren und die schönsten Plätze und leckersten Restaurants schon vorher buchen können und nicht erst suchen müssen.

Aber auch wenn meine Kinder in diese digitale Welt hineingeboren wurden und wir uns das mittlerweile auch nicht mehr anders vorstellen können, löse ich doch Sehnsüchte bei ihnen aus, wenn ich von meinen analogen Kindheitserinnerungen erzähle. Die Geschichten müssen auf sie einen ähnlichen Effekt haben, wie die Filme und Bücher von Astrid Lindgren auf mich hatten. Habe ich damals eine Folge Michel aus Lönneberga geschaut, dann wollte ich danach sofort barfuß laufen, Fallen bauen, über einem Lagerfeuer ein Hähnchen grillen und mit den Händen essen.

Einmal fragte ich meine Kinder: »Beneidet ihr mich eigentlich darum, dass ich ohne Handy aufgewachsen bin?«

Die Antwort kam schnell, ohne Ironie – und vollkommen einstimmig: »Ja, sehr!«

Sie erzählten mir von dem Druck und dem Zwang, den das lang herbeigesehnte Handy in ihr Leben gebracht hat. Wir waren von Anfang an bemüht, die Handyzeit im Alltag klar zu begrenzen, aber das funktioniert oft nicht so, wie ich mir das vorgestellt habe.

Im Urlaub sieht das zum Glück anders aus. Inspiriert von meinen Erzählungen sind meine Kinder auf den Vorschlag eingegangen, das Handy in unseren Familienwochen ganz abzugeben. Im Gegenzug bemühe ich mich, die Reise so zu gestalten, wie ich es mit meinen Eltern erleben durfte.

Während der langen Fahrten erzählten uns meine Eltern Geschichten, sangen mit uns Lieder, spielten uns Hörbücher vor oder machten uns auf die Besonderheiten der Landschaft um uns herum aufmerksam.

Wir waren fasziniert von hohen Brücken, freuten uns, wenn wir das Meer am Horizont entdeckten oder eine Kirche, die in den Felsen gebaut war. Unsere Eltern beschäftigten sich mit uns, und allein dadurch bekam die alte Weisheit

»Der Weg ist das Ziel« für uns eine echte Bedeutung. Dieses Gefühl versuche ich auch meinen Kindern zu vermitteln (und es funktioniert noch viel besser als erhofft).

Der Effekt dieser handyfreien Zeiten auf unser Familienleben ist so unglaublich groß, dass die älteren Geschwister schon auf die absurde Idee kamen, mich davon überzeugen zu müssen, ihren jüngeren Geschwistern bitte niemals ein Handy zu geben. Ich finde den Gedanken zwar äußerst verlockend, muss aber zugeben, dass die Zeiten nun einmal andere sind – und ein Leben ohne Handy mindestens genauso viele Nachteile wie Vorteile hätte.

Jedenfalls lebt noch heute, wie erwähnt, der bisher unerfüllte Wunsch in mir, eines Tages eine Weltreise zu machen – so sehr haben mich meine Eltern mit ihrem Reisefieber angesteckt. Diesen Traum hatte ich schon als Jugendlicher. Am liebsten wäre ich so früh wie möglich mit »meinem« Unimog auf Reisen gegangen. Als ich mit 18 Jahren endlich meinen Führerschein hatte, wollte ich eigentlich sofort los. Doch Heiko, mein bester Freund seit der fünften Klasse, nutzte die Sommerferien spontan, um das Geld für seinen eigenen Führerschein zusammenzubekommen. Wir hatten immer vorgehabt, die »Unimog-Weltreise« gemeinsam zu unternehmen – und nach seiner Absage wollte ich nicht alleine aufbrechen. Also blieben Unimog und ich in diesem Sommer zu Hause, und auch danach kam immer irgendetwas dazwischen.

Aber: So einen Wunsch schüttelt man nicht ohne weiteres ab. Und so kauften mein Bruder Moritz und ich über zwanzig Jahre später einen LKW Steyr 12M18 aus den Beständen der österreichischen Bundeswehr. Auch wenn wir viele hundert Stunden in die Restaurierung gesteckt haben, sind wir nie fertig geworden – und folglich noch keinen Kilometer damit gefahren. Was nicht ist, kann ja noch werden. Das ist zumindest die Hoffnung, die uns davon abhält, den halb restaurierten Steyr zu verkaufen.

Meine Leidenschaft, schwere Maschinen zu fahren, hält bis heute an. Als ich meinen LKW-Führerschein gemacht hatte, verdiente ich mir mit ihm gleich mein Geld. Ich arbeitete in den Schulferien exakt in dem Steinbruch, in dem wir schon als Kinder gespielt hatten. Auch nachdem ich beim Grand Prix aufgetreten war, saß ich hin und wieder hinter dem Steuer einer Sattelzugmaschine MAN TGX oder eines Vierachsers Mercedes Actros. Ich tat das weniger fürs Geld als vielmehr aus Spaß. Es kam immer wieder zu lustigen Momenten, wenn ich nach 2004 mit dem LKW irgendwo unverhofft auf einer Baustelle auftauchte: »Hän mir uns scho mol ürgendwo gsäh? Du kunsch mir so bekannt vor. Du siesch genau gliech us wie dä Sänger ussem Fersäher!«

Heute fahre ich zwar nicht mehr LKW, dafür sitze ich im Winter ab und an hinter dem Steuer eines PistenBully 100. Mit dem präpariere ich Kinderrodelbahnen, räume Winterwanderwege und spure Loipen für den Langlaufsport. Ich habe mit diesem Hobby in der vielen Freizeit begonnen, mit der ich unerwartet durch die Coronapandemie konfrontiert war. Ich mag diese Tätigkeit aus mehreren Gründen. Es ist ein gutes Gefühl, ehrenamtlich etwas für die Gesellschaft zu tun. Außerdem liebe ich es, im tiefsten Winter durch die mit Puderzucker bestreuten Wälder zu fahren. Gewöhnlich sitze ich frühmorgens, bevor die ersten Wintersportler kommen, oder am späten Nachmittag, nachdem die meisten wieder weg sind, im Cockpit dieser modernen und doch recht komplexen Maschine. Ich fahre also mit einem Kettenfahrzeug entweder in den Sonnenunter- oder den Sonnenaufgang durch die unverschämt romantische Natur meiner verschneiten Heimat. Kann man sich was Schöneres vorstellen? Ich kaum.

Max, hol mal schnell den Arztkoffer!

»Max, hol doch mal bitte meinen Arztkoffer aus dem Auto!« Diesen Satz hörte ich oft in meiner Kindheit.

Die Praxis meines Vaters war zwar nicht bei uns im Haus, aber am Wochenende kam es immer wieder vor, dass die Dorfbewohner mit akuten Leiden meinen Vater zu Hause aufsuchten. Für meine Geschwister und mich gehörte es zur Normalität, dass es zu unterschiedlichsten Uhrzeiten an der Haustür läutete. Wir riefen unseren Vater und brachten die Leidenden ins Wohnzimmer. Dort erzählten sie von ihren Beschwerden – und Papa gab sein Bestes, um ihnen zu helfen.

Er war zwar Gynäkologe, aber allgemeinärztliche Notdienste am Wochenende gehörten zu seinem Arbeitsalltag für einen Mediziner auf dem Land. Ich weiß noch, dass das allererste Handy in unserer Familie das Diensthandy aus dem Krankenhaus war, das mein Vater bekommen hatte, um für die Notdienste immer erreichbar zu sein. Ganz früher hatte er einen Pieper. Wenn er unterwegs war, fuhr er zur nächsten Telefonzelle, rief bei der Zentrale an und fragte, wo er als Nächstes hinmuss.

Die Leute aus dem Dorf konnten natürlich unabhängig von den Notdiensten bei uns behandelt werden. Dafür musste einer von uns Geschwistern den schweren schwarzen Lederkoffer aus dem Auto holen. In diesem Notfallkoffer bewahrte mein Vater alles Wichtige auf, was ein Arzt so braucht: Schmerzmittel, Spritzen, Stethoskop, Verbandsmaterial und so weiter. Als Kind fragte ich mich, weshalb die Handwerker nicht auch einen so schönen Koffer benutzten, um ihr Werkzeug darin aufzubewahren. Ich mochte es, den Koffer zu holen, es machte mich stolz, wenn mein Vater in seiner Rolle als Arzt bei uns zu Hause aufgesucht wurde.

Egal womit er gerade noch beschäftigt gewesen war, ob er es eilig hatte, eigentlich auf dem Sprung war oder gerade seinen täglichen Mittagsschlaf hielt, es schien ihn nie zu stören, wenn jemand um Hilfe bat. Ganz im Gegenteil, er wurde ruhig, schlug seinen unverwechselbar fürsorglichen Ton an und strahlte diese typisch ärztliche Seriosität aus. Er ging sehr mitfühlend auf die Leute ein; seine liebenswerte Art wirkte auf die Patienten und Patientinnen immer beruhigend.

Auch auf mich hatte mein Vater diese Wirkung. Nur wenig konnte ihn aus der Fassung bringen, schlecht gelaunt habe ich ihn bis heute nicht erlebt. Zugegeben, als meine Brüder und ich noch sehr jung waren, haben wir ihn hin und wieder dazu gebracht, laut zu werden. Vor allem die Autofahrten in unserem VW-Bus, wenn wir also auf engstem Raum zusammensaßen, eskalierten regelmäßig. Meine Brüder und ich nutzten den Fond des Autos wie heute MMA-Kämpfer den Käfig, in dem sie aufeinander losgehen. Wir waren so sehr miteinander beschäftigt, dass wir nur am Rande mitbekamen, wie mein Vater versuchte, uns zu maßregeln.

»Hey, Jungs! Sofort aufhören! Ich fahre hier Auto und muss mich konzentrieren. Moritz, runter von Max! Max, lass Menzels Haare los! Seid ihr eigentlich verrückt geworden?! Wenn ihr nicht sofort aufhört, dann werfe ich euch aus dem Auto, und ihr könnt nach Hause laufen.« So oder so ähnlich waren seine Drohungen. Mein Vater musste sie während der Fahrt nach hinten brüllen, um gegen unseren Lärm anzukommen. Beeindruckt hat uns aber nur eines: die Vollbremsung. Es war das Mittel der Verzweiflung, das mein Vater anwendete, um endlich für Ruhe zu sorgen. Und es klappte immer. Denn nach einer solchen Aktion – wir waren ja längst abgeschnallt, um uns uneingeschränkt an den Kragen gehen zu können – mussten wir uns erst einmal neu sortieren.

Ich kann mich noch gut an das Gefühl der negativen Beschleunigung in Kombination mit der Fliehkraft nach links erinnern. Wenn dieses Ereignis vorüber war, standen wir am rechten Straßenrand, und mein Vater sprang aus dem Auto, um uns aus der Seitentür zu befördern. Für meine Brüder und mich galt es dann zusammenzuhalten. Im Bruchteil einer Sekunde, noch bevor mein Vater die Seitentür geöffnet hatte, sprangen wir hinter die letzte Sitzreihe in den Kofferraum. Mein Vater machte sich also auf den Weg, um die Kofferraumklappe zu öffnen. So schnell, wie wir hinten waren, waren wir wieder vorn. Diese Choreographie wiederholte sich noch zwei, drei Mal, bevor mein Vater resigniert aufgab und sich wieder auf den Fahrersitz begab, um die Fahrt fortzuführen. Meist hatte er dann die nächsten 15 Kilometer Ruhe.

Sobald wir aus dem Auto stiegen, waren die Raufereien meist schon wieder vergessen. So war mein Vater, nie nachtragend. Diese unbeschwerte Art, die er uns vorgelebt hat, inspiriert mich bis heute. Und dabei gibt es natürlich auch in seinen mittlerweile acht Jahrzehnten ein paar schicksalhafte Ereignisse, die für meinen Vater sicher schwer zu verkraften waren.

Meine Eltern ließen sich scheiden, als ich zwölf Jahre alt war, fanden nach elf Jahren wieder zueinander und heirateten erneut. Das mal vorab. Die Trennung meiner Eltern brachte sehr viel Unruhe in unsere Familie und in unsere Herzen. Ein Jahr zuvor war mein jüngster Bruder Mertel auf die Welt gekommen. Plötzlich war da jemand Neues in der Familie. Ein zierliches Menschlein, das mir den Kopf verdrehte. Ich liebte den Kleinen von Anfang an so sehr, dass ich ihn überall mit hinnahm. Wenn ich von der Schule nach Hause kam, knutschte ich ihn erst einmal ordentlich ab. Nachmittags schleppte ich den Säugling mit ins Dorf zu meinen Freunden; und abends wollte ich nicht ohne ihn ins Bett.

Sobald Mertel sitzen konnte, fuhr er mit mir auf dem Mountainbike in den Wald, ins Dorf oder sogar ins Hexenloch. Ob wir Hütten bauten, ein Feuer machten, Musik spielten oder mit dem Luftgewehr auf Dosen schossen: Mertel war fast immer mit dabei.

Wenn er mittags vollkommen überdreht und übermüdet war, dann gab es oft nur eine Sache, die ihm in den Schlaf half. Es wurde zu einem festen Ritual, das mir sehr viel Spaß machte: »Max, kannst du bitte mit Mertel eine Runde drehen?«, fragten meine Eltern, wenn sie nicht weiterwussten.

»Komm, kleiner Mann, du darfst jetzt einen Mittagsschlaf machen.« Ich schnappte mir meinen kleinen Lieblingsbruder und setzte ihn in den Unimog. Durch das monotone Motorengeräusch in der Fahrerkabine und die unsanften Erschütterungen auf den Waldwegen schlief er nach wenigen Minuten ein. Wir drehten fast täglich und bei jedem Wetter eine Runde durch den Wald. Auch sonst konnte sich Mertel schon früh für alles begeistern, was mir so in den Sinn kam.

Mit meinem Vater und unserem lieben Nachbarn Bruno, der die Dorfschlosserei betrieb, baute ich aus einem alten Motorradrahmen eine dreirädrige Seifenkiste. Den Rahmen hatten wir aus einem Schrottcontainer gezogen, das Vorderrad sowie die passende Gabel von einer Werkstatt geschenkt bekommen, und zur Konfirmation hatte ich mir nichts sehnlicher gewünscht, als zwei kugelgelagerte Sackkarrenräder. Wir bauten eine Starrachse an die Motorradschwinge, auf die die Räder gesteckt wurden. Für die Sitzbank klebte ich Schaumstoff auf eine Holzplatte, den ich mit schwarzem Kunstleder überzog. Fertig war mein eigenes Trike.

Bevor mein Vater die letzte Patientin für den Vormittag behandelte, rief er immer zu Hause an, um uns darüber zu informieren, dass er sich gleich auf den Weg machen würde. Wir sollten schon mal anfangen, den Tisch zu decken, Nudelwasser aufsetzen oder Gemüse schnippeln. Für mich war der Anruf vor allem deshalb interessant, weil er mir sagte, dass wir uns nun endlich auf den Weg machen konnten, um meinem Vater entgegenzufahren.

Ich schnappte mir den kleinen Mertel, stieg mit ihm auf das Trike, und los ging die wilde Fahrt. Wir beide liebten es, die 2,7 Kilometer von unserem Zuhause nach Detzeln zu rollen. Wobei das Wort »rollen« einen falschen Eindruck vermittelt. Unser Haus in Krenkingen liegt 152 Meter höher als die Bushaltestelle im Nachbarort Detzeln, wo wir auf unseren Vater trafen. Wir hatten eine rasante Abfahrt mit Steigungen von teilweise 13 Prozent vor uns. Wie ein Pfeil schossen wir den Berg hinab. In der S-Kurve, wo das Gefälle am stärksten war, verließen wir die Fahrbahn, um den direkten Weg über die Wiese zu rumpeln. Die Bremsen waren so schlecht, dass man bei vollem Einsatz einfach bloß langsamer schneller wurde, von Anhalten war nie die Rede. An der T-Kreuzung zur Steinatalstraße waren wir so schnell, dass wir die letzten 256 Meter auf der Ebene bis zur Bushaltestelle ausrollen konnten. Dann hängten wir uns mit einem Seil an den Ford Mondeo meines Vaters und genossen erneut eine rasante Fahrt: diesmal den Berg hinauf zurück nach Hause.

Mertel machte alles mit. Er schenkte mir und meinen Freunden bedingungsloses Vertrauen. Ich übernahm unglaublich gerne Verantwortung für ihn, denn die Trennung meiner Eltern bahnte sich schon kurz nach seiner Geburt an. Vielleicht wollte ich ihm Halt geben und liebte meinen kleinen Bruder deshalb noch ein bisschen mehr, als ich es ohnehin getan hätte. Aber vielleicht war es auch umgekehrt, und er gab mir Halt.

Als meine Mutter uns verließ, waren meine Eltern so sehr mit sich und ihren Verletzungen beschäftigt, dass sie uns nicht mit der Aufmerksamkeit begegneten, die wir bis dahin gewohnt waren. Zum Glück gab es meine Schwester Miriam, damals 16 Jahre alt. Sie war für uns da. Sie kümmerte sich um Mertel, wenn er Bauchkrämpfe hatte oder schlecht drauf war oder auch sonst, wenn ich mal etwas ohne ihn unternehmen wollte.

In der heftigen und teilweise lauten Trennungsphase meiner Eltern kapierte ich, dass Geschwister und Freunde zwar nicht alles, aber dennoch sehr vieles kompensieren können. Und zum Glück verstand ich für mich, dass ich die Situation meiner Eltern nicht beeinflussen konnte. So konnte ich ihre Beziehung zwar auch nicht retten, aber ich wusste eben auch, dass ich nicht schuld daran war, dass sie nicht wieder zueinanderfanden.

Sie sollten ihr Ding machen, ich machte meins. Ich lernte schnell, dass ich raus und mir den Tag selbst schön machen musste, um so wenig wie möglich von der giftigen Stimmung bei uns zu Hause abzubekommen. Und auch den kleinen Mertel wollte ich dieser Stimmung nicht aussetzen.

Tagsüber erlebten wir Hand in Hand große Abenteuer, in der Nacht hielten wir uns aneinander fest. Womöglich lag es am Altersunterschied und vielleicht auch an der Gesamtsituation zu Hause, aber ich empfand Mertel gegenüber eine Liebe, die ich bis dahin noch nicht gekannt hatte. Sie war bedingungsloser als die zu meinen anderen Geschwistern oder zu meinen Freunden – und so ganz anders als die zu meinen Eltern.

Aus heutiger Sicht als Papa kann ich sie wohl am treffendsten mit der Art von Liebe beschreiben, die ich für meine eigenen Kinder spüre. Ich weiß noch, wie ich damals dachte: Wenn ich meinen kleinen Bruder schon so sehr liebe, wie wunderschön muss es dann sein, eigene Kinder zu haben?

Und so entstand in mir ein großer Traum, den ich einmal so formulierte: Ich möchte später ein paar Motorsägen, einen eigenen Unimog und vor allem sehr früh viele Kinder haben!

Was soll ich sagen? Das Glück ist, wie so oft in meinem Leben, auf meiner Seite. Ich war 25 Jahre alt, als ich das erste Mal Vater wurde. Es ist noch viel schöner, als ich es mir ausgemalt hatte. Und ja, ich habe heute auch ein paar Motorsägen und einen Unimog.

Jedenfalls war mein Vater nach der Trennung mit uns allein im Pfarrhaus zurückgeblieben. Er hatte ab dem Moment fünf Kinder zu versorgen, eine Praxis zu leiten, den Trennungsschmerz zu verarbeiten und mit großen Geldsorgen unser Leben zu jonglieren. Später, als meine Eltern wieder geheiratet hatten, kämpfte er einen aussichtslosen Kampf gegen die Krankheit meiner Mutter – um sie dann ein zweites Mal und für immer verlieren zu müssen.

Ich weiß, dass mein Vater viel Kraft aus seinem Glauben zog. Er hatte einen kleinen, unscheinbaren Bibelkalender, aus dem er sich jeden Morgen ein Zitat nahm und es auf sein Leben bezog. Daraus schöpfte er Zuversicht, was mich bis heute tief beeindruckt. Denn in all diesen schweren Jahren blieb mein Vater ausgeglichen, nahm sich Zeit für uns, unterstützte uns, so gut es ging, und behandelte uns bedingungslos liebevoll. Er war die Konstante in unserem Leben und ist mein absolutes Vorbild. So geliebt und aufgehoben, wie ich mich als Kind in seiner Gegenwart gefühlt habe, sollen sich meine Kinder auch bei mir fühlen.

Für mich war es schon als Kind schön zu sehen, wie sich seine offene und zugewandte Art auf die Menschen in seiner Umgebung auswirkte. Die Stimmung bei uns zu Hause, wenn er die Nachbarn medizinisch versorgte. Auch wenn mein Vater hin und wieder Schmerzmittel verabreichte, waren es in meiner Wahrnehmung viel mehr die sonore Stimme und vor allem seine Hände, die Linderung brachten. Behutsam tastete er den Bauch ab oder strich mit dem Stethoskop über den Rücken und die Brust der Patientinnen und Patienten, um Herz und Lunge abzuhören. Ich wusste, dass ich ganz still sein musste, also stand ich da und beobachtete voller Mitleid das schmerzverzerrte Gesicht – und voller Bewunderung die geübten Hände meines Vaters. Manchmal war es aber auch dramatischer. Jemand stürzte in unser Wohnzimmer und rief: »Gottfried, komm schnell! Der Opa Wagner hat einen Herzanfall!«

Mein Vater wurde gerufen, wenn jemand von der Leiter gefallen war, sich in den Arm gesägt oder ins Bein gehackt hatte oder von einer Kuh getreten wurde. Das Leben auf dem Land bietet viele Möglichkeiten, sich übelst weh zu tun.

Mein Vater stürzte in solchen Fällen nach draußen, rannte zum betroffenen Nachbarhaus und gab uns den Befehl, schleunigst den Arztkoffer nachzubringen. Er leistete dann Erste Hilfe und übernahm, bis der Krankenwagen kam.

Als meine Eltern sich für das alte Pfarrhaus in Krenkingen interessierten, sprach sich das im Dorf schnell rum. Da für die Dorfgemeinschaft ebendieses Haus natürlich einen besonderen Stellenwert hatte, wurde darüber abgestimmt, ob denn überhaupt ein Fremder mit evangelischer Konfession das ehrwürdige katholische Pfarrhaus kaufen dürfe. Das schlagkräftigste Argument, das die Gemeinde letztendlich überzeugte, war, dass bei Notfällen ein Arzt im Dorf wäre. Diese Rolle erfüllte mein Vater zu jeder Tages- und

Nachtzeit – und die Krenkinger zeigten sich dafür sehr dankbar.

Auch wenn meine Brüder und ich im Dorf geboren wurden, waren wir »Zugezogene«, also keine echten Krenkinger. Das bekamen wir von den Leuten aber nur selten zu spüren. Ich glaube, dass es diese uneingeschränkte Hilfsbereitschaft und authentische Gastfreundschaft meiner Eltern waren, die uns zu einem unhinterfragten Teil der Dorfgemeinschaft machten.

Meine Mutter war keine Ärztin, aber auch sie war immer sofort zur Stelle, wenn jemand Hilfe brauchte. Ich kann mich an eine Situation auf einer Autofahrt erinnern. Der Wagen vor uns wurde plötzlich langsamer, fuhr ein paar Schlangenlinien und blieb unverhofft mitten auf der Straße stehen. Mein Vater musste bremsen und ausweichen, fuhr genervt an dem Fahrzeug vorbei und beschleunigte. Meine Mutter aber verstand sofort, was los war: »Halt sofort an, Gottfried! Irgendwas stimmt da nicht.«

Noch bevor der Wagen ganz zum Stehen gekommen war, sprang meine Mutter aus dem Auto und lief zu dem liegengebliebenen Fahrzeug zurück. Sie rief: »Ruf den Krankenwagen!«

Sie öffnete die Fahrertür, und ein verschwitzter und völlig apathischer Mann kippte ihr entgegen. Sie fing ihn auf und ließ ihn langsam zu Boden gleiten. Wir legten seine Füße auf den Fahrersitz, meine Mutter setzte sich auf die Straße und bettete seinen Kopf auf ihren Schoß. Bis der Rettungsdienst eintraf, streichelte meine Mutter dem orientierungslosen Fremden durch die Haare und sprach ihm beruhigende Worte ins Ohr, so wie sie es mit uns Kindern tat, wenn es uns schlecht ging. Ich fühlte mehrere Dinge gleichzeitig: Ich war peinlich berührt von dieser intimen Nähe, die meine Mutter mit diesem Mann aufbaute, und erstaunt darüber, dass sie keinerlei Berührungsängste hatte. Gleichzeitig war ich sehr stolz auf sie. Denn ich spürte, dass ihre Hilfsbereitschaft vollkommen authentisch und für meine Mutter in diesem Augenblick das Selbstverständlichste der Welt war.

Mein Vater erzählte mir von einer anderen Situation, in der meine Mutter ihr großes Herz bewies. Spät in der Nacht waren sie auf dem Heimweg zu Fuß durch das kleine Städtchen Tiengen (damals lebten sie dort). Es war Winter. Die Nacht war kalt, es hatte den ganzen Tag geregnet. Im Gebüsch entdeckten sie einen Mann, der vollkommen durchnässt auf der Seite lag. Meine Mutter zögerte nicht: »Gottfried, der erfriert hier draußen! Wir müssen ihm helfen.«

Sie beugte sich zu dem armen Kerl und sagte: »Kannst du mich hören? Wie heißt du denn? Kannst du aufstehen?« Er war wohl zu betankt, als dass er zu einem Gespräch in der Lage gewesen wäre. Gemeinsam halfen sie ihm auf die Beine. Da er aber weder ansprechbar war, noch einen Schlüssel oder einen Geldbeutel bei sich trug, beschloss meine Mutter, ihn mit nach Hause zu nehmen. Es waren nur noch ein paar Meter. Sie schleppten ihn ins Gästezimmer, zogen ihm die Schuhe aus, öffneten das Fenster und schlossen die Tür.

Am nächsten Morgen kam ein ziemlich verdutzter, schüchterner Mann ins Wohnzimmer. Er bekam einen Kaffee. Das Frühstück lehnte er ab, bedankte sich und schlüpfte aus dem Haus. Es war diese bedingungslose Hilfsbereitschaft, die meine Eltern gelebt haben, die mich bis heute prägt.

Wahrscheinlich ist es deshalb lange ein Traum von mir gewesen, Arzt zu werden. Selbst nachdem ich beim Eurovision Song Contest aufgetreten war, als ich also schon mit Musik meinen Lebensunterhalt verdiente, dachte ich hin und wieder daran. Aber sogar ich bin Realist genug, um zu verstehen, dass ich für diese Art von Studium nicht gemacht bin. Trotzdem hatte ich immer den tiefen Wunsch, einen Beruf zu erlernen und Fähigkeiten zu entwickeln, mit denen ich anderen Menschen eine echte Hilfe sein kann.

Heute bin ich sehr dankbar dafür, dass ich einen Weg gefunden habe, diesen Wunsch mit meinem Beruf als Musiker zu verbinden. Ich empfinde es als Geschenk und Privileg, dass ich meine Bekanntheit nutzen kann, um Gutes zu tun.

Alleine in Deutschland gibt es unglaublich viele Vereine und Organisationen, die sich ehrenamtlich für einen guten Zweck engagieren und jede Art von Unterstützung brauchen. Ich bekomme daher wöchentlich Anfragen mit der Bitte um Hilfe. Es ist nicht möglich, alle Anfragen anzunehmen. Und selbst wenn ich die Zeit hätte, mich überall einzubringen, wäre es nicht sinnvoll. Damit die Unterstützung einen möglichst großen Effekt hat, ist es wichtig, im eigenen Leben Berührungspunkte mit dem jeweiligen Thema zu haben. Also helfe ich da, wo ich mich durch meine Erfahrungen authentisch einbringen kann.

So habe ich dankbar die Schirmherrschaft von COA übernommen. COA steht für »Children Of Addicts« und widmet sich Kindern suchtbelasteter Familien. Da Alkoholmissbrauch oft hinter verschlossenen Türen stattfindet und Nachbarn und Verwandte davon nichts mitbekommen (wollen), sind diese Kinder auf sich alleine gestellt. Alkohol und andere Drogen sind so präsent im Alltag dieser Kinder, dass die meisten von ihnen im späteren Leben entweder eine Partnerschaft mit einer suchtbelasteten Person eingehen oder selbst eine Sucht entwickeln. Diesen Kreislauf gilt es zu durchbrechen – und dafür setzen wir uns ein.

Außerdem bin ich seit vielen Jahren Botschafter des Deutschen Kindervereins, der sich auf höchster politischer Ebene gegen Gewalt an Kindern stark macht. Im Grundgesetz ist zum Beispiel der Tierschutz fest verankert, Kinderrechte sind es hingegen nicht. Ein anderes Beispiel: Während Juristinnen und Juristen für Themen wie Urheber-, Steuer- oder Strafrecht eine spezielle Ausbildung absolvieren müssen, brauchen Familienrichter und -richterinnen, die über das Wohl der Kinder entscheiden, keine spezifische Ausbildung. Das ist schlicht und ergreifend im Jurastudium nicht vorgesehen.

Diese Beispiele zeigen, dass es an einer klaren Haltung für das Wohl der Kinder in unserer Gesellschaft fehlt – und das ist erschreckend. Es darf hier kein »Training on the Job« geben! Dies gilt übrigens für jeden, der im Kinderschutz tätig ist. Wir benötigen einen Kinderschutz in Deutschland, der das Kind in den Mittelpunkt stellt – und nicht die Eltern.

Um diesem Engagement sinnvoll und nachhaltig nachgehen zu können, braucht es Zeit, Aufmerksamkeit und Geld. Bei den letzten beiden Punkten kann ich etwas tun. Wir drehen kurze Videos für das Fernsehen oder die sozialen Netzwerke, ich gebe Interviews zum Thema und spiele Konzerte, deren Erlöse teilweise oder ganz der Organisation zugutekommen.

Grundsätzlich sehe ich es als Aufgabe von Kulturschaffenden, sich in irgendeiner Form auch politisch zu engagieren. Wir haben das große Glück und die Fähigkeit, unser Publikum emotional erreichen zu können. Ein Beispiel: Marialy Pacheco, die Pianistin aus Kuba. Ich habe bereits davon erzählt, dass ich ihr bei jedem unserer Konzerte das Mikrophon überlasse, damit sie ihre Geschichte erzählt.

Sie ist in einer Diktatur aufgewachsen. Das Leben ihrer Familie, ihrer Freunde und der ganzen Bevölkerung wird nach wie vor überwacht. Die Medien dienen seit jeher nur der kubanischen Propaganda, es gibt keine Möglichkeiten für das Volk, Einfluss auf politische Entscheidungen zu nehmen, die Verbesserung bringen könnten. Die Menschen dort können ihre Meinung nicht frei äußern, sie haben kein Geld und kämpfen tagtäglich für das Nötigste. Es gibt keine Perspektiven für junge Menschen in Kuba, was für Marialy letztendlich der Grund war zu fliehen.

Wenn das Publikum und ich gebannt Marialys Geschichten lauschen, wird uns allen wieder einmal bewusst, was Vielfalt bedeutet. Marialy Pacheco aus Kuba und ich, Max Mutzke aus dem Schwarzwald, zwei Menschen, die unterschiedlicher nicht hätten aufwachsen können, stehen gemeinsam auf der Bühne, um in der Musik eins zu sein.

In einer Zeit, in der Rassismus und antidemokratische Kräfte immer weiter wachsen, ist es umso wichtiger, jede Chance zu nutzen, ein Gegengewicht zu schaffen. Viele Künstlerinnen und Musiker widmen sich solchen Themen. Sie werden damit zu Fackelträgern, die auch in anderen Menschen ein Licht entzünden können, das sie dann mit sich tragen, um andere damit anzustecken. Künstlerinnen und Künstler können den Menschen auf emotionale

Weise begreifbar machen, wie wertvoll eine bunte Gesellschaft ist. In Liedern, Texten oder bei Konzerten wird klar, dass Vielfalt eine unversiegbare Quelle für Kreativität ist. Sie inspiriert und lässt Neues entstehen, von dem wir alle profitieren. Nicht nur in der Kunst, auch im alltäglichen Leben.

Mein erstes Mal bei Nazu unterm Bett

Ich war 19, als ich Nazu kennenlernte. Ich kann gar nicht in Worte fassen, wie dankbar ich dafür bin. Wir trafen uns in der Schule. Sie ist zwei Jahre jünger als ich und ging in die elfte Klasse des Gymnasiums. Durch die Umwege in meiner schulischen Laufbahn war ich erst in der 10. Klasse der Realschule, die im gleichen Gebäude untergebracht war.

Der Start unserer Beziehung war ein wenig holprig, denn in den ersten Jahren durften ihre Eltern, allen voran der Vater, von unserer Liebe nichts mitbekommen. Und so kam es tatsächlich mal zu einer Situation, in der Nazu und ich vor Angst fast gestorben wären – über die wir aber heute mit unseren Kindern laut lachen können.

Nazus Vater Tekle hatte Spätschicht und sollte eigentlich erst am Abend nach Hause kommen. Das Gleiche galt für ihre Mutter. Also trauten wir uns in ihre Wohnung im ersten Stock, wo wir es uns im Wohnzimmer gemütlich machten. Plötzlich hörten wir, wie im Erdgeschoss die Haustür aufgeschlossen wurde und jemand die Treppe hochkam. Da dies die einzige Wohnung im ganzen Haus war (im Erdgeschoss war ein Kindergarten), wussten wir, dass es nur Nazus Mama oder Papa sein konnten.

Ohne Zögern, ohne Worte (und ohne Hose!) sprintete

ich vom Sofa in Nazus Zimmer und warf mich unter ihr Bett. Nazu schnappte geistesgegenwärtig meine restlichen Klamotten und stopfte sie in den Wäschekorb, der gerade zufälligerweise in der Nähe war. Sekunden später stand ihr Vater in der Tür. Nazu tat beschäftigt, ganz so, als würde sie den Haushalt machen und die Wäsche verräumen. Nach qualvollen Minuten, die sich wie Stunden anfühlten, und in denen ich in Boxershorts unter ihrem Bett lag, kam sie endlich in ihr Zimmer.

»Oh fuck, mein Vater hat frei und bleibt zu Hause«, flüsterte sie mir zu. Ich konnte die Panik in ihrer Stimme hören.

»Was machen wir denn jetzt?«, flüsterte ich hysterisch zurück.

»Ich hab hier schon mal deine Klamotten. Zieh dich an, ich lenke ihn ab.« Sie schmiss mir meine Motorradjacke, Hose und Socken unter das Bett.

In diesem Moment flog die Türe auf, und der Vater kam ins Zimmer. Ich konnte seine Füße sehen. Ich traute mich nicht zu atmen, konnte laut und deutlich meinen Herzschlag hören – und ich hätte mich nicht darüber gewundert, wenn die beiden ihn ebenfalls gehört hätten.

Zum Glück sprachen die zwei gleich miteinander. Da sie sich auf Tigrinya, ihrer Landessprache unterhielten, verstand ich kein Wort. Die Sprache ist, zumindest für mich, phonetisch sehr nah am Arabischen. Die harten, kehligen Laute vermittelten mir damals das Gefühl, dass der Vater maximal gereizt war. Kurz darauf verließen Nazu und er das Zimmer. Umständlich, denn es war so eng, dass meine Nasenspitze den Lattenrost berührte, zog ich mich an. Erst Hose, dann Motorradjacke, dann Socken. Fuck, wo waren die Schuhe?! Wieder eine Ewigkeit später kam Nazu zurück.

»Wo sind meine Schuhe?«, zischte ich unter dem Bett.

»Ich habe sie vorhin in der Panik hinter das Sofa geworfen. Mein Vater sitzt aber darauf und schaut Fernsehen.«

»Was mache ich denn jetzt?«

»Keine Ahnung!«

»Kann ich wenigstens aus der Wohnung schlüpfen?«

»Spinnst du? Auf keinen Fall! Mein Vater läuft ständig rum. Der würde dich auf jeden Fall sehen.«

»Aber ich kann doch nicht den ganzen Tag unter deinem Bett liegen bleiben«, krächzte ich.

»Du musst aus dem Fenster! Ich sorge dafür, dass er nicht ins Zimmer kommt, und ich versuche, an die Schuhe ranzukommen. Beeil dich!«

Ich kroch unter dem Bett hervor und öffnete das Fenster. Ungefähr einen halben Meter darunter war das Flachdach des Kindergartens. Wenige Wochen zuvor hatte mir Nazu erzählt, dass schon ein paarmal in diesen Kindergarten eingebrochen wurde. Zuletzt durch ein Oberlicht in besagtem Flachdach. Die Nachbarn waren daher angehalten worden, verdächtige Personen unverzüglich bei der Polizei zu melden. Na toll! Es war taghell, und ich war in einer ledernen Motorradjacke nur in Socken auf dem Dach unterwegs. Aber ehrlich gesagt: Eine Nacht im Gefängnis erschien mir wesentlich verlockender, als dem unbekannten Vater zu begegnen.

Um nicht gesehen zu werden, legte ich mich nah an die Hauswand direkt unter Nazus Fenster und betete, dass ich den Tag überlebte. Es dauerte eine Ewigkeit, bis sich endlich das Fenster öffnete und zwei Schuhe auf mich herabplumpsten. Ich zog sie an und sprang auf der Rückseite des Kindergartens vom Dach. Blöderweise hatte ich mein Motorrad direkt vor der Haustür geparkt, und dahin traute ich mich jetzt nicht mehr. Ich schlich in Sichtweite um das Haus und überlegte fieberhaft, wie ich an mein Motorrad kommen könnte – und welche Gefahren mir drohten, wenn mich Nazus Vater dabei erwischte. Ich muss gewirkt haben wie eine Katze, die vor einem Teich steht und einen fetten Fisch im Blick hat, aber jedes Mal, wenn sie das Wasser berührt, die Pfote schnell wieder zurückzieht. Immer wieder unternahm ich einen halbherzigen Versuch, auf das Grundstück zu gehen, um ihn nach wenigen Schritten wieder abzubrechen.

Auf einmal stand er vor mir! Wie konnte das sein? Ich hatte die Haustüre doch immer fest im Blick gehabt. Tekle musste das Haus bereits verlassen haben, als ich auf dem Dach lag. Aber was sollte ich mir darüber jetzt noch mein verwirrtes Hirn zermartern? Jetzt war eh alles egal, er hatte mich erwischt. »Du bist Max!«, sagte er in scharfem Ton. Es war keine Frage, es klang eher wie eine Drohung. Ich hatte keine Ahnung, woher er von mir wusste, wir hatten uns ja noch nie gesehen. Er hob seine Faust und hielt sie mir direkt unter die Nase. Zwischen den Fingern blitzte jeweils eine Spitze eines Schlüssel auf. Das hatte er mit Sicherheit nicht zufällig so akkurat arrangiert. Dann erzählte er mir in knappen Worten, was er mit mir und anschließend mit meinem Körper machen würde, wenn er mich noch einmal in der Nähe seiner Tochter erwischte.

Es sollten drei Jahre vergehen, bis Tekle und ich uns ein zweites Mal begegneten. Denn für Nazu war klar, dass es mit ihren Eltern keinen Kompromiss geben konnte. Entweder ein Leben zu Hause unter Beobachtung und zumindest offiziell ohne mich, oder mit mir gemeinsam, aber dafür ohne Kontakt zu ihren Eltern. Das brauchte Zeit. Doch sie entschied sich für mich.

Warum die Eltern so sehr dagegen waren, dass ihre Tochter eine Beziehung hatte, erklärte mir Nazu wie folgt: Die Eltern waren nach Deutschland geflohen, weil sie in ihrem eigenen Land keine Perspektive für ihre Kinder sahen. Sie hatten ihre geliebte Heimat verlassen, um den Kindern eine Schulausbildung und ein Studium zu ermöglichen. Sie hatten einen hohen Preis dafür bezahlt, ihren Kindern ein Leben in maximaler Freiheit zu schenken. Darum sollte für Nazu ihr Abitur und später ihr Studium (und damit eine Zukunft in Unabhängigkeit) mit großem Abstand das Wichtigste sein. Das Letzte, was ihre Eltern akzeptieren konnten, war ein dahergelaufener Typ auf einer dreckigen Motocrossmaschine, der ihre Tochter von diesem Plan ablenkte. Ausbildung und Beziehung – in den Köpfen von Nazus Eltern waren diese beiden Welten wahrscheinlich nicht zu vereinen.

Wir lebten schon eine Weile zusammen, als wir irgendwann aus heiterem Himmel von ihren Eltern zum Essen eingeladen wurden. Alles änderte sich schlagartig in dem Moment, als ich offiziell mit Schuhen und Hose die Wohnung betrat. Seit der Zeit sind wir – wie sollte es auch anders kommen – eine echte Familie. Mittlerweile sind sie die besten Großeltern, die sich meine Kinder nur wünschen können.

Anfang der achtziger Jahre kamen sie aus Eritrea und Äthiopien nach Deutschland. Meine Kinder tragen also zwei völlig unterschiedliche Kulturen in sich, man könnte sagen, sie sind halb europäisch und halb afrikanisch. Ich hätte es bis vor ein paar Jahren genau so ausgedrückt, aber meine Kinder haben mir zu verstehen gegeben, dass sie von dieser »halb-halb«-Bezeichnung nicht viel halten. Schon als sie klein waren, haben sie stolz gesagt: »Papa, wir sind afrikanisch und europäisch. Eigentlich sind wir sogar eritreisch, schwäbisch, äthiopisch, schlesisch und im Schwarzwald geboren. Wie können wir da halb-halb sein? Wir sind doch so viel mehr.«

Und ja, das kann ich nur bestätigen. Seit mehr als zwanzig Jahren sind sowohl mein Leben als auch das meiner gesamten Verwandtschaft durch Nazus Familie unglaublich bereichert worden. Zu Nazus Familie gehört auch eine große und fest zusammengewachsene eritreisch-äthiopische Community, in deren Mitte ich mich von Anfang an sehr willkommen gefühlt habe. Auch meine Geschwister, Eltern, Tanten und Onkel und sämtlicher Anhang sind längst eng vertraut mit dem afrikanischen Teil der Familie. An Geburtstagen, Feiertagen oder zu sonstigen Anlässen, bei denen die Großfamilie zusammenkommt, könnte es nicht bunter und schöner sein.

Meine Kinder schlüpfen in die Gewänder, die ihnen Abi (Oma) aus Äthiopien mitgebracht hat, und strahlen über das ganze Gesicht. Sie spielen mit den anderen Kindern oder lassen sich von irgendjemandem Kopf und Rücken kraulen, während sie den Gesprächen lauschen. Ich liebe es, diesen großen bunten Haufen zu beobachten. Es wird viel gelacht und gestaunt, wenn sich die Leute gegenseitig ihre Geschichten erzählen.

Vor allem aber genieße ich es, wenn, wie immer bei diesen Gelegenheiten, mein absolutes Lieblingsessen auf den

Tisch kommt. Injera nennt man das Gericht, das typisch für die Region ist, aus der Nazus Eltern stammen. Es wird ein riesiges Buffet aufgebaut. Darauf liegen Berge von Sauerteigfladen, die dem Essen seinen Namen geben. Außerdem Schüsseln voller unterschiedlicher und meist sehr scharfer Soßen mit und ohne Fleisch. Dazu Salat und Joghurt gegen die Schärfe.

Abi und ein paar ihrer Freundinnen treffen sich zu solchen Anlässen bereits drei Tage vorher, um alles vorzubereiten. Auch das gehört unbedingt dazu. Sie hat mir mal erzählt, dass die Frauen die Tage nutzen, um sich in Ruhe auszutauschen, daher sind beim Kochen alle Männer herzlich ausgeladen. Einmal musste ich die Frauen beim Kochen besuchen, um ihnen dringend benötigte Zutaten vorbeizubringen. Schon von weitem hörte ich laute Musik aus der Wohnung, in der sie schon seit Stunden fleißig schnippelten, würzten, brieten, backten und rührten. Als ich den Raum betrat, saßen sie um einen kleinen Gaskocher, auf dem sie gerade Bun (Kaffee) kochten. Sie redeten gegen die laute Tigrinya-Musik an und hatten dabei so viel Spaß, dass ihnen die Tränen vor Lachen über die Gesichter liefen. Es war so schön, diese Stimmung mitzuerleben, dass ich am liebsten geblieben wäre.

Wenn also das Buffet angerichtet ist, nimmt man sich einen Teigfladen und breitet ihn auf seinem Teller aus. Darauf kommen kleine Portionen von Tsebhi (Linsen), Doro (Hühnchen), Shiro (einem scharfen Mus aus Kichererbsenmehl), Zeih Siga (geschmortem Lammfleisch) und vielem mehr. Schließlich nimmt man sich noch einen zweiten Fladen. Ich liebe das Essen nicht nur, weil es scharf, unverwechselbar intensiv, stark gewürzt und vielfältig ist, sondern auch, weil man zum Essen kein Besteck nutzt: Man isst es nach ostafrikanischer Tradition mit den Händen. Es ist wie für mich gemacht! Genau genommen isst man nur mit der rechten Hand. Man reißt sich ein Stück von dem Fladen ab, pickt damit die unterschiedlichen Soßen samt Salat auf, taucht das Ganze in den kalten Joghurt und schiebt es sich in den Mund. Mir läuft schon beim Gedanken daran das Wasser im Mund zusammen.

Wenn es vor dem Essen noch hoch herging, wird es plötzlich still am Tisch. Die Leute aus meiner Familie, vor allem die nicht afrikanischen, dabei zu beobachten, wie sie versuchen, das perfekte Mengenverhältnis zwischen Teig und Soße herauszufinden, macht dieses Essen zusätzlich äußerst amüsant. Entweder ist der Teigfetzen zu klein, und die Soße fällt zurück auf den Teller oder in den Schoß, oder die Portion in der Hand ist zu groß und passt nicht (oder nur sehr unelegant) in den gierigen Mund. Genauso lustig, wie es ist, die Verrenkungen der Ungeübten zu beobachten, sind die Blicke, die sich die Geübten zuwerfen. Überall wird gelacht und gestöhnt, manchmal vor Wonne, manchmal wegen der Schärfe.

Nach dem Essen freuen wir uns alle auf die Kaffee-Zeremonie. Auch die wird ausschließlich von Frauen abgehalten. Erst rösten sie über einem Gasbrenner frische grüne Kaffeebohnen in einer kleinen Blechpfanne. Es knackt, knistert und qualmt. Würziger Rauch wabert durch unsere Reihen. Wenn das Rösten vorüber ist, wird die Pfanne jeder einzelnen Person vor die Nase gehalten. Die Leute fächern sich dann den Rauch zu, um das volle Aroma abzubekommen. Danach werden die Bohnen gemahlen und mehrfach in einem kleinen Tonkrug aufgekocht. Gewürze wie Ingwer und Kardamom und zwei volle Löffel Zucker pro Espresso machen den Geschmack einzigartig.

Nazus Familie nimmt uns bei diesen Essen für ein paar Stunden mit in eine andere Welt. Der Rhythmus der Tigrinya-Musik, der Klang ihrer Sprache, die Farben ihrer Gewänder, der Geruch von Injera und frisch gerösteten Kaffeebohnen, all das macht uns reich an Geschichten, Erfahrungen und Träumen. Es macht mich glücklich zu sehen, wie sehr sich unsere Familien ergänzen und welche Freude sie aneinander haben. Außerdem bin ich unendlich dankbar dafür, in was für einem bunten und liebevollen Umfeld die Kinder das Lieben lernen. Sie werden geherzt, geküsst, gestreichelt und gedrückt. Sie leben in beiden Welten und machen daraus ihre eigene. Sie sind von allem alles und eben nicht nur halb-halb.

Nazu und ich haben sehr früh begonnen, mit den Kindern über Rassismus zu sprechen. Wir sind über die Jahre dahintergekommen, dass es das Wort Fremdenhass auf den Punkt bringt. Von Menschen aus dem Umfeld wie Mitschülerinnen, Freunden, Lehrerinnen oder Nachbarn kommen eigentlich selten rassistische Sprüche. Meist sind es Menschen, die keinen emotionalen Bezug zu meiner Familie haben, die ekelhafte und ätzende Bemerkungen machen. Nazu und meine Kinder machen rassistische Erfahrungen vor allem durch fremde Menschen. Da ist es von Vorteil, dass wir sehr ländlich leben. So wie Nazu und ich sind auch unsere Kinder im Schwarzwald geboren und aufgewachsen, waren hier im Kindergarten und in der Schule, verdienen sich durch Ferienjobs etwas dazu und entdecken ihre Hobbys. Da ihr Netz an Beziehungen sehr eng gewoben ist, kommt es in ihrem Alltag sicher weniger zu diskriminierenden Momenten, als wenn sie in einer Großstadt aufwachsen würden. Aber das heißt natürlich nicht, dass ihr Leben frei davon ist.

In den letzten Jahren gab es ein paar heftige und einschneidende Ereignisse, die in der Bevölkerung Unsicherheit und Unzufriedenheit geschürt haben. Die Coronapandemie, der russische Angriffskrieg gegen die Ukraine, die Inflation, der explodierende Nahost-Konflikt. Zusätzlich sorgt die AfD für Hetze und Spaltung und ist gerade bei jungen Menschen in Deutschland erschreckend erfolgreich. Ich habe meine Kinder gefragt, ob sie das zu spüren bekommen. Und klar, auch an ihnen geht das alles nicht spurlos vorüber.

Grundsätzlich fühlen sie sich aber sicher in ihrer Heimat. Auch wenn wir natürlich nicht wissen, was die Menschen hinter verschlossenen Türen denken oder erzählen, auf offener Straße sind meine Kinder zum Glück selten offenem Rassismus ausgesetzt. Ich hoffe sehr, dass wir es schaffen, den Faschismus und Rassismus kleinzuhalten, dass wir Toleranz und Vielfalt den größten Platz einräumen. Mein Wunsch ist, dass die Menschen begreifen, welch riesigen Mehrwert eine bunte Gesellschaft hat. Ob Geschichten, Essen, Filme, Musik oder Kinder: In einer bunten Welt entsteht von allem nur das Beste.

Augen zu und durch

Alles begann damit, dass ich von einem Freund verarscht wurde.

Matthias, aus meinem Nachbarort Detzeln, war damals der Bassist meiner Band *Project Five.* Ich war vielleicht 17 Jahre alt, als wir die Band gründeten. Wir spielten regelmäßig Konzerte bei uns in der Region, und die waren immer pickepackevoll. Bei uns im Schwarzwald kennt jeder jeden, und so waren unsere Auftritte schon deshalb gut besucht, weil jeder aus der Band die eigene Verwandtschaft, den Freundes- und Kollegenkreis mobilisieren konnte. Wir waren ein besonderer Haufen, vor allem musikalisch. Denn während sich die meisten Bands am Hochrhein zu der Zeit auf Rock- und Popmusik konzentrierten, war *Project Five* durch meine musikalische Prägung natürlich eine Soul-, R&B- und Funk-Band. Unsere Besetzung bestand aus Schlagzeug, Bass, Klavier, Gitarre, Saxophon, Posaune und Trompete. Wir spielten Coversongs von Miles Davis, Maceo Parker, *Tower of Power* und was uns sonst noch so abgeholt hat. Auch eigene Songs waren im Repertoire, wie zum Beispiel *Schwarz auf Weiß.* Das ist ein Liebeslied, das ich damals für Nazu geschrieben hatte und das nach *Can't wait until tonight* 2004 die zweite offizielle Max-Mutzke-Single werden sollte.

Ich war bei *Project Five* wieder Schlagzeuger und Sänger, mein kleiner Bruder Menzel der Trompeter. Es ist doch etwas Wunderschönes, wenn Geschwister, die sich gewöhnlicherweise konsequent auf den Sack gehen, eine gemeinsame Leidenschaft haben. Menzel, drei Jahre jünger als ich, war das jüngste Bandmitglied. Dann folgte ich. Nach oben war der Abstand weiter: Unser ältester Musiker war 15 Jahre älter als Menzel.

Auch später, zu Beginn meiner Karriere, war es normal, dass die Musikerinnen und Musiker, die mich begleiteten, mindestens eine Dekade älter waren. Was für mich eindeutig den Vorteil hatte, von den erfahrenen Leuten lernen zu können. Das war für mich damals bedeutend. Die Ruhe und Professionalität während der Proben, der Tour und auch der Shows gaben mir das Gefühl von Sicherheit. So konnte ich mich voll und ganz ausprobieren, ohne Gefahr zu laufen, die Band damit aus dem Konzept zu bringen. Der perfekte Nährboden, um mich musikalisch entwickeln zu können.

Ich würde sagen, dass ich mir als junger Musiker die meisten Skills zu der Zeit von *Project Five* angeeignet habe. Wir trafen uns mindestens einmal die Woche in unserem Proberaum im Pfarrhaus. In der Gründungsphase der Band absolvierte ich parallel noch mein privates Musikstudium in Freiburg (dazu komme ich später). Musik war also bereits mein Alltag.

Wir trafen uns oft in den frühen Abendstunden und machten stundenlang Musik, danach saßen wir zusammen, aßen und quatschten. Es war ein schönes Gefühl, das nachzuleben, was ich als Kind von meinem Vater und seiner Band, den *Spätzündern*, vorgelebt bekommen hatte. Wir haben genauso viel miteinander gelacht, diskutiert und uns gefetzt.

Wenn ein Konzert bevorstand, fuhren wir die Proben hoch auf zwei- bis dreimal die Woche. Es ist wirklich ein großes Geschenk, wenn man in jungem Alter die Möglichkeit bekommt, so viel Zeit mit Gleichgesinnten zu verbringen. Jeder von uns war hoch motiviert und bemüht, sein Bestes zu geben. Wir waren ein gutes Team und noch bessere Freunde. Dementsprechend waren unsere Konzerte wirklich cool. Nicht nur der Musikstil, sondern auch die Stimmung auf der Bühne machte *Project Five* zu etwas Besonderem.

Zu der Zeit machte ich mir viele Gedanken über meine berufliche Zukunft. Am liebsten wollte ich Musiker werden, klar. Aber ob ich davon im Schwarzwald würde leben können? So richtig als Berufsmusiker? Die Eltern meiner Freunde waren Handwerker, Ärztinnen, Bauern und Lehrerinnen. Und auch wenn meine Eltern mit vielen Künstlern und Schauspielerinnen befreundet waren, lebten die ihre Leben ja ganz woanders.

Da ich aber damals wie heute nie woanders leben wollte als im Schwarzwald, entwickelte ich die Ahnung, etwas anderes werden zu sollen. Ich interessierte mich schon immer für die Arbeit mit Holz und Eisen. Also machte ich ein Praktikum in meiner Lieblingsschlosserei bei Bruno in Krenkingen. Bruno war zwar hundertmal älter als ich, aber damals irgendwie auch mein bester Freund. Von klein auf durfte ich bei ihm in der Werkstatt mitarbeiten. Nicht für ihn, nein, für mich und meine Hobbys!

Ich lernte, mit all den Maschinen umzugehen, mit denen

ich heute meine eigene Werkstatt eingerichtet habe. Ich lernte schweißen, flexen, sägen, abmessen, Bohrer schleifen, mich für das passende Material für mein Vorhaben zu entscheiden. So baute ich mit vielleicht zehn Jahren meinen ersten Tresor (den gibt es heute noch, er sieht eher aus wie ein Teil aus einem abgeschossenen U-Boot, das Jahrzehnte später geborgen wurde. Aber ohne Schlüssel wird es dennoch schwer, ihn zu öffnen).

Ich baute mein eigenes Bett, in dem ich zwar nicht das erste, dafür aber das zweite Mal Sex hatte, konstruierte bei Bruno meine Trike-Seifenkiste (ich bin mir gerade nicht sicher, ob die letzten beiden Punkte chronologisch in der richtigen Reihenfolge sind), renovierte in seiner Werkstatt den Unimog, der durch solche Aktionen immer mehr zu meinem wurde. Ich lernte, wie man Motoren auseinandernimmt oder Hydraulik- und Bremsleitungen repariert und bördelt. Bruno hatte eine unendliche Geduld mit mir und behandelte mich wie einen geliebten Freund. Seine Werkstatt war das Paradies für mich.

Auch heute noch kann ich mich Stunden damit beschäftigen, in meiner Werkstatt Dinge zu bauen und zu reparieren. Weil ich von klein auf den Umgang mit Holz gelernt habe, baue ich einen Teil unserer Möbel selbst. Wenn ich also zu Hause bin, gerade kein Album aufnehme (oder an einem Buch schreiben darf), dann ist die Zeit in »Max' Schreinerei und Schlosserei« ein großartiger Ausgleich zu meiner Singerei.

Übrigens, in diesen Tagen, während ich das Buch schreibe (ohne zu wissen, ob es jemals ein Bestseller werden könnte), richte ich – koste es, was es wolle! – meine Werkstatt neu ein. Yes! Ich konnte mir also gut vorstellen, Handwerker zu werden. Und dann gab es da noch die Nähe zum Holzmachen sowie meine Begeisterungsfähigkeit für große fahrende Maschinen (in dem Punkt bin ich wirklich stehengeblieben, wie sich aus meinem YouTube-Algorithmus schließen lässt).

Altenpfleger war ebenfalls ein Beruf, mit dem ich in Berührung kam und den ich mir hätte vorstellen können. Diese Berührung dauerte genau vier Samstage lang. Die habe ich gebraucht, um meine 20 Sozialstunden abzuleisten, die ich aufgebrummt bekam, weil ich mich beim Ladendiebstahl unendlich blöd angestellt hatte.

Ich mache es kurz: Der Vater meiner damaligen Freundin war Schauspieler und hatte in einem begehrten Computerspiel (an den Namen kann ich mich nicht mal mehr erinnern) den Bösewicht synchronisiert. Als dieses Spiel endlich rauskam, fanden wir es äußerst ungerecht, dass der Spielehersteller uns kein Exemplar umsonst zuschicken wollte. Der Papa meiner Freundin verlieh ja immerhin dem Hauptbösewicht seine Stimme, da hatten wir wohl ein Recht darauf! So ungefähr argumentierte in dem Moment mein Gerechtigkeitssinn. Mit dieser Einstellung machte ich mich auf den Weg zum Kaufhaus, bewaffnet mit einer Rohrzange. Die brauchte ich, um die Schutzhülle aufzubrechen, in der die CD steckte (ja, es war Vorsatz, so urteilte später auch der Richter).

Ich nahm das Spiel also mit in eine Umkleidekabine und malträtierte die Hülle so lange mit der Zange, bis sie unter lautem Knacken die CD freigab. Dann stiefelte ich, unendlich nervös, zum Ausgang. Dort schrillte der Alarm. Hä?! Was war schiefgelaufen? Ich hatte doch die Hülle entfernt, weshalb löste es denn trotzdem den Alarm aus? Anstatt wegzulaufen, drehte ich mich brav um, um ein weiteres Mal in der Umkleide die CD in Augenschein zu nehmen. Was übrigens der Ladendetektiv, entspannt mit einer Tasse Kaffee in der Hand in seinem kleinen Büro sitzend, über die Kameras beobachten konnte, wie er mir später gelangweilt erzählte.

In der Umkleide sah ich, was das Problem war: Ich hatte zwar die Hülle entfernt, aber nicht den Aufkleber auf der CD. Jetzt zog ich ihn ab und machte mich erneut auf den Weg zum Ausgang.

Jemand tippte mir auf die Schulter. Ich drehte mich erschrocken um.

»Würdest du mich bitte in mein Büro begleiten?«, fragte der große freundliche Mann mit der Kaffeetasse in der Hand.

»Ja, aber … okay«, sagte ich kleinlaut und folgte ihm.

Eine Stunde später saß ich auf der Polizeiwache und gab zu Protokoll, wie unendlich blöd ich mich angestellt hatte. Dann nahm der Polizist das Telefon in die Hand und rief meinen Vater an. Als der den Hörer abnahm, schaltete der Polizist den Lautsprecher ein, damit ich die Reaktion meines Vaters auch ja mitbekam.

In strengem Ton sagte er: »Guten Abend, Polizei Freiburg, spreche ich mit Herrn Mutzke? Aha, gut. Ich habe hier Ihren Sohn Maximilian bei mir. Weshalb, soll er Ihnen selber sagen. Ich reiche Sie mal weiter.«

Mit diesen Worten drückte er mir den Hörer in die Hand.

»Hallo Papa«, sagte ich niedergeschlagen.

»Hallo Max. Warum bist du bei der Polizei?«

»Ich hab das Spiel geklaut, von dem ich dir erzählt habe. Dabei haben sie mich erwischt«, gab ich zu.

»Mensch, bist du blöd!«, lachte mein Vater für alle hörbar über den Lautsprecher. »Wann kommst du eigentlich wieder nach Hause?«, schloss er dann nahtlos an.

»Ich weiß nicht. Ich denke, ich schlafe heute noch bei meiner Freundin, und komme morgen«, sagte ich.

»Okay, bis morgen«, sagte mein Vater in seinem liebevollen Ton und legte auf.

Der Polizist hatte sicher mit vielem gerechnet, aber eine so entspannte Reaktion stand wohl nicht auf seiner Liste. Er war sichtlich ein bisschen enttäuscht, dass das Telefonat mit meinem Vater nicht den gewünschten abschreckenden Effekt auf mich zu haben schien, und schickte mich sauer aus seinem Büro. Aber er täuschte sich. Mir war die ganze Situation – und auch die Konsequenzen – so unangenehm, dass ich danach nie wieder etwas mitgehen ließ. Das war also meine erste und letzte Erfahrung in Sachen Diebstahl.

Meine Strafe arbeitete ich dann ein paar Samstage lang im Altersheim ab. Und auch wenn mir die Sozialstunden beim THW besser gefallen haben, fand ich den Beruf in der Pflege als Kompromiss zum Frauenarzt durchaus vorstellbar.

Mein Problem war also nicht, aus Mangel an Interessen nicht zu wissen, was ich später einmal werden wollte. Ich hatte eher zu viele Optionen. Es wäre sozusagen die Qual der Wahl geworden, wenn nicht im Laufe meiner Jugend alles wie von selbst an seinen Platz gefallen wäre. Dazu brauchte es meine Eltern, die uns Kinder in allem unterstützt haben, woran wir unsere Herzen hängten. Sie haben uns nie etwas ausgeredet oder Ideen von uns für bescheuert erklärt, sondern echtes Interesse an uns gezeigt. Das hat mich beflügelt und angespornt, wieder und wieder Neues auszuprobieren.

Nachdem ich mit 16 Jahren den Hauptschulabschluss in der Tasche hatte, konnten mich keine zehn Kühe dazu bringen, weiter die Schulbank zu drücken. Es waren wieder die Offenheit meiner Eltern und ihre Fähigkeit, außerhalb von Normen zu denken, die es mir ermöglichten, einen eher unkonventionellen Weg einzuschlagen. Dass es keinen Sinn gemacht hätte, mich zu zwingen, weiter die Schule zu besuchen, war ihnen vollkommen klar. Sie nahmen mich zur Seite und sagten: »Wir fänden es zwar toll, wenn du mindestens den Realschulabschluss machen würdest, aber wir sehen selbst, dass das für dich gerade nicht in Frage kommt. Wir haben eine Idee. Da du ständig Musik machst und da wirklich ein großes Talent besitzt, haben wir uns mal umgehört. In Freiburg gibt es eine privat geführte Musikschule, auf der du auch mit Hauptschulabschluss studieren darfst. Kannst du dir das vorstellen?«

Studieren? Dieses Wort hatte ich bis dahin noch nie mit meinem Leben in Verbindung gebracht. Ich fand aber, dass es gar nicht mal so doof klang, also willigte ich ein.

»Da die Schule aber 500 Mark im Monat kostet« – ja, D-Mark, so lange ist das schon her – »musst du nebenher arbeiten. Wir können uns das im Moment nicht leisten«, sagte mein Vater. Das war Ehrensache für mich, deshalb arbeitete ich nebenher auf Basis eines 630-Mark-Jobs im Holzzuschnitt des örtlichen Baumarkts.

Mein richtiger Beruf war es nun, Student zu sein. Zwei Tage in der Woche besuchte ich die Jazz & Rock Schulen in

Freiburg, konnte dort für die Zeit bei meiner Freundin unterkommen, stand ab und zu im Baumarkt und hatte den Rest der Woche frei – ein absoluter Traum. Dachte ich. Aber weil die unterrichtsfreien Tage zum Üben und Lernen gedacht waren, wurden mir schnell die Grenzen meiner Selbstdisziplin bewusst. Schon nach ein paar Wochen kam ich vor allem in den theoretischen Fächern nicht mehr hinterher. Außerdem waren die Studierenden um mich herum alle wesentlich älter als ich. Die Lehrerinnen und Lehrer, mit denen die anderen oft mal einen heben gingen, wussten auch nicht so recht, wie sie mit einem so jungen Kerl umgehen sollten. Und so fühlte ich mich sehr schnell sehr unwohl auf dieser Schule.

Mit 17 wechselte ich daher zu dem Mann, der mittlerweile ein enger Freund und Vertrauter war. Es handelte sich um den ehemaligen Bandleader von *So halt*, meiner ersten Band. Er hatte die Jungs und mich damals unterrichtet. Die Idee war, mir ein Jahr lang Privatunterricht in den Fächern Theorie, Gehörbildung und Rhythmik zu geben, um mich auf das Musikstudium vorzubereiten. Auch jetzt war wieder die viele Freizeit mein größter Feind.

Da alle meine Freunde noch zur Schule gingen oder eine Ausbildung begonnen hatten, fand ich mich in einem Leben wieder, das mich in meinem Umfeld mehr und mehr zu einem Stranger werden ließ. Ich spürte, dass, abgesehen von meiner Familie und meinen engsten Freunden, die Leute um mich herum kein Verständnis für dieses Künstlerleben hatten. In ihren Augen war Musik ein Hobby, aber um Himmels willen kein Beruf.

Zu dieser Zeit spielte ich nebenher mit Bands, deren Musik ich nicht mochte. Ich musste Kompromisse eingehen, was ich hasste. Aber es ging darum, mich über Wasser zu halten, denn das Geld, das ich im Baumarkt verdiente, war gerade genug, um die Studiengebühren bezahlen zu können. Die harte Erkenntnis, später mal mit der Musik mein Geld verdienen zu müssen, machte mir Angst. Ein Schlagzeuger mit Hauptschulabschluss zu sein, empfand ich zusehends als einengender, was meine Zukunftsperspektiven betrifft. Ich spürte, wie ich die Leidenschaft für die Musik zu verlieren drohte. Das durfte auf keinen Fall passieren, denn es war doch die Musik, mit der ich mich schon immer identifizierte! Um sie und mich zu schützen, zog ich die Reißleine.

Kurz nach meinem 18. Geburtstag besuchte ich wieder die ganz normale Schule. Meine feste Überzeugung, später Musiker zu werden, die ich seit dem Moment im Jazzhaus in Freiburg als kleiner Junge in mir getragen hatte, war wie weggeblasen. Ich wollte Sicherheit in meinem Leben, und dazu brauchte ich einen vernünftigen Schulabschluss, um mir möglichst viele Türen im Leben offen zu halten.

Seit ich das begriffen hatte, machte mir die Schule plötzlich Spaß. Ich wusste es zu schätzen, mit gleichaltrigen Menschen meinen Tag zu verbringen. Ich liebte es, endlich wieder einer Routine unterworfen zu sein, die meinem Alltag einen festen Rahmen gab. Ich genoss es, dass Lehrerinnen und Lehrer sich um mich kümmerten. Unglaublicherweise fühlte ich mich in der Schule nun genau am richtigen Platz. Vermutlich wunderte ich mich selbst am meisten darüber, dass ich zu einem motivierten Schüler mutiert war, der schon zwei Wochen vor einer Klassenarbeit mit dem Lernen begann.

Die Tatsache, dass ich mittlerweile im Besitz des Führerscheins war, setzte meiner positiven Einstellung der Schule gegenüber noch eins oben drauf. Jeden Tag, ob Winter oder Sommer, ob Regen oder Schnee: Ich fuhr mit meiner alten Yamaha XT 550 zur Schule. Oft nahm ich auf dem Schulweg noch ein paar Umwege durch den Wald – und so waren es die Leute gewohnt, wenn ich völlig verschlammt und verdreckt das Schulgebäude betrat. Ich wusch mir auf der Toilette schnell das Gesicht, schlüpfte aus meinen Motorradklamotten und huschte auf Socken ins Klassenzimmer.

Die Justus-von-Liebig-Schule beherbergte eine Oberstufe (Ernährungswissenschaftliches Gymnasium) und eine Mittelstufe im Bereich Hauswirtschaft und Pflege. Ich konzentrierte mich auf die Pflege, schließlich gab es da ja diesen Wunsch in mir, Arzt zu werden – und ein Beruf in der Pflege kam dem am nächsten.

Ich war in der 25-köpfigen Klasse der einzige Junge, vielleicht wurde ich deshalb schon in der ersten Woche zum Klassensprecher gewählt. Das Amt hatte ich auch in meiner Grund- und Hauptschulzeit ein paar Jahre inne gehabt, daher war das zwar nichts Neues, aber ich freute mich, von meinen Klassenkameradinnen so akzeptiert zu werden. Wenige Tage später – und das hatte es auf der Schule wohl noch nie gegeben – wurde ich als Realschüler sogar zum Schülersprecher aller Mittel- und Oberstufen gewählt. Nach zwei Jahren im »Abseits«, so hatte ich mein Musikerleben empfunden, fand ich mich endlich mitten im Leben wieder. Im zweiten Jahr begegnete ich dann auch noch Nazu, wir kamen zusammen, und mein Leben war perfekt.

Sogar die Schulnoten waren nach Abschluss der zweijährigen Realschule so gut, dass etwas passierte, was ich niemals für möglich gehalten hätte: Ich betrat mit 20 Jahren das erste Mal ein Gymnasium.

Da es in Waldshut keinen Platz mehr auf dem Gymnasium gab, wechselte ich für die elfte Klasse nach Bad Säckingen. Dieser Ort liegt ebenfalls am Rhein, nur 24 Kilometer flussabwärts. Die letzten beiden Jahre verbrachte ich dann wieder in Waldshut.

Nach wie vor spielte ich mit meiner Band *Project Five*. Musik als Hobby war etwas ganz und gar anderes. In dieser Band konnte ich das ausleben, worum es mir in der Musik ging. Ich musste weder Kompromisse eingehen noch mit dieser Band Geld verdienen. Das war Anfang der 2000er Jahre, also zu einer Zeit, in der Castingshows im Fernsehen gerade populär wurden. Im Jahr 2000 ging es mit *Popstars* los, 2002 lief die erste Staffel von *Deutschland sucht den Superstar*. Diese Show war in aller Munde. Oft haben mich nach den Konzerten Leute darauf angesprochen, mich regelrecht gebeten, doch endlich bei DSDS mitzumachen.

»Du musst ja nicht gewinnen. Aber die Leute müssen sehen, dass es dich gibt!«, versuchten sie mich zu überzeugen. Für mich kam das überhaupt nicht in Frage. Es lag vor allem an der Art, wie mit den Kandidatinnen und Kandidaten umgegangen wurde, welche Schwerpunkte die Jury bei ihrer Bewertung setzte, welcher musikalische Stil die Sendung prägte und wie sich die Gewinnerinnen und Gewinner am Ende in den Musikvideos präsentierten. Für mich fühlte sich das immer an wie ein einziger Fake.

Es hätte keinen größeren Unterschied geben können zwischen denen, die da erfolgreich waren, und denen, die ich bewunderte, oder dazu, wie ich mich selbst sah. Mit

Authentizität hatte das meinem Empfinden nach nichts zu tun. Am schrecklichsten fand ich es, wie in dieser Show einzelne Menschen vorgeführt wurden. Wie mit voller Absicht die Würde dieser Leute mit Füßen getreten wurde. Ich war mit Sicherheit nie die hellste Kerze auf der Torte und gerade in dem Alter oft erstaunlich unreflektiert, aber dass dieser Umgang menschenverachtend war, das verstand ich sofort. Ich wollte mit dieser rücksichts- und geschmacklosen Welt nichts zu tun haben.

Daher war meine Antwort immer die gleiche: »Never ever! No! Fucking! Way!« (Obwohl ich an dieser Stelle zugeben sollte, dass mein Englisch damals gar nicht so gut war. Es hat wahrscheinlich eher so geklungen: »Not. Fucki. Waying!«, aber sinngemäß war das meine Antwort.) Ich dachte: Tracy Chapman, Herbie Hancock, Miles Davis oder Etta James haben auch keine Castingshows gebraucht. Sie sind einfach, was sie sind! Nämlich unverwechselbar sie selbst. Ich muss also in keiner Castingshow auftauchen, sondern einfach selbst gut und unverwechselbar werden, dann kommt alles von ganz alleine.

Ich hatte übrigens den Eindruck, dass Stefan Raab später der gleichen Meinung war und immer fest daran glaubte, dass ich meinen Weg zum Erfolg – wie auch immer man den definieren mag – auch ohne *Stefan sucht den Super Grand Prix Star (SSDSGPS)* gefunden hätte. Ich sehe das mittlerweile nicht mehr ganz so schwarz-weiß. Denn mir ist heute bewusst, dass zum nachhaltigen Erfolg gewisse Qualitäten zwar Voraussetzung sind, aber es gehört eben auch eine ordentliche Portion Glück dazu. Es braucht den einen Moment, der etwas anstößt, der die Karriere ins Rollen bringt.

Jede Karriere braucht zu Beginn einen Zündfunken – und ob der entfacht wird, ist immer auch mit Glück verbunden.

Es verging also noch eine ganze Weile, in der ich ausschließlich als Hobbymusiker unterwegs war. Mittlerweile war ich 22 Jahre alt und in der dreizehnten Klasse des Wirtschaftsgymnasiums in Waldshut; ich hatte noch ein gutes halbes Jahr bis zu den Abiturklausuren vor mir.

Dann kam der Anruf von Matthias aus Detzeln. Er kam ohne Begrüßungsfloskel direkt zum Punkt: »Hey, hast du mitbekommen, dass Stefan Raab bei *TV total* eine eigene Castingshow macht?«

»Nein.«

»Überleg dir das mal! Das ist doch der Hammer. Du MUSST da mitmachen!«

»Auf keinen Fall!«

»Ich kenne deine Einstellung ja, und was die anderen Shows betrifft, hast du auch recht. Aber Stefan Raab hat jeden Tag für viel Geld die geilste Band der Welt im Studio. Der müsste das nicht machen. Aber er hat eben Bock auf gute Livemusik in seiner Show. Das bedeutet doch, dass er einen ganz anderen Bezug zur Musik hat als Dieter Playback Bohlen.«

Meine Gründe, nicht an einer Castingshow teilnehmen zu wollen, habe ich ja schon beschrieben. Da war aber noch etwas anderes: Ich hatte Angst vorm Scheitern. In meinem Black-Forest-Cosmos war es ja vielleicht gar nicht so schwer, mit meiner Stimme und als singender Schlagzeuger zu glauben, ein besonderes Talent zu besitzen. Aber würde das Gefühl bestehen können, wenn ich mich der breiten Öffentlichkeit stellte? Oder bestand viel mehr die Möglichkeit, dass es ein böses Erwachen gab, sobald ich mich mit anderen Talenten maß? Die Angst davor, vor meiner Familie, meiner Band, aber vor allem vor mir selbst diesen Status zu verlieren, war unbestritten etwas, das in mir für Unruhe sorgte.

»Mag schon sein, aber es bleibt doch irgendwie das Gleiche. Ich will das nicht machen«, sagte ich zu Matthias.

»Shit, dann hab ich ein Problem.«

»Was hast du denn für ein Problem?«, fragte ich verdutzt.

»Tja, weißt du, ich hab dich da angemeldet. Ich musste dazu meine Kontaktdaten hinterlassen. Die rechnen jetzt mit dir, die haben dich fest eingeplant. Wenn du nicht kommst, dann muss ich dafür Strafe zahlen. Das wird richtig teuer!«

»Bist du bescheuert? Das musst du jetzt selber klarkriegen«, gab ich empört zurück. Gleichzeitig hatte ich sofort ein schlechtes Gewissen. Matthias hatte schon so oft versucht, mich zu diesem Schritt zu überreden, er hatte es ja nur gut gemeint und jetzt halt die Initiative ergriffen. Ich fand das irgendwie auch toll von ihm.

»Da hab ich wohl Scheiße gebaut. Kannst du mir nicht raushelfen? Komm schon, du musst doch am Mittwochabend nur hierherkommen, kannst bei mir pennen, dann gehen wir am Donnerstagvormittag zusammen dahin. Ich begleite dich am Bass. Das wird sicher irgendwie cool. Am Freitag kannst du wieder in die Schule.«

Matthias absolvierte zu der Zeit ein Studium zum Toningenieur in Düsseldorf.

»Warte, würde das bedeuten, dass ich am Donnerstag nicht in der Schule wäre? Das ist perfekt. Da schreibe ich Englisch. Bei dem Thema hole ich mir eh Null Punkte ab, die kann ich auch haben, wenn ich gar nicht erst hingehe.«

Es ist keine Lüge, wenn ich euch erzähle, dass meine Hauptmotivation, die insgesamt 1172 Kilometer über Düsseldorf nach Köln und zurück nach Waldshut in die Eschenstraße zu fahren, darin bestand, keine Englischarbeit schreiben zu müssen. Schule schwänzen kam ab und zu zwar vor, aber wenn ich für mich persönlich einen guten Vorwand hatte, dann fiel es mir doch wesentlich leichter, dem Unterricht fernzubleiben.

»Okay, weißt du was? Ich komme.«

Am Mittwochabend kam ich also nach sechsstündiger Autofahrt in Düsseldorf an. Weil ich zu der Zeit nur den Unimog hatte, mit dem ich oft zur Schule fuhr, genoss ich die Autofahrt mit dem alten schwarzen Ford Mondeo meines Vaters sehr. Matthias und ich organisierten noch bei einem seiner Freunde einen Akustikbass und setzten uns in seiner WG an den Tisch.

»Was willst du eigentlich morgen singen?«, fragte er.

Darüber hatte ich mir noch keine Gedanken gemacht. »Wäre nicht dumm, wenn es was wäre, was die Leute kennen. Sollte aber trotzdem was sein, was zu mir passt«, gab ich zu bedenken.

Matthias schlug *Ain't no Sunshine* von Bill Withers vor, und so kam es, dass mich das deutsche Fernsehpublikum mit diesem Evergreen zum ersten Mal zu sehen bekam. Eine gute Entscheidung, denn so war von Anfang an klar, wie ich musikalisch so ticke.

Matthias und ich fuhren also am nächsten Morgen nach Köln in die Schanzenstraße. Als ich das riesige Gebäude mit den vielen Plakaten der TV-Shows sah, die hier produziert wurden, war ich plötzlich ganz schön aufgeregt. Ich dachte:

Wow, jetzt gibt es sicher einen tollen Empfang mit Getränken und Fingerfood in einem großen Studio mit 1000 Scheinwerfern und vielen Fernsehkameras mit coolen Kameraleuten und einer hoffentlich kompetenten Jury.

Alles an diesem riesigen Gebäude direkt an der Straße mit den vielen Securitys war Neuland für mich. Als wir das Gebäude betraten und die in Schwarz gekleideten Sicherheitsmenschen fragten, wo wir hinmussten, zeigten sie zurück zum Ausgang.

»Hä? Aber wir sind hier angemeldet!«, sagte ich überrascht.

»Na und? Das Casting findet trotzdem auf der anderen Straßenseite statt – und ganz sicher nicht im Sicherheitsbereich der Studios.«

Auf der anderen Straßenseite, auf einem zugewucherten ehemaligen Industriebahnhofsgelände, versteckte sich hinter hohem Wildwuchs eine abgerockte, einstöckige hölzerne Baracke. Der Platz davor mit aufgeplatztem Betonboden war voller junger und älterer Leute mit irgendwelchen Zetteln in der Hand. Ich weiß nicht mehr, was genau ich eigentlich erwartet hatte. Ob es wirklich ein auf Hochglanz getrimmtes TV-Studio war, wie oben beschrieben. Aber das, was da auf uns wartete, war das komplette Gegenteil von allem, was ich mir vielleicht erhofft hatte.

Wir betraten die Baracke.

»Hallo, ich bin der Max. Ich bin hier angemeldet«, sagte ich zu einer Person hinter der Empfangs-Biergarnitur.

»Wie, angemeldet?!«

Das kam mir kurz komisch vor, aber es war alles so rundum seltsam, dass ich nicht weiter darüber nachdachte. Matthias muss es innerlich zerrissen haben vor Freude, dass sein Plan, gepaart mit meiner Naivität, mich tatsächlich nach Köln gelockt hatte.

»Dieses Formular einfach ausfüllen, abgeben und warten, bis ihr aufgerufen werdet.«

Wir füllten den Zettel aus, bekamen eine Nummer, klebten uns die 1722 auf die Brust und warteten, warteten und warteten. In der Zwischenzeit konnten wir beobachten, wie eine Person nach der anderen aufgerufen wurde. Sie verschwanden in einem kleinen Nebenzimmer und fingen an zu singen. Schon nach wenigen Beiträgen hatten wir ein Bild von der bunten Mischung an Musik, aber auch der Qualität der Stimmen. Denn durch die dünne Barackentür bekam man gut mit, was da drinnen vor sich ging. Manche Beiträge waren länger, andere nur wenige Sekunden zu hören, bevor ein krächzender Ton sie unterbrach. Aha, so lief das also, jeder durfte so lange singen, bis die Jury genug gehört hatte. Dann wurde der wenig einfühlsame Schlusston abgefeuert, und die Stimmen verstummten.

Nicht jede Stimme war überzeugend, aber es gab welche, die so gut waren, dass ich einfach nur Angst bekam. Ich würde hier mein blaues Wunder erleben und noch mal neu geboren werden, das war mir klar. Und genau so sollte es ja auch kommen, nur wurde es eher ein buntes Wunder und ging in eine vollkommen andere Richtung, als ich es mir an diesem Tag vorstellen konnte.

Matthias und ich wurden aufgerufen. »Bevor du anfängst zu singen, bitte Name, Alter und Beruf nennen! Viel Spaß«, wurde uns noch gesagt, während wir die paar Schritte zur Tür gingen, hinter der es nun ernst werden sollte.

Ich war gespannt, wie viele Leute da jetzt in der Jury

saßen. Würden sie freundlich und zuvorkommend sein oder streng und unbarmherzig? Würde vielleicht sogar Stefan Raab dabei sein? Würden sie mich lange singen lassen oder nach wenigen Sekunden direkt aus dem Raum tröten? Puh, die enorme Ungewissheit war fast körperlich schmerzhaft. Ich war unglaublich nervös und dachte: War das alles hier vielleicht einfach nur ein riesengroßer Fehler? Wäre es vielleicht doch besser gewesen, die Reifen vom Mondeo zu schonen und mir die null Punkte in Englisch persönlich abzuholen? Da hätte es keine Ungewissheit darüber gegeben, gut oder schlecht abzuschneiden.

Wir betraten das Zimmer, und auch da: alles anders als erwartet. Der Raum war notdürftig mit gelben Vorhängen abgehängt und winzig klein. Gerade mal Matthias, ich und der Akustibass passten nebeneinander. Anstatt einer Jury stand da auf einem kleinen Stativ eine unscheinbare Kamera mit einer hell leuchtenden LED. Das rote Licht ließ uns wissen, dass wir bereits beim Betreten dieser Besenkammer gefilmt wurden.

»Ja, okay. Äh … also, mein Name ist Maximilian Mutzke. Ich bin 22 und Schüler.« Dann legten wir los. Durch die Beobachtungen bei den anderen hatte ich damit gerechnet, dass wir im besten Fall die erste Strophe spielen könnten. Denn vor uns war keiner länger als vielleicht 30, 40 Sekunden von der Tröte verschont geblieben.

Ich sang die erste Strophe. Der ätzende Rausschmeißerton blieb aus. Ich sang weiter. Die zweite Strophe war zu Ende, immer noch kein Ton. Waren die eingeschlafen? Hatten die sich einen Kaffee geholt, oder warum sang ich immer noch? Matthias und ich spielten weiter, bis der Song zu Ende war. Dann Stille.

»Äh, soll ich noch weitermachen? Was anderes singen vielleicht? Hallo …?«, fragte ich, als es still blieb.

»Nein, wieso? Du warst doch fertig, oder?«, sagte da eine sehr freundliche Männerstimme. Später erzählte mir jemand aus dem Team, dass sie, während ich in der Kabine noch *Ain't no sunshine* sang, zum Telefon gegriffen und Stefan angerufen hatten: »Stefan, kannst aufhören zu suchen. Wir haben ihn. Wir bringen dir das Tape heute Abend rüber.«

Von alldem haben wir in dem Moment natürlich nichts mitbekommen. Wir standen ein wenig hilflos da. Ich war glücklich darüber, nicht den Text vergessen zu haben, und sagte: »Okay, alles klar. Vielen Dank.«

»Danke euch«, antwortete die freundliche Stimme.

Matthias und ich rätselten über die vollen drei Minuten, die wir bekommen hatten. Waren die sich einfach nicht sicher, ob sie es gut oder schlecht finden sollten, und hatten uns deshalb weitermachen lassen? Oder waren sie unkonzentriert, kurz auf dem Klo und hatten die ersten zwei Minuten gar nicht mitbekommen? Oder sie fanden meine Gesichtsentgleisungen so amüsant, dass sie sich hinter dem Bildschirm schlappgelacht hatten.

Mit all diesen Fragen trennten wir uns auf dem Parkplatz. Ich fuhr in Richtung Süden nach Hause, Matthias zurück nach Düsseldorf.

TV total lief zu dieser Zeit vier Mal die Woche. Wir nahmen uns also vor, die kommenden Tage abends vor dem Fernseher zu verbringen – in der Hoffnung, uns selbst vielleicht darin zu sehen. Denn wir wussten: unter den vielen hundert Bewerberinnen und Bewerbern sollten 27 ausgewählt werden. Die erhielten dann den heiß ersehnten »Recall«, der mindestens zwei Auftritte bei *TV total* bedeutete. Wow! Das war ein Szenario, das sich für mich genauso realistisch anfühlte, wie im Lotto zu gewinnen. Trotzdem hatte sich durch die Teilnahme beim Casting in mir eine große Spannung aufgebaut.

Und schon am Tag darauf war es so weit. Stefan Raab sagte in die Kamera: »Auch in den letzten Tagen haben sich wieder viele Talente bei uns beworben, um mit uns vielleicht zum Grand Prix nach Istanbul zu fahren. Hier mal ein paar Beispiele.« Dann wurden einige Ausschnitte von Beiträgen gezeigt. Alle in dieser kleinen gelben Kammer mit einer individuellen Nummer auf der Brust. Und da! Plötzlich sah ich mein eigenes Gesicht. Mir blieb das Herz stehen. Adrenalin durchströmte meinen Körper. Es war ein unglaublicher Moment, das eigene Gesicht das allererste Mal in diesem Kasten zu sehen.

Ich betrachtete Matthias und mich – und war so angespannt, als würde mein Körper unter Strom stehen, als hätte ich an einen Weidezaun gepinkelt. Es tat fast weh. Was kam jetzt? Würde ich gleich erfahren, dass ich zum Recall eingeladen war?

Gebannt starrte ich auf den Bildschirm. Ich wollte unbedingt wissen, wie ich rüberkam, wie meine Stimme im Fernsehen klang, wie viel sie von meiner Performance zeigen würden. Der Maximilian im Fernseher, mit der Nummer 1722, öffnete seinen Mund: »Mein Name ist Maximilian Mutzke. Ich bin 22 und Schüler.« Dann war der Ausschnitt vorbei, ich war wieder von der Bildfläche verschwunden. Wie jetzt, das war's???

Stefan Raab sagte: »22 und noch Schüler? Das bedeutet

ja, Maximilian ist mindestens sechs mal sitzengeblieben.« Na prima, mit dieser Bemerkung hatte ich mir also meinen ersten Fernsehauftritt gesichert. Mir war gar nicht bewusst, wie strange das bei den Leuten ankommen musste. 22 und noch Schüler, bravo! Den Gag konnte Stefan Raab natürlich nicht liegenlassen.

Nachdem er weitere Beiträge gezeigt hatte, sagte er dann aber noch: »Ich bin sehr, sehr positiv überrascht, es sind wirklich gute Leute dabei, auch der zweiundzwanzigjährige Schüler ist übrigens sehr gut.«

Das Rätseln ging wieder los. Was hieß das jetzt? Auf der einen Seite war das Einzige, was von meiner Stimme zu hören war, eine peinliche autobiographische Textzeile ohne Melodie. Auf der anderen Seite kam im Nachgang dann doch noch ein echtes Lob in einem Nebensatz von Stefan. Matthias und ich telefonierten sofort und analysierten uns dumm und dämlich. »Hey, Stefan ist Stefan. Den Witz musste er machen. Das heißt gar nichts. Viel wichtiger ist doch, dass er dein Talent gecheckt hat!«, machte Matthias mir Hoffnung. Um mit dem nächsten Kommentar alles zu relativieren: »Aber es sind schon echt gute Leute dabei. Und wenn man den Nummern auf der Brust glauben kann, dann machen da auch ein paar tausend Leute mit.« Vielen Dank auch.

Als ich am Tag darauf in die Schule kam – zu der Zeit schauten einfach alle *TV total* –, wurde ich natürlich sofort auf diesen legendären Auftritt angesprochen. Ich konnte mitlachen, denn mein Altersvorsprung war von den Mitschülerinnen und Mitschülern natürlich längst ausgiebig und abschließend erörtert worden.

In den nächsten Wochen konnte ich mich gut ablenken, aber es gab immer wieder Momente, in denen es mich fast zerriss. Na toll, ursprünglich hatte ich niemals bei einer dieser Shows mitmachen wollen. Und jetzt, ohne überhaupt dabei zu sein, steckte ich emotional schon viel zu tief drin. Das ist die Scheiße mit dem Ehrgeiz und dem Ego, dem mein innerer Frieden im weiteren Leben noch oft zum Opfer fallen sollte.

Wenige Wochen später fuhr ich mit Nazus Vespa PK50 Automatik (das lahmste Ding der Welt) durch die Wallgrabenstraße der Innenstadt von Waldshut. Schon von weitem erkannte ich den weißen VW-Jetta-90-PS-Saugdiesel von Matthias. Ich wusste, dass er gerade in der Heimat war. Mit der Lichthupe signalisierte er wild, dass auch er mich schon erspäht hatte. Da auf der Straße nicht viel los war, hielten wir beide einfach an. Er sprang aus dem Auto und sagte aufgeregt, wie ich ihn zuvor selten erlebt hatte: »Hab Nazu schon angerufen. Hab dich nicht erreicht. Hab dich überall gesucht. Hast du es mitbekommen???«

»Was denn?«, fragte ich, eine Oktave zu hoch. Seine Euphorie war ansteckend.

»Die haben mich angerufen!«

Ich sollte vielleicht erwähnen, dass ich zu der Zeit kein Handy mehr hatte. Ich hatte nämlich gewaltige Handyrechnungen erhalten, nachdem ich mit Nazu täglich und vor allem nächtlich stundenlang telefoniert hatte. Aber als wir dann endlich zusammengezogen waren, war ein Handy für mich schlicht unnötig geworden. Deshalb hatten wir bei der Anmeldung in der Castingbaracke die Nummer von Matthias angegeben.

»Du bist im Recall!!!!«, schrie er mich an.

»Scheiße, geil!!!«, schrie ich zurück. Denn ich wusste, was jetzt kam. Zwei Auftritte bei der coolsten Sendung der

Welt! So gut konnte sich selbst ein Lottogewinn nicht anfühlen. Wir beide sprangen wie zwei Rumpelstilzchen auf und ab und reagierten erst spät auf die hupenden Autos, die sich mittlerweile gestaut hatten.

Matthias erzählte mir, dass ich nach der Winterpause, wenn *TV total* wieder losgehen würde, schon in den ersten Wochen zu Gast sein sollte. Er gab mir eine Telefonnummer, bei der ich mich melden musste, um alles weitere zu besprechen. So verselbstständigte sich das, was wir wenige Wochen zuvor ins Rollen gebracht hatten, und führte mich schnurstracks in ein Leben, das ich mir schöner nicht hätte erträumen können.

Lieber Matthias, danke für die Initialzündung. Vielen Dank fürs Verarschen!

Dann begannen die Ferien. Wir feierten Weihnachten und Silvester, die Schule ging wieder los. Ich wählte die Nummer und erreichte auch gleich jemanden: »Hi, ich bin Max Mutzke, ich sollte mich unter dieser Nummer melden.«

»Ah, der zweiundzwanzigjährige Schüler! Schön, dass du anrufst. Wir würden dich gerne in der übernächsten Woche bei uns haben. Du wärst dann Mittwoch und Donnerstag in der Sendung. Die *Heavytones* bereiten schon mal ein Arrangement von *Ain't no Sunshine* vor. Schön, dass du dabei bist.«

Es war herrlich, wieder einen guten Grund zu haben, von der Schule fernzubleiben. Sollten doch die anderen Englisch lernen. Mein Vater, der mich eh in allem unterstützte, aber vor allem, wenn es um Musik ging, überließ mir für die Tage wieder die Mondeoschlüssel. Er hatte ja die Güllepumpe, mit der er zur Arbeit fahren konnte.

Heute bin ich die Strecke zwischen dem Schwarzwald und Köln Hunderte Male gefahren, damals fühlte sie sich an wie eine Weltreise. Mein Güte, ist Deutschland aber lang, dachte ich oft. Ich schmierte mir Brote für die Fahrt, nahm ein paar Flaschen Wasser mit und genoss ein weiteres Mal die Freiheit, die mir der Führerschein verlieh. Damit konnte ich endlich die verschlungenen Täler und Promille-Sträßchen, die staubigen Feld- und matschigen Waldwege hinter mir lassen und Autobahnen benutzen, die breiter waren als unser gesamtes Dorf. Ein großartiges Gefühl.

Endlich stand ich vor dem Gebäude in der Schanzenstraße 22 in Köln-Mühlheim, wo es auch heute noch überall so lecker nach Fleisch am Drehspieß riecht. Ich betrat das Foyer und wusste, dass sie mich diesmal auch in den Sicherheitsbereich der Studios lassen würden. Die Frauen und Männer in Schwarz waren sehr freundlich und begleiteten mich in die heiligen Studios von *TV total*.

What, so klein ist das?!, war mein erster Gedanke. Im Fernsehen sah das immer viel größer aus. Alles Styropor? Kein echter Klinker? Wer macht denn so was?, waren die nächsten bedeutenden Fragen, die sich in mir auftaten. Wow. So viele Lampen! Da, der fahrende Schreibtisch von Stefan Raab! Die Nippel-Knöpfe, von denen er immer die lustigen Ausschnitte abfeuerte. Ich kam aus dem Staunen gar nicht mehr heraus. Ich betrat eine völlig neue Welt. Bunt, künstlich und voller Technik – und alle sprachen Hochdeutsch! Alles so vollkommen anders als im Schwarzwald.

Ein paar Jahre zuvor hätte ich es beinahe schon einmal in ein TV-Studio geschafft. Wir waren auf Klassenfahrt in München. Eines der Highlights sollte der Besuch einer Quizshow sein. Leider verpasste ich sie. Ich liebte es, meine Klasse zum Lachen zu bringen, und ließ mir ständig neue Sachen einfallen. Meinem Lehrer, den ich sehr mochte – ich bin mir sicher, dass das auf Gegenseitigkeit beruhte –, war das irgendwann zu anstrengend. Er setzte mich nach wenigen Tagen in den Zug zurück nach Hause.

Dass ich im Schulkontext über die Strenge schlug, war übrigens kein Einzelfall. Ganz egal in welcher der vielen Schulen, die ich besuchte: Ich flog verlässlich mindestens einmal in der Woche aus dem Unterricht. Zu meiner Verteidigung muss ich sagen, dass meine Lehrerinnen und Lehrer in solchen Momenten zwar maximal genervt waren, aber meistens selbst lachen mussten, während sie mit gewohnter Geste auf die Tür zeigten. »Max! Geh raus und hol dir ein Eis. Wir bereiten uns in der Zwischenzeit IN RUHE aufs Abitur vor. Wenn du dich abgekühlt hast, kannst du wieder reinkommen. Bring uns allen ein Calippo mit!«

Zurück zu *TV total*. Im Studio angekommen, wurde ich nach hinten in den Backstagebereich geführt. Dort traf ich die Person, mit der ich bereits telefoniert hatte. Ich musste ein paar Formulare ausfüllen, dann bekam ich einen Ausweis, um mich frei bewegen zu können. Anschließend durften wir zum Catering: Sandwiches und riesige Kühlschränke, eine Kaffeemaschine, die auch Kaba konnte, sowie Schüsseln voller Süßigkeiten. Wir konnten uns bedienen, wie wir lustig, hungrig oder (in meinem Fall) gierig waren. Alle waren unglaublich freundlich, ich fühlte mich von der ersten Sekunde an sehr wohl. An den Wänden hingen große Plakate, auf denen viele hundert Polaroidbilder klebten. Darauf waren die unzähligen Promis abgelichtet, die über die unzähligen *TV-total*-Folgen der vergangenen Jahre zu Gast gewesen waren.

Ich entdeckte Bilder von Eminem und Will Smith, wie sie mit einem Kaffee in der Hand oder einer Zigarette im Mund genau hier, in diesem Raum, vor dem roten Sofa, auf dem ich saß, fotografiert wurden. Bilder von Helge Schneider, Bono, Kylie Minogue, David Hasselhoff, Anke Engelke, Boris Becker und tausend anderen mir bekannten und unbekannten Menschen. Und jetzt durfte auch ich mich in diese Gesellschaft einreihen! Mein Polaroid würde vielleicht neben James Brown hängen. So nah würde ich ihm nie wieder kommen, er war ja leider schon tot. Echte Demut plus eine ordentliche Portion tiefer Nervosität erfüllten mich.

Dann ging die Tür auf, und die Musiker der Band *Heavytones* betraten den Raum. Sie lachten, zogen sich einen Kaffee und snackten. Es war das erste Mal, dass ich jemanden live vor mir sah, den ich bisher nur im Fernsehen bewundern konnte. Die *Heavytones* standen genau für die Musik, die mich als Schlagzeuger abholte. Und dann klangen sie auch noch, im Vergleich zu anderen Late-Night-Bands, unglaublich fett.

Die Selbstverständlichkeit, mit der sich die Jungs in diesen Räumen bewegten, beeindruckte mich – und machte mich ein kleines bisschen neidisch. Sie konnten das alles hier jeden Tag sehen und essen und miteinander im Fernsehen auftreten. Wow, was für ein geiler Job musste das bitte sein! Ich erwischte mich bei dem Gedanken, das in Zukunft auch gerne machen zu wollen. Denn Musik in diesem Kontext zu machen, schien etwas völlig anderes zu sein, als die Erfahrungen, die ich in meinem Studium als »Berufsmusiker« gemacht hatte.

Sie verschwanden im Keller. Kurz darauf hörte ich die satten Grooves, die fetten Bässe und die präzisen Horns. Ich bekam das Grinsen gar nicht mehr aus meinem Gesicht und wurde immer unruhiger. Ich wollte sofort hinunter in den Keller, für eine musikalische Privataudienz bei den *Heavytones.* »Maximilian, bist du so weit? Könntest du in zehn Minuten zu den Jungs runter zum Proben?«, fragte mich jemand vom Team, als hätte er meine Gedanken gelesen.

»Klar, jederzeit! Ich könnte auch jetzt. Sofort, wenn ihr wollt«, antwortete ich und strahlte. Es muss gewirkt haben, als hätte ich sie nicht mehr alle. Mein Drang, endlich in die Funk-&-Soul-Katakomben des Studios zu stürzen, war so groß, als würde ich im Hochsommer überhitzt, verschwitzt und kurz vor dem Verdursten vor dem Schlüchtsee stehen. Ich musste da einfach rein, von mir aus auch ohne Badehose.

»Gib den Jungs noch ein paar Minuten. Ich hol dich dann ab.«

Manno.

Eine halbe Ewigkeit später wurde ich zur Band geleitet. Wir gingen durch einen Raum, in dem die Bühnenoutfits der Jungs hingen – ich kam der Quelle meines Sehnsuchts-Grooves immer näher. Dann betrat ich den Proberaum. Die Jungs spielten noch, also setzte ich mich in eine Ecke, um zu lauschen. Mir stand der Mund offen. Dieser druckvolle Sound, diese Präzision, mit der die *Heavytones* spielten, war genau das, was ich immer erreichen wollte. Es war nicht nur

Musik in meinen Ohren, es war alles für mich. Ich wusste ja, dass ich gleich mit diesen Jungs gemeinsam Musik machen würde. Alleine für diesen Augenblick hatte sich der ganze Aufwand schon gelohnt.

Als die Band mit dem Stück fertig war, konnte ich gar nicht anders: Ich klatschte vor Begeisterung. »Wow, wow, wow. Ihr klingt so unglaublich fett!«, rief ich, völlig aus dem Häuschen. Wolfgang Dalheimer, der Pianist der Band, lächelte mich an und bedankte sich. Er ist übrigens auch heute noch ein Freund, mit dem ich manchmal – aber leider doch viel zu selten – auf der Bühne stehe.

An diesem Tag sollte ich erst einmal einen kurzen Auftritt mit Claus Fischer an der Akustikgitarre haben. Also probte ich erst einmal nur mit ihm. Auch dieser Moment hat sich in mein Gedächtnis eingebrannt. Denn als Claus und ich mit dem ersten Durchlauf fertig waren, sagte er: »Meine Güte, kannst du singen! Wenn du die Show hier nicht gewinnst, dann produziere ich dich.« Bäm! Das war wirklich ein Ritterschlag. Claus Fischer, der Ansprechpartner von Stefan in fast jeder Sendung, der Bassist, von dem selbst James Brown begeistert war. Jeder, der damals *TV total* verfolgte und musikaffin war, kannte Claus Fischer.

Auch wir treffen uns heute noch auf verschiedenen Bühnen. Jedes Mal, wenn ich ihn sehe, löst das einen Flashback in mir aus: Er und ich mit *Ain't no Sunshine* bei meinem ersten richtigen Fernsehauftritt. Der war nicht nur für mich etwas ganz Besonderes, sondern auch für Claus. Denn es war sein letzter Abend bei *TV total*, er verließ damals die Sendung, um als Bandleader und Bassist bei Anke Engelkes neuer Late-Night-Show einzusteigen. Mein Debüt war also keinen Tag zu früh.

Stefan Raab begegnete ich das erste Mal, als ich kurz vor der Sendung im Backstagebereich die Sandwiches durchprobierte. Die Tür ging auf, und Stefan, verkleidet als Costa Cordalis, betrat den Raum. Wir unterhielten uns zwar nur kurz, aber zu meiner Freude sagte er mir, dass er gespannt sei und sich auf meinen Auftritt freue. Dann grinste er und ging weiter.

Der ganze Tag fühlte sich an wie im Traum. Überall nette Menschen, ich wurde gelobt, alles war so vollkommen anders als in meinem bisherigen Leben. Ich fühlte mich wie ein Kind im Europapark. Ständig gab es etwas zu entdecken, immer wieder verlor ich mich in irgendwelchen Tagträumen: Was wäre, wenn ich das Ding hier wirklich gewinnen würde, wenn ich für die nächsten Wochen ein fester Teil dieser Show werden würde, wenn ich hier auch ein- und ausgehen dürfte wie all die anderen, für die das Normalität war? Ich versuchte, diesen Träumen nicht zu viel Platz einzuräumen, um mich vor der Enttäuschung zu schützen, falls es dann doch viel schneller vorbei sein sollte.

Mein erster Auftritt diente dazu, mich dem Publikum vorzustellen. Am Tag darauf wurde es dann ernst. Die erste Runde der Show, in der ich mich durchsetzen musste, begann nun.

Ich kann mich gut daran erinnern, wie es sich anfühlte, aus dem Backstagebereich abgeholt zu werden, um kurz darauf die Bühne zu betreten. Die Minuten hinter den Kulissen waren kaum auszuhalten. Nervös trat ich von einem Bein auf das andere und versuchte mir vorzustellen, was jetzt gleich passieren würde.

Elton und Annette Frier moderierten damals die Show, in der Jury saßen außer Stefan Raab noch Joy Flemming und

Thomas Anders. Die Band spielte ihr unglaublich schönes Arrangement von *Ain't no sunshine*. Bisher war ich es gewohnt, bei allen meiner Auftritte hinter dem Schlagzeug zu sitzen. Dieses schützende Bollwerk vermisste ich sehr, ich fühlte mich völlig nackt und ungeschützt dabei, plötzlich so im Rampenlicht zu stehen. Um mich nicht ablenken zu lassen, schloss ich die Augen. Meine Nervosität konnte ich nur in den Griff bekommen, wenn ich mich voll und ganz in den Song fallen lassen würde, und das tat ich. Ich sang mir die Seele aus dem Leib.

Während meines Auftritts fühlte ich mich vollkommen sicher, denn meine Stimme tat genau das, was ich ihr abverlangte – und das war nicht wenig. Es war eine mutmachende Erfahrung, mich auf meine Stimme verlassen zu können. Ich hatte also intuitiv eine Taktik gefunden, um die Auftritte, die noch folgen sollten, gut hinter mich zu bringen. Augen zu und durch. Und zwar mit Vollgas und ohne Angst. So funktioniere ich auch heute noch. Angst davor, falsche Töne zu singen, meine Stimme zu überfordern oder sonst einen Fehler zu machen, kenne ich zum Glück nicht.

Am Tag nach diesen ersten beiden Auftritten in der Sendung war ich wieder brav zurück in der Schule. Ich hatte nicht darüber nachgedacht, aber die Begrüßung hätte mir natürlich klar sein müssen: »Alter, wir haben dich bei *TV total* gesehen!«, wurde ich lauthals von meiner Klasse in Empfang genommen. »Wie war's? Erzähl mal! Wie ist Stefan Raab so?« Die Fragen prasselten auf mich ein, noch bevor die erste Stunde überhaupt angefangen hatte. Oh Mann, das ging ja gut los. War aber ehrlicherweise auch irgendwie cool.

Dann kam meine strengste Lehrerin ins Klassenzimmer. »Max, gehst du bitte gleich mal zum Rektor?« Das fühlte sich jetzt irgendwie nicht mehr cool an.

»Max, ich habe deine Fernsehauftritte gesehen. Unter der Woche, an zwei Tagen, an denen du unentschuldigt gefehlt hast«, sagte der Direktor vorwurfsvoll.

»Es tut mir leid. Aber ich habe eine Einladung bekommen, und ich dachte, ich kriege für die Sache eh keine Erlaubnis. Daher habe ich gar nicht erst gefragt. Das war blöd. Entschuldigung«, gab ich bedröppelt von mir.

»Du bist schon über 18. Du bist nicht mehr schulpflichtig. Du kannst also tun und lassen, was du möchtest.«

»Ach so. Cool. Danke! Also dann …«, sagte ich erleichtert und wollte gerade gehen.

»Das heißt aber im Umkehrschluss auch …«, unterbrach mich der Rektor, »dass ich dich von jetzt auf gleich von der Schule schmeißen kann. Und ich habe ernsthaft darüber nachgedacht.« Shit. Das war eine Wendung, mit der ich nicht gerechnet hatte. Und die sofort Panik in mir auslöste.

Ich flehte ziemlich kleinlaut. Schließlich hatte ich ein paar Umwege gebraucht, um zu merken, dass es in der Schule gar nicht so schlecht war. Ich wollte um jeden Preis mein Abitur machen. Wie es ist, Verantwortung zu tragen, hatte ich in den zwei Jahren meines selbstfinanzierten Musikstudiums erfahren. Dafür war ich noch nicht bereit! Ich wollte noch möglichst viel Zeit in den mühsamen und teilweise schrecklich langweiligen Strukturen des Frontalunterrichts verbringen, um herauszufinden, was ich später einmal machen wollte. Und um möglichst viele Auswahlmöglichkeiten zu haben, brauchte ich das Abitur! Eigentlich wollte ich es nicht zugeben, und ich staunte auch nicht selten darüber, aber ich mochte die Zeit auf der Schule tatsächlich.

»Aber wie stellst du dir das bitte vor? Wie soll es hier für dich weitergehen? Wie oft musst du noch in diese Sendung? Wie willst du das Abitur schaffen, wenn du die kommenden Wochen nicht am Unterricht teilnimmst?«, fragte mich der Direktor aufrichtig interessiert. Glaubte er tatsächlich, dass ich noch ein paar Runden schaffen würde? Das war ja nett von ihm.

»Ach, ich gehe nicht davon aus, dass ich länger als ein, vielleicht zwei Wochen dabei bin. Da sind so gute Leute mit am Start, ich kann mir nicht vorstellen, dass ich noch viel weiter komme.« Ich sagte das nicht, um den Direktor zu beruhigen, sondern weil ich mir selbst den Druck nehmen wollte. Ständig predigte ich mir innerlich: Ist doch alles nur Spaß. Dabeisein ist alles. Der Weg ist das Ziel. Bla, bla, bla …

Ich hatte wirklich Angst, mich zu sehr in die Sache reinzusteigern. Insgeheim wusste ich aber, dass der Zug, eine gewisse emotionale Distanz zu allem zu bewahren, spätestens mit dem Recall abgefahren war.

»Wir müssen darüber sprechen, wie es aussieht, wenn du bis zum Schluss dabei bist, vielleicht sogar nach Istanbul fährst«, sagte der Direktor.

»Das ist doch total unrealistisch«, gab ich schon fast schnippisch zurück.

»Realistisch hin oder her. Wie stellst du dir das denn dann vor?«

»Okay, wenn Sie mich vor die Wahl stellen, Abitur oder Castingshow, dann höre ich sofort mit dem Quatsch auf.« Damit meinte ich verrückterweise nicht die Schule. »Sie müssen es nur sagen, dann gebe ich in Köln Bescheid. Mir ist das Abitur sehr wichtig. Sonst wäre ich ja nicht hier.«

Der Direktor muss gespürt haben, dass ich das ernst meinte. Seine Züge wurden weicher: »Ich will dir und deiner Leidenschaft nicht im Weg stehen. Du hast großes Talent. Und wenn du jetzt eine Möglichkeit bekommst, dass das gefördert wird, dann möchte ich das nicht verhindern. Wir machen einen Deal. Du hast meine volle Unterstützung, ich sage dem Kollegium, dass du in den kommenden Wochen, so lange es eben dauert, unentschuldigt fehlen darfst. Aber nur an den Tagen, an denen du in Köln bist. An allen anderen Tagen musst du am Unterricht teilnehmen. Du machst deine Hausaufgaben und lernst für die Klausuren. Ich lasse mich von den Lehrkräften auf dem Laufenden halten. Sobald deine Noten nachlassen, fliegst du von der Schule. Solange du sie hältst, hast du freie Bahn. Einverstanden?«

Und ob ich damit einverstanden war! »Das ist sehr, sehr nett von Ihnen. Vielen Dank!«

Er stand auf, gab mir die Hand und sagte: »Dann haben wir eine Abmachung.«

Ich wollte gerade sein Büro verlassen, als mir der Direktor hinterherrief: »Max! Eine Sache noch: Ich wünsche dir viel Erfolg. Mach sie fertig!«

Ich bin mir voll und ganz bewusst, was ich diesem coolen Typen zu verdanken habe. Ich bin mir sicher: Ohne seinen Segen hätte ich mich gegen *SSDSGPS* und für das Abitur entschieden. Jetzt konnte ich beides haben. Ich musste mich nur anstrengen. Und eines kann ich schon mal vorwegnehmen: Es wurde anstrengender, als ich es je für möglich gehalten hätte. Aber es hat auch unglaublich viel Spaß gemacht.

In den folgenden Wochen und Monaten wechselte sich die Hoffnung mit der Angst vor einer großen Enttäuschung ab. Ich war in einem totalen Ausnahmezustand. Je länger ich bei *SSDSGPS* dabei war, desto größer wurde mein Ehrgeiz. Und auch der Aufwand, zwischen der Schule im Schwarzwald und dem TV-Studio in Köln hin und her zu reisen, war immens.

Ich lernte parallel für mein Abitur und – mehr schlecht als recht – die Songtexte für die nächste Castingrunde. Mittags machte ich mich nach der Schule auf den Weg nach Köln, nachts trat ich nach einem Fernsehauftritt den 511 Kilometer langen Rückweg in den Schwarzwald an, um am nächsten Morgen pünktlich um 7.45 Uhr im Klassenzimmer zu sitzen.

Dann, am 19. Februar 2004, nach Wochen der Pendelei, passierte das Unglaubliche: Ich setzte mich durch und gewann *SSDSGPS*! Die Castingshow, die mittlerweile nicht nur unter Musikerinnen und Musikern einen richtig guten Ruf hatte, sondern auch Woche für Woche viele Menschen vor die Fernseher zog. Unmittelbar nach meinem Sieg drehten wir in den *TV-total*-Studios das Video zu *Can't wait until tonight.* Es musste jetzt schnell gehen, denn wenige Tage später sollte das Video erscheinen, um möglichst viel Unterstützung beim Publikum für den Vorentscheid zu bekommen.

Einen Monat später, am 19. März, fand in der ausverkauften Arena in Berlin-Treptow der Vorentscheid statt. In der Zwischenzeit war es kaum noch zu bewältigen, Schule, Promotion, Reisen, TV-Auftritte, Proben und Interviews unter einen Hut zu bekommen. Aber ich schaffte es. Und so nahm ich auch die letzte Hürde. Ich siegte beim Vorentscheid und löste damit mein Ticket für den ESC in Istanbul.

Mittlerweile war »mein« Song, den Stefan Raab geschrieben hatte, auf Platz eins der deutschen Charts. In meiner Heimat brach eine wahre Max-Hysterie aus. Es wurden Max-Brötchen, Max-Pizza und Max-Bier verkauft. Krenkingen tauschte für die Zeit bis zum Grand Prix das Ortsschild in »Max-ingen«, beim Public Viewing in der Waldshuter Innenstadt waren weder davor noch danach je so viele Menschen zusammengekommen.

In dieser Zeit, in der ich so viel Aufmerksamkeit auf mich zog, machte ich recht bald die Erfahrung, dass nicht alles stimmen muss, was in den Boulevardzeitungen abgedruckt wird. Bisher beschränkten sich meine Erfahrungen mit den Medien auf eine kurze Zeitungsnotiz, die Heiko und mir damals diebischen Spaß gemacht hatte. Wir waren 15 Jahre alt, als wir eine Faszination für Paintball-Markierer und Schreckschusswaffen entwickelten. Aus heutiger Sicht ist das mindestens fragwürdig. Wir kauften in einem Militärshop Klamotten, die uns aussehen ließen, als wären wir einer Phantasie-Spezialeinheit entsprungen. Wir verabredeten uns im Wald mit drei Freunden, um uns zu »markieren«, wie man so schön sagt. Aufgeteilt in zwei Mannschaften versuchten wir, uns mit den Farbkugeln zu treffen.

Während des Spiels wurden Heiko und ich aus dem Wald gedrängt, also waren wir für einen kurzen Zeitraum gezwungen, auf offener Wiese und an der Böschung der Landstraße Stellung zu beziehen. Das gegnerische Team konnte uns jetzt nicht mehr sehen.

Dafür aber die Autos, die in dieser Zeit an uns vorbeifuhren. Wir waren allerdings so sehr damit beschäftigt, wieder zurück in den Wald zu gelangen – ohne dabei von der gegnerischen Mannschaft getroffen zu werden –, dass wir von den (wenigen) Fahrzeugen überhaupt keine Notiz nahmen.

Nach zehn Minuten hatten wir es geschafft, unmarkiert zurück in den Wald zu gelangen. Um nachzuladen, versteckten wir uns im Dickicht hinter einem umgestürzten Baum. Weil wir keine Ahnung hatten, wo sich die Gegner befanden, hielten wir zum Lauschen den Atem an. In dieser Stille fiel es nicht schwer, die Autokolonne zu hören, die sich rasch über die Landstraße näherte, noch bevor wir sie sehen konnten.

In mir klingelte leise ein Alarmglöckchen, denn so viele Autos auf einmal in dieser Gegend, das war äußerst ungewöhnlich – und konnte nichts Gutes bedeuten! Ein Polizeiauto nach dem anderen schob sich in unser Blickfeld. Dass dies nun wirklich kein Zufall mehr sein konnte, wurde uns klar, als sämtliche Fahrzeuge am Waldrand zum Stehen kamen. Wir hörten, wie sich mehrere Autotüren öffneten, Befehle hallten zu uns herüber, Schritte näherten sich durch den Wald. Wir hörten das Knacken von Ästen und Zweigen unter den Stiefelsohlen der Polizistinnen und Polizisten.

Und dann hörte ich etwas, das mein Herz für einen kurzen Moment aussetzen ließ: das aufgeregte Bellen von Hunden! Ups, das war schlecht. Blitzschnell und ohne Geräusche zu verursachen, rannten wir in den Wald hinein, um die anderen zu warnen. Jetzt war es besser, sich mit unseren »Gegnern« zusammenzutun – schließlich hatte hinter uns eine neue Mannschaft das Spielfeld betreten. Nur mit dem Unterschied, dass diese Spieler echte Pistolen und Hunde dabeihatten – und dass sie im Zweifelsfall unser Game besser beherrschten als wir selbst.

Wir trommelten die anderen zusammen und schafften es tatsächlich, ungesehen die 1000 Meter durch den Wald und über offene Felder zurück in unser Pfarrhaus zu rennen. Dort versteckten wir unsere Army-Klamotten und die Paintball-Markierer im Gewölbekeller. Puh, das war noch mal gut gegangen!

Am Tag darauf lasen wir in der Zeitung einen kleinen Artikel mit der Überschrift *Krieger am Straßenrand.* Wir waren mächtig stolz. Vor allem weil wir es geschafft hatten, nicht erwischt zu werden.

Jetzt aber standen plötzlich auch Dinge über mich in den Medien, die weniger schön zu lesen waren. So wurde das Gerücht in die Welt gesetzt, dass in Istanbul nicht nur Fans, sondern auch Geldeintreiber auf mich warten würden. Ich hätte mir ein paar Jahre zuvor im Urlaub die Nächte an der Hotelbar um die Ohren geschlagen und den vielen Alkohol, mit dem ich mich Nacht für Nacht volllaufen ließ, nicht bezahlt. Hätte also die Zeche von ein paar hundert Euro geprellt und mich daraufhin aus dem Staub gemacht. Ein anderes Blatt, das die Geschichte ebenfalls abdruckte, machte gleich eine Rechnung von über tausend Euro daraus.

Das war alles mehr als absurd. Alkohol und ich, das hat noch nie zusammengepasst. Meine erste Erfahrung macht das mit Nachdruck deutlich: Ich war 16 Jahre alt, als irgendwer im Dorf auf die Idee kam, eine Runde Sangria zu schmeißen. »Hm, Rotwein ist ja gar nicht mal so schlecht, wie ich immer gedacht hatte«, sagte ich anfangs noch.

Am nächsten Tag konnten die Krenkinger anhand der roten Flecken auf der Straße ganz genau nachvollziehen, wer wo was und wie viel getrunken hatte – und wohin diejenigen gegangen waren, um ihren Rausch auszuschlafen.

Das war es dann auch schon mit der Sauferei. Auch wenn ich sonst für viele Abenteuer zu begeistern war: In Sachen

Alkohol und Drogen hörte es an dieser Stelle auf. Es fiel mir nicht schwer, auf all das zu verzichten, was auf dem Skaterplatz oder bei Partys verteilt wurde. Ich zog an keiner Zigarette, an keinem Joint, probierte niemals Pillen und sammelte auch keine Pilze. Ich wollte immer mit vollen Sinnen dabei sein und fürchtete mich davor, nicht mehr die Kontrolle über mich zu haben.

2012 schrieb ich den Song *Durcheinander*, nachdem ich über die Jahre ein paar mir sehr nahestehende Menschen auf verschiedene Weisen an Drogen verloren hatte. Die einen haben es schlicht nicht überlebt. Andere verschwanden, von einem Tag auf den anderen, für Monate oder sogar Jahre in der geschlossenen Abteilung einer Psychiatrie.

Manche von ihnen besuchte ich in ihren Einrichtungen – und es überstieg all meine alptraumhaften Vorstellungen, in welch schrecklicher Parallelwelt die Menschen dort gefangen waren. Sowohl psychisch als auch physisch. Es traf mich bis ins Mark, sie teilweise stark sediert zu sehen, vollkommen außerstande, sich zu artikulieren oder auch nur zu bewegen. Ich bekam eine Ahnung von den Abgründen, die unser Kopf erschaffen kann, von der unendlichen Verzweiflung, den Ängsten und Wahnvorstellungen, die Menschen in solchen Situationen durchleben müssen. Nur wenige meiner Freunde erholten sich von dieser Zeit, die meisten waren danach nie mehr dieselben.

Alles ist so durcheinander
Alles driftet so weit auseinander
Die Dinge verlieren sich, was nun
Gedanken verirr'n sich
Ich kann nichts tun

Träger Ehrgeiz, keine Lust
Alles so zäh, keine Luft
Unterdruck, komm nicht dagegen an
Versprechen mir gegeben,
Die ich nicht mehr halten kann

Schiefes Fundament, ich rutsche ab
Fundament, hab ich denn jemals eins gehabt

Wo war ich? Wo bin ich?
So viel Glück, ohne mich.
Wo bin ich? Raum ohne Licht
Wo war ich? Wo bin ich?

Freunde wollen alles geben
Um mich zu retten, mich und ein Leben
Ausgebrannt, Zweifel am Verstand
Wenn ich mir selbst nicht trauen kann
Wem dann

Mein Kopf weiß
Dass die Zeit sich auf die Zukunft bewegt
Das Gestern ist fort
Das Jetzt ist hier und zählt

Albtraum nachts in feuchte Tücher gelegt
Beim Erwachen in ganzer Pracht und voller Blüte steht
Wie kann ich mir so selbst genug sein?
Das Leben fließt, ich nehm nicht daran teil

Schiefes Fundament, ich rutsche ab
Fundament, hab ich denn jemals eines gehabt

DURCHEINANDER, 2012

Zurück zur erfundenen Zechpreller-Geschichte der Boulevardpresse: Meine Oma Anni aus Spaichingen hatte davon Wind bekommen und rief mich an: »Mäxle, was hab i do in der Zaidung läse misse? Schuldesch du würklich de Leit Gäld?«

»Oma! Was glaubst du denn?«, fragte ich, erstaunt, dass sie mich das tatsächlich fragte.

»Ah, da bin i aber froh! I hab glei gwisst, dass mei Mäxle so was nit macht. Des sind doch elles blede Himmelhund, die Dreckseck, die elendige …« Sie fluchte noch ein bisschen und legte dann zufrieden auf.

Es gab tatsächlich eine offene Rechnung von 17 Euro in der Türkei. Bei der Abreise aus dem Urlaub damals war es hektisch geworden, der Bus zum Flughafen mit den anderen Hotelgästen wartete mit laufendem Motor vor der Tür, ich hatte kein Bargeld, das Hotel besaß kein EC-Karten-Lesegerät, und der Geldautomat, zu dem ich in der Eile noch rannte, war defekt.

Der sehr sympathische Hotelinhaber, mit dem wir uns im Urlaub angefreundet hatten, lud uns kurzerhand auf den Cappuccino, Baklava und das Mineralwasser ein und wünschte uns eine gute Heimreise. Irgendjemandem, der es offensichtlich nicht gut mit mir meinte, war die Geschichte zu Ohren gekommen. Und mit ein paar Verdrehungen der Tatsachen wurde eine Story daraus, die nicht nur meine Oma sauer machte.

Unter anderem war es diese Geschichte, die mir früh gezeigt hat, dass ich mein Privatleben schützen muss. Alles, was also Klatsch und Tratsch befeuern würde, hat nichts in der Öffentlichkeit zu suchen. Trotzdem möchte ich für die Menschen kein Neutrum sein. Mit diesen beiden Gewissheiten im Kopf sind Interviews, Konzerte, TV-Shows (und auch dieses Buch) immer wieder eine Gratwanderung. Ein Beispiel: Ich möchte Namen, Geschlecht und Alter meiner Kinder nicht nennen, aber trotzdem erzählen, was es mit mir macht, Vater zu sein. Das ist alles nicht immer ganz leicht. Aber ich denke, dass ich über die letzten 20 Jahre einen ganz guten Umgang mit diesem Spagat gefunden habe.

Die Reise zum ESC nach Istanbul war dann einfach unbeschreiblich. Es hatte nur wenige Wochen gebraucht, um mein Leben auf den Kopf zu stellen. Alles, was ich noch kurze Zeit zuvor nicht zu hoffen gewagt hätte, gehörte nun unverrückbar zu meiner Geschichte.

Zehn Tage waren wir in einer der schönsten Städte der Welt. Die Architektur! Die Gerüche! Die Muezzine, die von den Minaretten sangen! Ach, diese ganze Atmosphäre war einfach traumhaft schön. Die Tage begannen früh und endeten spät in der Nacht. Ein Interview folgte auf das nächste, wir sendeten ein paar Folgen *TV total*, in denen wir mal türkische TV-Shows besuchten, mal mit dem Fußballverein Galatasaray Istanbul trainierten oder mit einem Hubschrauber über die Altstadt flogen. Wir wurden von der Polizei durch die vollkommen verstopften Straßen zu den Proben eskortiert und vom Kulturminister eingeladen – ein Abenteuer nach dem anderen. Adrenalin, den Stoff, von dem ich schon als Kind kaum genug bekommen konnte, gab es im Überfluss.

Dann kamen die drei Minuten und drei Sekunden, auf die wir uns all die Wochen vorbereitet hatten: Mein Part beim Grand Prix Eurovision de la Chanson. Alles an dem Auftritt machte mich nervös. Die große Halle mit den unzähligen Zuschauerinnen und Zuschauern, die Kameras, durch die noch viele Millionen mehr zusehen sollten, und die Sorge, etwas zu vermasseln. Ich hatte zum Beispiel Angst davor, dass mir der Text nicht mehr einfallen würde. Außerdem kam Stefan kurz vor dem Auftritt auf die Idee, einen Refrain auf Türkisch zu singen. Weil ich aber kein Wort Türkisch spreche, haben wir uns die Worte in Lautschrift aufgeschrieben, um sie so besser auswendig zu lernen (»bekleijemem akschama karda tschanim, sene kolarüm da tut man itschin tschaaanim. bekleijemem akschama karda tschanim, sinimle olmag itschin«). So oder so ähnlich hatte ich mir das damals auf meinem Zettel notiert.

Dann gab es noch den EINEN hohen Ton, den ich treffen sollte (was bei diesem Auftritt eher schlecht als recht gelang). Außerdem saß hinter mir ein, wie ich deutlich spüren konnte, mindestens genauso aufgeregter Stefan Raab – und das machte es nicht gerade einfacher, ruhig zu bleiben. All das hat mich so sehr beschäftigt, dass ich mich an den Auftritt selbst und an das, was ich währenddessen gefühlt oder gedacht habe, kaum mehr erinnern kann. Um da gut durchzukommen, sang ich wieder mit geschlossenen Augen.

Wie in der Castingshow und beim Vorentscheid wollte ich auch in Istanbul als Gewinner hervorgehen – und ehrlich gesagt rechnete ich auch damit, dass wir mindestens unter den ersten drei landen würden. Ja, ich war tatsächlich enttäuscht vom achten Platz. Schließlich hatte ich in den vergangenen Wochen immer nur erfahren, wie es sich anfühlt zu gewinnen.

Abends feierten wir 180 Meter vor Istanbul, mitten im Bosporus auf der kleinen Leuchtturminsel, im »Mädchenturm« den Abschluss dieser aufregenden Wochen. Am nächsten Tag flogen wir zurück nach Deutschland, besuchten die Premiere der Anke Engelke Late Night Show, in der ich zwischen Stefan Raab, Bastian Pastewka und Sting einen Platz auf dem Sofa bekam.

Es war mein letzter Auftritt für viele Monate. Noch in der Nacht fuhr mich ein Fahrer zurück in den Schwarzwald. Ich lag um 4.00 Uhr morgens im Bett und stand pünktlich um 7.45 Uhr im Langensteinstadion in Tiengen. Dort absolvierte ich meine erste Abiturprüfung im Fach Sport. Wirklich, ich bin noch nie so langsam gelaufen und so kurz gesprungen wie an diesem Tag.

Verschwitzt und müde machte ich mich nach der Prüfung auf den Weg nach Hause. Ich lief im Schneckentempo den Gehweg entlang, als ich plötzlich von dem lauten Heulen eines Martinshorns aus meinen Gedanken gerissen wurde. Erschrocken hüpfte ich zur Seite, als ein Polizeiauto sich vor mich stellte, um mir den Weg zu versperren. Zwei Polizisten stiegen aus und kamen auf mich zu.

»Max Mutzke, wir müssen Sie verhaften!«

Ich dachte eigentlich, dass all meine Adrenalinvorräte vollkommen und bis auf das letzte Nanogram aufgebraucht wären, aber mein Herzschlag belehrte mich eines Besseren.

»Bitte?!«

Doch da lachte der Polizist und sagte: »Quatsch, wir wollten dir nur zum achten Platz gratulieren. War ’ne mega Zeit, die wir hier am Wochenende hatten. Hättest beim Public Viewing dabei sein sollen. Hahaha …«

Ich war wieder zu Hause im Schwarzwald, und das fühlte sich gut an.

Ab jetzt konzentrierte ich mich nur noch auf die Schule. Das offizielle Abi-Motto unseres Jahrgangs war übrigens WTSDABIS – Waldshut-Tiengen sucht den Abitur-Star. Noch Jahre später sah ich Autos auf der Straße, auf deren Heckscheibe das Logo klebte, das, abgesehen von der Buchstabenkombination, identisch mit dem offiziellen Castingshow-Logo von *TV total* war.

Am 7. Januar 2005 kam mein erstes Album heraus. Bis dahin hatte ich kein einziges Interview mehr gegeben, war in keiner Sendung mehr zu Gast, nichts. Ich war wie untergetaucht. Das Album *Max Mutzke* landete auf Platz eins und hielt sich noch wochenlang in den deutschen Charts.

Die Menschen hatten mich nicht vergessen. Das war das Allergrößte für mich.

Danke, Danke, Danke

Dieses Buch zu schreiben, war mir nur möglich, weil: Alexander und Thomas die Idee, Ulrike und das gesamte Fischer-Team die Zuversicht, Kira und Hanne die Expertise und Lust und meine große Familie schon immer so viel Geduld mit mir hatten. Ich danke euch so sehr, dass ihr alle an einem Strang gezogen habt. Jede und jeder auf ganz eigene Weise. Ich danke meinen Eltern für dieses bunte Leben, meinen Geschwistern für das Vertrauen, meinen Kindern für ihre Liebe und meiner Liebe für ihr Herz. Ich fühle mich wohl in meinem Leben und daran seid ihr Schuld. Danke!

Songverzeichnis

Zu dir komm ich heim, 2018
Autoren: Max Mutzke, Daniel KJ Danny Samar, Tobias Held, Maik Schott, Nico Daus
Wanderlust-Entertainment WLE GmbH, Hanseatic Musikverlag GmbH

Hier bin ich Sohn, 2015
Autoren: Max Mutzke, Jasmin Shakeri, Jan Stolterfoht, Phillip Otto Block, Andreas Arzberger, Achim Seifert, Heiko Fischer, Simon Gattringer
Wanderlust-Entertainment WLE GmbH, BMG Rights Management GmbH, Herbig 2.0 Edition

Giganten, 2021
Autoren: Max Mutzke, Justin Balk
Wanderlust-Entertainment WLE GmbH, Balk und Söhne Musikverlag

So viel mehr, 2016
Autoren: Max Mutzke, Thomas Huebner, Tobias Held, Daniel K J Danny Samar, Maik Schott
Wanderlust-Entertainment WLE GMBH, 10 vor 10 Edition

Komm, wir träumen uns zusammen, 2023
Autoren: Max Mutzke, Justin Balk, Sebastian Schubert
Wanderlust-Entertainment WLE GmbH, we publish music/Edition Skipbeats, Balk und Söhne Musikverlag

Bedingungslos, 2024
Autoren: Max Mutzke, Justin Balk, Sebastian Schubert
Wanderlust-Entertainment WLE GmbH, Balk und Söhne Musikverlag, we publish music/Edition Skipbeats, BMG Rights Management GmbH

Laut, 2015
Autoren: Max Mutzke, Justin Balk, Mark Ćwiertnia, Simon Gattringer, Andreas Herbig, Johannes Arzberger, Achim Seifert, Jan Stolterfoht, Phillip Otto Block, Heiko Fischer, Mark Forster
Wanderlust-Entertainment WLE GmbH, Herbig 2.0 Edition, Hookwerk Publ., Edition Chill Factory/Universal Music Publ.

Durcheinander, 2012
Autoren: Max Mutzke, Michael Kurth, Wolfgang Haffner
Edition Max M./C-Wort Musicpublishing, Edition Aufwachen/BMG Rights Management GmbH